本书为国家社会科学基金项目
"以社区为平台的医养结合养老服务模式创新与对策研究"
（项目批准号：17BRK009）的研究成果

以社区为平台的
医养结合养老
服务模式创新与对策研究

YI SHEQU WEI PINGTAI DE
YIYANG JIEHE YANGLAO
FUWU MOSHI CHUANGXIN
YU DUICE YANJIU

刘毅 ● 著

四川大学出版社
SICHUAN UNIVERSITY PRESS

图书在版编目（CIP）数据

以社区为平台的医养结合养老服务模式创新与对策研究 / 刘毅著. — 成都：四川大学出版社，2022.6
ISBN 978-7-5690-5486-6

Ⅰ. ①以… Ⅱ. ①刘… Ⅲ. ①养老－社会服务－服务模式－研究－中国 Ⅳ. ① D669.6

中国版本图书馆 CIP 数据核字 (2022) 第 100156 号

书　　名：	以社区为平台的医养结合养老服务模式创新与对策研究
	Yi Shequ Wei Pingtai de Yiyang Jiehe Yanglao Fuwu Moshi Chuangxin yu Duice Yanjiu
著　　者：	刘　毅

选题策划：梁　平
责任编辑：梁　平
责任校对：傅　奕
装帧设计：璞信文化
责任印制：王　炜

出版发行：四川大学出版社有限责任公司
　　　　　地址：成都市一环路南一段 24 号（610065）
　　　　　电话：（028）85408311（发行部）、85400276（总编室）
　　　　　电子邮箱：scupress@vip.163.com
　　　　　网址：https://press.scu.edu.cn
印前制作：四川胜翔数码印务设计有限公司
印刷装订：成都市新都华兴印务有限公司

成品尺寸：170 mm×240 mm
印　　张：16
插　　页：1
字　　数：303 千字

版　　次：2022 年 7 月 第 1 版
印　　次：2022 年 7 月 第 1 次印刷
定　　价：88.00 元

本社图书如有印装质量问题，请联系发行部调换

版权所有 ◆ 侵权必究

四川大学出版社
微信公众号

课 题 组

课题负责人： 刘 毅

课题组成员： 屈 伟　苏勇林　杜陵江　袁晓宇　陈丹镝
　　　　　　　岳 琳　赵 莉　范少瑜　窦丰满　毛素玲

前　言

国家统计局 2019 年 1 月 21 日公布，2018 年中国 60 岁及以上人口约 2.49 亿，占总人口的 17.9%。预计到 2025 年，60 岁以上人口将达到 3 亿，我国成为超老年型国家。我国面临老年人口数量迅速增长，老龄人口高龄化和空巢化，老年人失能率和慢性病患病率不断上升等带来的严峻社会问题。现行养老和医疗服务模式还不能完全满足老年人健康养老需求，强化养老服务体系建设是未来相当长时期内政府的重要工作，其中，推动医养结合又是我国推进养老服务体系建设的一项重点任务。从 2000 年以来，国家及各省市政府就持续发布健康养老服务相关政策。2013 年，国务院发布《国务院关于加快发展养老服务业的若干意见》（国发〔2013〕35 号），其中明确提出：“到 2020 年，全面建成以居家为基础、社区为依托、机构为支撑的，功能完善、规模适度、覆盖城乡的养老服务体系。”如何建设这个体系，各地政府以及科研机构也进行了很多研究探索，基于此背景，课题组在省级社会科学重大规划项目"医养结合"领域研究的基础上，申请获得 2017 年国家社科基金资助，重点开展以社区为平台的医养结合服务模式研究。

养老问题是个人问题、家庭问题、社会问题汇集和矛盾的集中体现。根深蒂固的"家"观念一直是阻碍绝大多数老年人选择在养老机构度过晚年生活的难以打破的屏障。一方面，老年人的养老意愿应该被尊重；另一方面，社会医疗养老资源短缺和新的时代背景下传统家庭养老模式显现出来的弊端又制约着老年人养老意愿的自由实现。如何打破这种矛盾的局面就成了未来养老方式构建和发展的出发点和着力点。

本研究重点探讨重塑社区功能，以社区为平台构建新型的医养结合模式，在汇集家庭养老和机构养老优势的同时又能最大限度弥补二者的弊端。一方面，其丰富的服务方式能够提供更好、更全面、更及时的服务，在满足老年人居家养老意愿的同时有效解决了传统家庭养老模式下家人缺乏时间、精力照料老年人的弊端；另一方面，将有限医疗、养老资源整合到社区，在提高医养服务可获得性和自主选择性的同时,降低家庭经济负担和养老机构基建、设备设施投入等所产生的社会成本,能够用有限的资源获得最大化的社会效益。

本书是国家社科基金项目的研究成果,我们期待它能起到抛砖引玉的作用,引发更多相关人员对基层社区、老年人群和医养结合等领域的关注和思考,综合发挥政府各部门功能以及社会的各方力量,为实现健康养老、健康中国贡献一份力量。由于著者时间和精力有限,本书难免有疏漏之处,敬请指正。

刘 毅

2022 年 1 月

目　录

第一章　概　论 …………………………………………………（ 1 ）
　一、研究背景 …………………………………………………（ 1 ）
　二、研究目的 …………………………………………………（ 2 ）
　三、研究方法 …………………………………………………（ 2 ）
　四、技术路线 …………………………………………………（ 3 ）
　五、研究意义 …………………………………………………（ 4 ）
　六、研究内容 …………………………………………………（ 4 ）

第二章　以社区为平台的医养结合服务相关概念及理论 ………（ 6 ）
　一、相关概念 …………………………………………………（ 6 ）
　二、社区医养结合 ……………………………………………（ 16 ）
　三、医养结合模式相关理论 …………………………………（ 25 ）

第三章　我国老龄化与养老现状分析 …………………………（ 28 ）
　一、我国老龄化现状及特征 …………………………………（ 28 ）
　二、我国养老观念与养老模式 ………………………………（ 36 ）
　三、我国老年人群的医养需求 ………………………………（ 41 ）

第四章　我国医养结合服务资源现状分析 ……………………（ 51 ）
　一、我国养老资源现状 ………………………………………（ 51 ）
　二、我国医疗资源现状 ………………………………………（ 56 ）
　三、相关制度资源现状 ………………………………………（ 59 ）

第五章 我国医养结合服务供需现状调查分析……………………（66）
  一、中国健康与养老追踪调查数据基本情况………………………（66）
  二、深入调查样本地区医养结合服务供需现状……………………（72）

第六章 以社区为平台的医养结合服务发展的现实情况…………（96）
  一、社区医养结合平台的运作方式…………………………………（96）
  二、不同类型的社区医养结合服务模式……………………………（97）
  三、丰富多样的社区医养结合服务项目……………………………（99）
  四、以社区为平台的医养结合服务发展的现实障碍………………（100）
  五、以社区为平台的医养结合服务的发展机遇……………………（106）

第七章 以社区为平台的医养结合服务相关制度与政策…………（114）
  一、医养结合领域政策概况…………………………………………（114）
  二、医养结合领域政策所涉内容……………………………………（115）
  三、现有社区医养结合相关政策存在的问题………………………（147）
  四、完善社区医养结合领域政策的总体思路………………………（154）

第八章 国外社区养老服务相关经验及启示………………………（156）
  一、国外社区养老服务的相关经验…………………………………（156）
  二、对我国社区平台医养结合体系建设的启示……………………（175）

第九章 以社区为平台的医养结合养老服务模式的构建…………（179）
  一、发展以社区为平台的综合型医养结合模式的原则……………（179）
  二、明确以社区为平台的医养结合服务的内容……………………（180）
  三、健全以社区为平台的医养结合模式的运行机制………………（181）
  四、以社区为平台的医养结合模式的基本系统……………………（190）

第十章 发展以社区为平台的医养结合养老服务模式的建议……（194）
  一、坚持政府主导，加强顶层设计与法制保障……………………（194）
  二、完善区域规划，优化政府部门协调沟通机制…………………（196）
  三、应界清称谓，明确医养结合服务机构的功能和定位…………（196）
  四、完善准入标准，加强医养结合服务机构和人员的监管………（197）
  五、应统筹城乡，建立居家或社区养老的有关激励机制…………（199）

六、重视人才培养，发展社区医养结合服务专业人才队伍…………(200)

七、鼓励多方参与，完善社会支持社区医养结合服务的保障机制
…………………………………………………………………(203)

八、强化主动预防意识，建立医养结合安全和纠纷解决保障机制
…………………………………………………………………(204)

九、利用"互联网+"技术，强化社区卫生服务中心"健康守门人"功能
…………………………………………………………………(205)

十、完善保险制度，明确医养结合服务的其他相关配套支持………(205)

附　录………………………………………………………………(206)
　　案例实践一　以社区网络医院为基础的医养结合服务模式实践……(206)
　　案例实践二　社区医养结合服务供应链体系及应用……………(214)
　　发展以社区为平台的医养结合养老服务模式的调查工具…………(227)

参考文献……………………………………………………………(237)

后　记………………………………………………………………(247)

第一章　概　论

一、研究背景

国家统计局2019年1月数据显示，2018年中国60岁及以上人口约2.49亿，占总人口的17.9%。我国第一次出现60岁以上人口占比超过16岁以下人口占比（17.8%）。预计到2025年，60岁以上人口将达到3亿，我国成为超老年型国家。老年人口数量迅速增长，人口高龄化和空巢化等日趋严峻，老年人的失能率和慢性病患病率不断上升，现行的养老和医疗服务模式不能完全满足老年人多层次和多样化的健康养老需求。《国家人口发展规划（2016—2030年）》也指出我国老龄化程度将不断加深，老龄化加速的不利影响加大。

（一）老年人生活照料和健康服务需求高度叠加

当前我国医疗和养老分离情况较多，还没有很好融合。在社区中，健康养老的方案以及综合性设施还有需要完善的内容，不管是选择居家养老、社区养老还是机构养老的老年人，往往都需要再转到医疗机构进行诊治等。老年人生活照料和健康服务需求高度叠加，治病和养老已经很难区分，老年人是失能率和慢性病患病率高的人群，经常往返家庭、社区、医院和养老机构之间，既耽误治疗、增加费用，也给家属增加负担。

（二）社区医养结合功能定位和管理体系有待完善

虽然我国正在全面构建以"居家养老为基础、社区养老为依托、机构养老为支撑"的社会养老服务体系，但是以社区为平台的医养结合服务模式的核心功能定位有待进一步明确，提供医养服务的社区养老机构和社区医疗卫生机构目前各自分离。社区中多机构的兼容衔接、准入条件和管理机制还有待进一步规范和完善，存在欢迎健康低龄老年人，不愿意接纳失能高龄老年人等现象。

社区如何提供医养服务，管理体系如何建设，值得探讨。

（三）社区医养结合专业人员增量提质任重道远

我国现有60岁及以上人口24090万人，其中65岁及以上人口达到15831万人。预计到2025年60岁以上人口将达到3亿，我国成为超老年型国家，需要大量的社区医养结合专业人员。然而目前社区医养结合专业人才严重不足，且多为社区内下岗和失业人员，文化程度不高，受过专业训练的很少。同时，医养结合领域的护理人员还存在受到歧视的现象，愿意加入的后备人员数量较少，康养人员增量提质工作任重道远。

在此背景下，党的十九大报告提出：实施健康中国战略，积极应对人口老龄化，构建养老、孝老、敬老政策体系和社会环境，推进医养结合，加快老龄事业和产业发展。社区兼具家庭养老和机构养老的优势，符合未来健康养老的发展要求。为此，发展以社区为平台的医养结合服务模式对于实施健康中国战略，积极应对人口老龄化具有重要意义。

二、研究目的

本项目从医养结合的角度切入，全面系统地研究以社区为平台的医养结合养老服务模式创新与对策，探讨如何整合社区资源，强化社区卫生机构的医疗康复功能和社区养老机构的养老功能，为选择社区养老和居家养老的老年人群提供所需的医养服务，探索为健康、失能失智、多病等不同老年群体提供差异化社区医养服务，为相关部门制定健康养老领域的政策提供参考依据。

三、研究方法

本研究采用历史和现实相结合、理论研究和实证研究相结合、定量分析与定性分析相结合的方法。依据区域分析的需要，将选取典型地区进行案例研究，对收集资料进行整理统计，并运用相关的软件及理论知识进行分析。具体研究方法如下：

（1）文献研究方法：利用文献检索的方法与工具，对相关政策、国内外医养结合和社区养老服务的情况进行查阅，为研究以社区为平台的医养结合养老服务模式创新与对策提供参考。

（2）专家咨询法：对需要咨询的研究内容和调查工具进行2~3轮的专家

咨询，并在专家评判的基础上，利用数理统计等方法完善研究内容。

（3）访谈法：对以社区为平台医养结合相关人员进行个人访谈，收集他们对于项目具体实施方案等内容的参考意见。选择不同的研究对象进行专题小组访谈，分析其对发展以社区为平台的医养结合养老服务模式的观点，并针对其存在的问题进行讨论。

（4）现场案例研究：通过案例研究，分析样本地区社区医养服务供需状况，研究相关政策文件的实施、资金来源及使用、人力资源管理等情况。

（5）数理统计方法：采用数理统计方法分析以社区为平台医养结合养老服务模式的定量数据，为进一步创新优化以社区为平台的医养结合养老服务模式提供发展对策和参考建议。

四、技术路线

"以社区为平台的医养结合养老服务模式创新与对策研究"的技术路线以理论研究和实证研究相结合，综合文献研究和数理统计等多种研究方法，分析社区医养服务供需现状、存在的问题以及发展对策（见图1-1）。

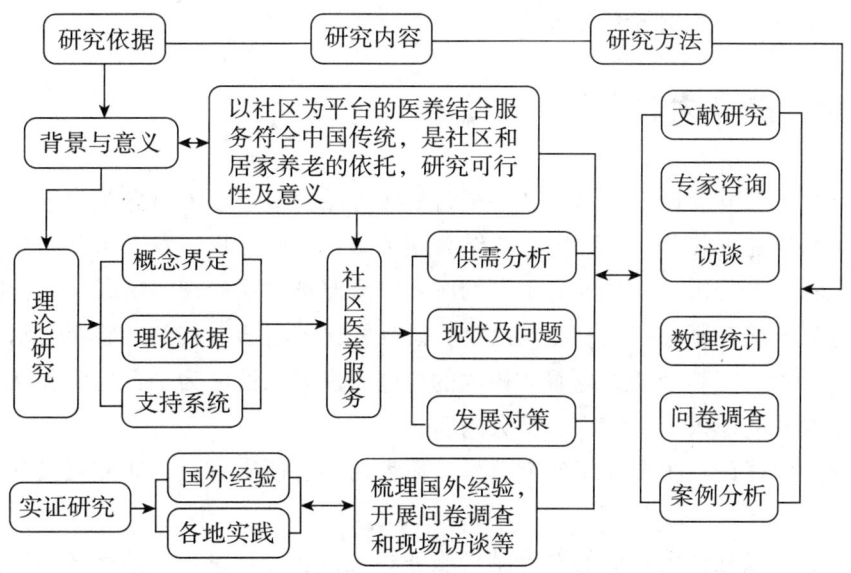

图1-1 "以社区为平台的医养结合养老服务模式创新与对策研究"的技术路线

五、研究意义

"以社区为平台的医养结合养老服务模式创新与对策研究"的实际意义在于通过探讨如何整合社区资源,解决社区医养服务中医药资源、养老资源及其他资源相对分离的问题,将医疗护理、生活照顾、保健活动、文化娱乐等内容融为一体、形成体系,为老年人晚年多样化和多层次的健康养老需求提供相关保障[①]。具体价值体现在以下几个方面:①进一步完善概念界定,学者们在研究文献中提出的"居家养老""社区养老"等基本概念内涵不一,有待进一步完善。②扩大研究范围,目前涉及某一地区或某一社区的问卷调查研究较多,多地区全面系统的研究有待完善。③综合研究方法,目前理论层面的研究文献较多,理论结合实证分析的研究有待进一步深入。④平衡供需方面,针对社区医养结合需求或供给的单方面研究较多,供给和需求整体平衡的研究有待加强。开展"以社区为平台的医养结合养老服务模式创新与对策研究",尝试提出一套具体、可行的以社区为平台的医养结合服务模式的发展对策,有利于深化老年人医疗保障体系的内涵,为国内其他学者进行医养结合或社区服务等相关研究提供理论基础和方法参考。

六、研究内容

研究主要分为概论、以社区为平台的医养结合服务相关概念及理论、中国老龄化与养老现状分析、我国医养结合服务资源现状分析、我国医养结合服务供需现状调查分析、以社区为平台的医养结合服务发展的现实情况、以社区为平台的医养结合服务相关制度与政策、国外社区养老服务相关经验及启示、以社区为平台的医养结合养老服务模式的构建、发展以社区为平台的医养结合养老服务模式的建议、附录十一部分内容。

第一章概论,主要介绍研究背景、研究目的、研究方法、研究意义和研究内容等。

第二章以社区为平台的医养结合服务相关概念及理论,包括社区、家庭养老、居家养老等相关概念,社区医养结合和医养结合模式相关理论等。

---

① 朱良博:《基于医养结合的社区居家养老服务模式研究》,上海工程技术大学,2016年,第1~2页。

第三章我国老龄化与养老现状分析，包括老龄化现状及特征、养老观念与养老方式和老年人群的医养需求分析等。

第四章我国医养结合服务资源现状分析，主要包括养老资源、医疗资源以及相关的制度资源三方面的内容。

第五章我国医养结合服务供需现状调查分析，首先依据2018年我国健康与养老追踪调查（CHARLS）数据，分析当前医养结合服务的需求现状，再通过便利抽样的方法，深入分析四川省医养结合服务的供需现状，助力后期构建以社区为平台的医养结合服务模式对策建议的提出。

第六章以社区为平台的医养结合服务发展的现实情况，包括社区医养结合平台的运作方式、社区医养结合服务模式、社区医养结合服务项目、存在的现实问题和发展机遇等。

第七章以社区为平台的医养结合服务相关制度与政策，包括医养结合领域政策概况以及医养结合领域政策涉及的内容、存在的问题及总体思路。

第八章国外社区养老服务相关经验及启示，包括国外社区居家养老服务经验、存在的问题和政策评述等内容。

第九章以社区为平台的医养结合养老服务模式的构建，包括以社区为平台的医养结合模式原则、构成要素、基本框架和运行机制等。

第十章发展以社区为平台的医养结合养老服务模式的建议，将针对前面分析的现状和问题，提出对策建议和策略措施。

附录包括三部分内容：实例实践一以社区网络医院为基础的医养结合服务模式实践、案例实践二社区医养结合服务供应链体系及应用、发展以社区为平台的医养结合服务模式的调查工具。

第二章　以社区为平台的医养结合服务相关概念及理论

一、相关概念

（一）社区

1. 社区概念的发展

1887年，德国的社会学家滕尼斯出版的《社区与社会》（*Gemeinschaft and Gesellschaft*），首先使用"社区"这一词语，并将该词语引入社会学界，当时指具有共同的地域、血缘和精神，是人与人之间关系密切、守望相助、富有人情味的社会团体[①]。概念中强调在同一社区人与人之间亲密无间、互相依靠、共同生活，从而与有等级顺序、法律、理性特征的"社会"一词区别开来。

社区（community）的定义，最开始是由美国社会学家罗伯特·帕克勾勒出来的，其基本构架有：一定规模、自我约束且有组织规矩的人口，一定范围的活动空间和生产生活环境，具有相关联系的社会活动和利益交集，具有特定规范的管理机构和服务部门等[②]。

在20世纪20年代，经过不同文化交流传播，滕尼斯的社区（Gemeinschaft）被美国的社会学家翻译为英文community，之后在美国学术界引起广泛传播和应用。1955年，美国学者希拉里对"社区"进一步总结升华。他发现之前学者对社区的阐述都涉及三个不可缺少的关键要素（地域范围、桥

[①] 吴增基、吴鹏森、孙振芳：《现代社会学》，上海人民出版社，2018年，第229页。
[②] 窦泽秀：《社区行政：社区发展的公共行政学视点》，山东人民出版社，2003年，第15页。

梁纽带以及人际交流），且认为这三者是构成社区的本质条件[①]。1933年，燕京大学费孝通等的著作中使用了"社区"概念，从此"社区"一词在我国学术界开始受到关注[②]，众多学者各抒己见，开启对"社区"的研究和应用。如从心理学层面看，董洪杰、刘视湘等把"社区"定义为某一地域范围内个体和组织有目的的集合，同一个社区人员在生活环境、物质所需、文化交流、心理慰藉等方面相互联系或达成某种共识，并对社区的内隐结构展开了研究[③]。

在政策方面，我国早期提到社区主要为计划生育服务，2002年国家计生委发布的《关于开展计划生育优质服务先进县（市、区）创建活动的通知》提到依托社区开展计划生育管理服务的工作。关于面对老龄化问题也提到社区的作用，2005年《人口"十一五"规划和2020年发展思路》提到强化社区老龄服务功能，大力发展老龄服务业。随着老龄化程度进一步加深，我国关于社区、社区功能、社区人才建设（家庭医生）、社区卫生服务的政策举措越来越多。早期我国学者对于社区的定义、社区建设主要以地域性来区别划分，如城市的街道办事处辖区或居委会辖区、农村的行政村或自然村。互联网技术的普及实现了跨地域跨时空的人际交流，新型社区——虚拟社区（virtual community）产生。虚拟社区主要指以网络为媒介，以文化为载体，在一定范围内形成共同价值观和共同体的社区。虚拟社区与实体社区有许多相似之处：特定的活动范围，如微信等社交聊天群、网上论坛、百度贴吧等；特定的群体活动，如群体之间的谈话、评论等；共同的价值观和文化背景，如通过交流可以形成人与人的共识等；特定的技术人员和管理团队，如网络运营团队和法律规章维护人员等；特定的储备服务资源，如技术咨询指导、答疑解惑等。

从卫生服务领域服务基层的角度看，人们多引用1978年国际初级卫生保健大会上提出的关于社区的注解：社区是以某种经济的、政治的、文化的、群体的社会凝聚力，使人们在一定条件下相聚在一起生活的一种社会组织或团体。

2. 社区的类型

社区大致分为两种类型：地域型社区和功能型社区。前者是指一定地理范围内有血缘、交际、熟知且彼此依赖的群体，如城市街道、居委会，乡村的村

[①] 徐琦：《社区的概念与理论起源》，《运城学院学报》，2005年第1期，第32~36页。
[②] 姜振华、胡鸿保：《社区概念发展的历程》，《中国青年政治学院学报》，2002年第4期，第121~124页。
[③] 董洪杰、刘视湘：《基于社区内隐结构的社区心理研究新视野》，《社区心理学研究》，2018年第1期，第37~50页。

落、村委会等；后者则指以一定的利益、价值观、目标等共性而产生交集的群体，如学校、医院等企事业单位，联盟、旅游团体等非政府组织。不同时代、不同文化背景下的社区定义、类型不同，但社区是我们共同生活和经营的家园，社区的建设和发展与每个家庭和每个居民息息相关。充沛的社区资源和健全的卫生服务，与社区中每个居民的健康紧密相关。共同创建美好完善的社区是我们每个公民必不可少的职责。

（二）社区卫生服务

1. 社区卫生服务的概念

社区卫生服务（community health service，CHS）是指在政府领导、社会参与、上级卫生机构指导下，以基层卫生机构为主体，全科医师为骨干，合理使用卫生资源和适宜技术，以人的健康为中心，以家庭为单位、社区为范围、需求为导向，以妇女、儿童、老年人、慢性病患者、残疾人、低收入居民为重点，以解决社区主要卫生问题，满足基本医疗卫生服务需求为目的，融预防、医疗、保健、康复、健康教育和计划生育技术服务等为一体的，有效的，经济的，方便的，综合的连续的基层卫生服务①。

2. 社区卫生服务的主要功能

社区卫生服务主要以政府为主导，以为人民服务为宗旨，为居民提供全程性、实时性、连续性的公益性服务，包括基本公共卫生服务和基本医疗服务两个方面。

（1）基本公共卫生服务方面：我国基本公共卫生服务由国家卫生健康委员会统一部署规划，由疾病预防控制机构带头，以基层医疗卫生机构为联络载体，由城市社区卫生服务中心、农村乡镇卫生院等城乡基本医疗卫生机构为主要实施主体，在社区居民疾病潜伏期、临床症状期、康复期实施监测随访治疗，主要以慢性病随访服务为中心，向本辖区（社区）居民提供力所能及的公益性的医疗知识指导和基本医疗，从而较早预防疾病、控制疾病进展、延长寿命。

①健康建档：从新生儿刚出生起，就开启对该新生命的建档，记载出生情况、遗传情况，直到年老死亡的全程数据档案，这对于收集居民信息及整个电子信息系统的衔接有很大的作用。

---

① 梁万年：《卫生事业管理学》，人民卫生出版社，2017年，第245页。

②健康教育：社区通过共同的社区活动，宣传健康知识，普及常见病注意事项，可以使居民掌握健康相关知识、提高相关健康自我维护技能，从而提高居民健康素养。

③科学营养保健：包括儿童和青少年保健（新生儿、婴幼儿、学龄前期、学龄期、青春期）、妇女保健（婚前、孕前、孕产期、更年期保健）、老年保健等，提高孩子、父母及家庭的科学饮食、行为保健意识。

④常规传染病预防接种及地方病的预防控制：包括刚出生的新生儿免疫接种、各地特殊自然环境易导致地方病的预防接种、应急情况的预防接种、中年妇女常见癌症预防接种等。协助开展性病、艾滋病、结核病、肝病等传染病及地方病、寄生虫病的预防控制，加强疫情监测和报告，积极配合上级，做好信息传输登记。

⑤对社区（空气、绿化及人文设施等）进行监测调查，加强社区居民社区维护职责，加强社区管理，为社区居民健康生活营造良好的环境氛围。

⑥提供计划生育咨询、技术指导及宣传服务。

⑦提供心理慰藉、生活照料：陪同老年人聊天、谈心排忧等，关注社区居民尤其是失能老年人的心理健康，精神病病人在接受专业服务的同时尊严不受到伤害等。

⑧为慢性病病人，失能、半失能、独居老年人，残疾人等提供上门服务（饮食指导、用药指导、康复训练等）和各种社区活动，丰富社区居民生活。

⑨临终关怀（又称安宁照顾）和姑息医学（又称缓和医学）照顾：使用医疗技术可以减轻病人痛苦，使疾病晚期病人得到温馨的关怀。

⑩提供个人和家庭的连续性、及时性健康规划和管理服务。

⑪协助处置辖区内的紧急公共卫生事件。

⑫根据科技发展、当地特色、政府规定及居民需求，提供人性化、智能化、快捷化服务，创造文明和谐、舒适健康的社区形象。

（2）基本医疗服务方面：基本医疗服务具有公益性和福利性，指医务人员尽其所能对社区居民提供最基本的医疗服务。根据国家社区防治标准对社区居民疾病进行基本医治，对社区居民常见病及慢性病随访治疗。

①开展一般多发常见病诊疗，开展换季性多发疾病，易感染、易接触暴露疾病的诊疗培训演练和易诊断、无复杂并发症的慢性病治疗。

②提供定期体检和筛检服务。

③提供现场突发病的应急救护服务。

④提供中医药服务。

⑤提供家庭出诊、家庭护理、家庭病床等家庭医疗服务。

⑥提供双向转诊和会诊服务。充分发挥全科医生的职责，为病人提供及时、连续的转出来和转进去的衔接性服务，如果因特殊原因不能实现转诊，应及时联络上级医院专家来社区就诊，充分利用社区资源，降低就医成本。

⑦根据当地政府规定、特殊环境、居民需求提供其他适当的医疗服务。

3. 社区卫生服务发展

(1) 国外社区卫生服务发展。

20世纪40年代，英国率先提出社区卫生服务的概念，同年，英国议会正式通过《国家卫生法》，该文件提到居民的医院专科医疗服务、全科医疗服务和社区卫生服务费用由政府税收统一支付，初期的社区卫生服务主要是针对社区居民的非长期医疗住院服务。20世纪50年代，医疗技术的发展进步，促使社区卫生服务首先用于精神病病人康复治疗，后来又逐渐向老年人、儿童、残疾人等弱势群体拓展，随后社区卫生服务的内容、范围不断完善和扩大。1978年，世界卫生组织（WHO）指出开展社区卫生服务的重要性，认为其对于实现初级卫生保健和实现"2000年人人享有卫生保健"目标是非常有利的。英国在社区卫生服务发展中起带头作用，政府通过大量资金投入来建设社区医院、健康中心、全科医生诊所及居民所需的各种设备设施等。同时充分发挥全科医生"守门人"的职责，年满16周岁的居民必须先与就近的全科医生签订协议，16周岁以下的居民由父母代理，非紧急病人看病必须先经过自己的全科医生首诊才能决定是否转诊，否则居民不得享受免费医疗服务。20世纪90年代起，英国的社区卫生组织充分发挥网络功能，使社区卫生服务更加亲民快捷。但随着老龄化程度的加深，政府的财政负担也随之增加，对于居民而言，可能因为转诊流程而耽误疾病的最佳治疗时间，全科医生与居民的矛盾逐渐暴露出来，因此社区卫生服务仍在进一步完善。目前，社区卫生服务功能更加完善、分工更加明确，实现了与卫生部门、医院等多部门间的合作交流，使社区居民的生活与就医更加方便有效[①]。

美国社区卫生服务比较注重居民护理和保健。美国强调自由主义，自由主义市场经济模式在社区卫生服务方面也发挥了举足轻重的作用。这种自发机制无形间加大了全科医生之间的专业能力竞争，居民可以通过权衡判断，自由选择可靠的全科医生，同时全科医生持久作用的发挥需要靠自身的专业能力和居

---

① 卢祖洵、姚岚、金建强等：《各国社区卫生服务简介及特点分析》，《中国全科医学》，2002年第1期，第38~39页。

民的口碑。目前，社区卫生服务中心与医院等不断进行合作，实现了资源合理转换利用，提高了居民就医的效率和多样性。

日本是老龄化最为严重的国家之一，特别重视社区卫生服务。在解决老龄化问题时，居民在医院和社区卫生机构均可以享受社区卫生服务，同时日本的专项保健计划不仅促进了社区卫生服务顺利实施，而且有效延缓了居民疾病的发展进程，如1965年实施的慢性病防治计划、1989年实施的中风预防计划、老年人保健方面的黄金计划等。

从各个国家社区卫生服务的发展趋势来看，发挥全科医生的关键作用对于满足居民基本医疗需求有很大辅助作用，同时健全的社区卫生服务顺利持久开展更需要政府和市场同时发力，这样才能有效提高居民的健康水平。社区卫生服务模式已经成为发达国家满足居民基本医疗需求的重要优先渠道。

（2）我国社区卫生服务发展。

我国对于社区卫生服务的探讨始于20世纪50至60年代，如农村合作医疗制度就是社区卫生服务性质的早期医疗形式，对于当时解决农村医疗卫生问题发挥了很好的作用。中国社区卫生服务最初框架的形成要追溯到1981年，中美专家当时在上海市上海县进行了卫生服务相关调查，使社区卫生服务在中国打开了新的天地。1997年全国卫生工作会议做出的《关于卫生改革与发展的决定》提出，对于城市地区，要加强城市社区卫生服务发展，建设快捷利民的卫生服务网络；对于农村基层地区，要加快基本公共卫生需求发展，以社区、家庭为服务对象，开展妇女儿童疾病预防、常见病多发病的诊治、突发病的急诊、病人晚期随访康复及照料、计划生育技术服务和全体人员的健康保障等连续性三级预防工作。经过1997年卫生体制的一系列改革，我国社区卫生服务得到了实质性发展。

1999年的《关于发展城市社区卫生服务的若干意见》提出，发展社区卫生服务具有多元性重要意义，对社会主义市场经济体制改革、卫生体制改革、建设社会主义政治精神文明、密切党群关系、建立城镇职工基本医疗保险制度、人民日益增长的卫生需求及长期社会稳定等至关重要[1]。

2006年，国务院发布《关于发展城市社区卫生服务的指导意见》，对未来社区卫生服务的战略方针、策略措施、目标规划、基本原则、组织构架、服务

---

[1] 卫生部、国家发展和改革委员会、教育部：《关于发展城市社区卫生服务的若干意见》，1999年。

体系等问题进一步细化阐述①。

2009年中共中央、国务院发布的《关于深化医药卫生体制改革的意见》进一步提出，在前期卫生服务建设的基础上，继续加强完善以社区卫生服务为基础的新型城市社区卫生服务体系和网络建设。继续以维护社区居民健康为中心，转变社区卫生服务模式，为居民提供疾病防控和一般常见病、多发病、慢性病的初级诊疗服务等，坚持主动服务和上门服务，在社区卫生服务中有能力承担起居民健康"守门人"职责②。

2010年底，全国社区卫生服务中心（站）已达到32739个，其中社区卫生服务中心6903个，社区卫生服务站25836个③。自2011年起，持续开展创建示范性全国社区卫生服务中心活动，卫生部发布的《2013年卫生工作要点的通知》提出，巩固完善社区卫生服务机构运行新机制，健全管理体制和人才补偿机制、考核指导机制，多渠道激励员工，同时继续完善社区卫生服务模式，提高全科医生服务能力和团队合作能力，探索适宜的签约服务④。2018年国家卫生健康委员会制定的《社区卫生服务中心服务能力标准（2018年版）》提出，服务能力应包括功能任务与资源配置、基本医疗和公共卫生服务、业务管理和综合管理等多方面硬件和软件服务能力。截至2018年末，我国共有社区卫生服务中心（站）约3.5万个⑤。

（三）养老服务

1. 养老服务的概念

养老服务指为老年人提供衣食住行的物质照料、精神照料、基本的生活娱乐和预防医疗所采取的政策、策略和措施服务。

我国的老龄化程度持续加深，国家已进行多年养老服务研究。目前，我国养老方式多种多样，不仅包括早期探索的家庭养老、机构养老、社区养老，近年来又出现多种新型的养老方式供老年人选择：互联网+养老、虚拟养老以及"医养结合"等。其中"医养结合"养老方式在近年来备受关注，这种新型养老模式是对以往医疗养老分割现状的改进和创新，同时与以往多种养老方式互

---

① 国务院：《关于发展城市社区卫生服务的指导意见》，2006年。
② 中共中央、国务院：《关于深化医药卫生体制改革的意见》，2009年。
③ 卫生部：《2010年我国卫生事业发展统计公报》，2010年。
④ 卫生部：《卫生部发布2013年卫生工作要点》，《中国乡村医药》，2013年第4期，第85~88页。
⑤ 国家统计局：《2018年国民经济和社会发展统计公报》，2018年。

为竞争、互为补充、互相融合发展。

2. 养老模式的发展

(1) 国外养老模式的发展。

相对于中国，西方国家较早出现老龄化，同样对于养老模式也积累了颇多经验。通过比较各国养老模式发展历程可以发现，早期老龄化率在7%~10%时，各个国家都是从社会保障体系等制度层面解决养老问题。如日本在面对老龄化问题时，在1963年制定了《老年人福利法》，在1997年颁布了《介乎保险法》，实现对老年人连续持久的医养结合照料服务。如瑞典在1947年时不断增加福利院数量和完善福利设施。老龄化超过14%时，各国开始倾向社区养老和机构养老，如美国在1965年开始执行老年医疗保险制度和医疗救助计划。针对失能、半失能老年人采取身体健康、生活、娱乐等多方面的老年健康护理计划（PACE）。1973年，针对居住在社区自理能力较强的老年人，美国实施了"家庭和社区支持服务"（HCBS）项目，主要包括身体定期体检、病人后期的康复服务、孤寡老人的精神慰藉、社区丰富多彩的娱乐活动、专业周到的日间照料及家政服务等。在20世纪80年代，英国开始把免费医疗护理项目全部运用于老年人照料中。

综上可以看出，国外多种养老模式的发展均不同程度地以社区为依托。由此可见，发展以社区为平台的医养结合服务对积极应对人口老龄化具有重要的意义[1][2]。

(2) 我国养老模式的发展。

面对老龄化带来的复杂性问题，我国政府适时提出了一系列向导性、针对性政策。改革开放以来，中国社会、经济、思想发生了翻天覆地的变化。1982年计划生育被定为我国的基本国策，我国人口结构开始呈现以下趋势：少年儿童比重下降，老年人口比重增加，年轻劳动力短缺。人口比例严重失衡导致的养老问题也随之而来，因此政府逐渐关注并试图解决养老问题。1996年10月1日开始实施的《中华人民共和国老年人权益保障法》第三条规定：国家和社会应当采取措施，健全对老年人的社会保障制度，逐步改善保障老年人生活、健康以及参与社会发展的条件，实现老有所养、老有所医、老有所为、老有所

---

[1] 吴平、杨春白雪、王馨竹：《国外社区养老模式的启示——基于老年人的行为活动特征》，《城市住宅》，2019年第1期，第153~154页。

[2] 郭丽君、鲍勇、黄春玉等：《"医养结合"养老模式的国际成功制度与政策分析》，《中国老年学杂志》，2019年第4期，第975~981页。

学、老有所乐。第十条规定：老年人养老主要靠家庭，家庭成员应当关心和照料老年人。① 其主要强调家庭养老和由子女承担赡养老年人的责任。但随着社会经济的转变，独生子女成为社会的主要劳动力，在赡养父母方面更是心有余而力不足。2000 年，民政部颁布了《关于加快实现社会福利社会化的意见》，提出要依靠强大的社会集团、社区、个人多方投资主体，推动居家、社区、机构养老的发展。我国家庭养老模式逐渐向多元化转变。但此时我国养老服务主要仍是政府主导的、带有公益性质的、缺少竞争的服务②。据调查统计，至 2004 年底，我国城乡各种养老服务机构已设立 38111 个，同时已拥有 254 万余张床位③。

2009 年国务院发布的《关于开展新型农村社会养老保险试点的指导意见》提出，通过个人筹资、政府补助、社会集资相结合来缴纳养老保险，由多方集资主体来解决农村老龄化问题④。2011 年，国务院印发《国家人口发展"十二五"规划》，提出要加快推进养老服务，重点加强社会保障、养老保障、养老服务制度等建设，充分发挥家庭、社区的距离情感优势，加快建立以居家为基础、社区为依托、机构为支撑的社会养老服务体系，同时鼓励老年人积极参与社会活动，重点补贴独生子女父母，无子女、失能和半失能老年人⑤。由此可见，我国老年人的基本生活问题可以得到解决，但医疗问题仍然未得到关注。

2013 年，国务院《关于促进健康服务业发展的若干意见》强调加强医疗机构与养老机构等合作，在养老服务中充分融入健康理念，加强医疗卫生服务支撑⑥。从中可以看出，我国政府已经探索出顺应新时代的"医养结合"养老模式。医院与老年病医院、老年护理院、康复疗养机构等的合作运营，对我国老年人的医疗需求有很大的保障作用，使失能、慢性病老年人看病更加快捷方便。国务院 2017 年发布的《关于印发"十三五"国家老龄事业发展和养老体系建设规划的通知》明确提出要完善医养结合机制，支持养老机构开展医疗服务，加强老年康复医院、护理院、临终关怀机构和综合医院老年病科建设⑦。从中可以发现，我国"医养结合"养老模式进一步发展完善，但养老机构与医

---

① 《中华人民共和国老年人权益保障法》，1996 年。
② 民政部：《关于加快实现社会福利社会化的意见》，《中国民政》，2000 年第 4 期，第 21~23 页。
③ 周云、陈明灼：《我国养老机构的现状研究》，《人口学刊》，2007 年第 4 期，第 19~24 页。
④ 国务院：《关于开展新型农村社会养老保险试点的指导意见》，2009 年。
⑤ 国务院：《国家人口发展"十二五"规划》，2011 年。
⑥ 国务院：《关于促进健康服务业发展的若干意见》，2013 年。
⑦ 国务院：《关于印发"十三五"国家老龄事业发展和养老体系建设规划的通知》，2017 年。

疗机构的合作仍存在很多问题：法规制度不健全，专业护理人员缺乏，医疗资源供需结构不平衡。养老模式有待完善。2019年政府工作报告提道：我国60岁以上人口已达2.5亿。要大力发展养老特别是社区养老服务业，对在社区提供日间照料、康复护理、助餐助行等服务的机构给予税费减免、资金鼓励支持、水电气热价格低廉等政策优惠的扶持，进一步精确完善医养结合政策，扩大长期护理保险制度建设试点，让老年人安度晚年生活。因此，社区养老和医养结合共同发展有望成为未来解决养老问题的主流。

3. 养老模式类型

随着社会政策的不断调整，社会经济结构的不断转型和人民生活水平的不断提高，我国养老模式大致分为以下几种。

（1）家庭养老。

家庭养老指以血缘关系或亲缘关系为纽带，老年人有自己家属陪伴生活，并由老年人自己、子女或亲属承担日常生活医疗消费的养老方式。此种养老方式与中国的传统理念"养儿防老"有很大关系，子女与老年人较多时间接触，不仅会增强彼此间的亲情，而且会使老年人有更多的心灵慰藉，从而间接减少慢性病的发生和延缓疾病进程，从长远角度看，可以减轻医疗负担和政府的养老负担。但随着经济发展和计划生育政策的落实，我国家庭主要呈现"四二一"形式，一对年轻夫妻在承受买房压力、残酷的工作竞争压力之余，还要负担照顾老年人和小孩的责任。很多年轻的已婚夫妇迫不得已啃老，在赡养老年人方面更是力不从心，因此家庭养老的弊端已显现出来。

（2）机构养老。

机构养老指以养老机构为主要活动场所，主要通过家庭、老年人或政府付托给养老机构一定资金，由养老机构负责照料老年人的养老服务。此种养老方式对失能老年人的生活照料有专业的规律保障，但养老机构的老年人大多来自不同的地方，并没有过多的交流与来往，老年人独自生活的养老院如同一个虚拟的笼子，不仅疏远老年人和子女之间的情感距离，而且使老年人的情感无法得到宣泄，因此很多老年人宁愿选择在自己家庭养老或与熟悉的老年人抱团养老也不愿意选择去养老机构。此外，有的养老机构功能设施尚不健全，部分只停留在简单的生活护理方面，缺乏心理慰藉、精致专业的医疗护理和治疗。因此，此种养老方式并不是很受老年人欢迎。

（3）社区养老。

社区养老指在政府的规划下，以社区为场所，以家庭为中心，结合三者资源优势，为老年人提供基本的生活照抚和休闲活动等的养老方式。此养老方式可以缓解子女时间不足的压力，可以使老年人接触更多的社区健康知识和文化休闲活动，有助于老年人与社区中其他老年人的情感维系。当前多数学者认为社区养老是指以家庭为核心，以社区为依托，以老年人日间照料、生活护理、家政服务和精神慰藉为主要内容，以上门服务和社区日托为主要形式，并引入养老机构专业化服务方式的居家养老服务体系①。

随着社会经济的发展、物质生活水平的提高，居民各方面的需求增加。社区卫生服务模式都是以医院作为最终保障，以家庭作为主要防护营，不同程度地结合互补，从而连续向居民提供"六位一体"服务。虽然社区卫生服务体系比较完善，但是由于各地政策、经济、人才、设施等不同，有的地区专业人才水平差异较大，部分科室设备利用率有待提高，居民知晓率和信任度有待提高，服务质量可能难以达到居民满意的程度，导致实际执行效果并不理想。部分居民遇到常见病仍会选择去大医院就诊，然而老年人如果去大医院，其在出行不便的情况下，可能导致拖延病情，影响健康。部分大医院的超额服务与部分社区卫生服务中心的闲置服务形成鲜明对比，新时期多措并举地提高社区卫生服务能力尤其重要。

总体而言，家庭养老、社区养老、机构养老三种养老方式各有所长，同时仍存在共性问题，例如医疗服务方面较为欠缺，生活护理和人文关怀等有待完善。相对于机构养老，社区养老成本较低，且对于政府、社会和家庭有更强的支持力度，有更大的发展空间，但因其自身局限性，仍在进一步完善和发展。近年来，国家和社会层面都非常重视社区的发展，以社区为平台，充分利用社区资源，发展医养结合服务，已经成为多方共识。

二、社区医养结合

目前，我国人口老龄化趋势越发明显，老龄化程度不断加深。老龄化问题属于民生问题，涉及政策走向、经济环境、医疗资源等众多领域，是我国必将面对且不可忽视的挑战。当前，我国养老服务制度和体系还有待完善，相关养老制度保障、人才建设、设施设备、部门间协同合作等多种问题还有待解决。随着老年人口数量的增加，现有养老服务供给已远不能满足养老需求，所以，在我国仍将处于社会主义初级阶段的大背景下，老年人该如何养老这一问题，

---

① 曹丽、李雪莲：《新形势下社区养老服务模式研究》，《领导科学论坛》，2019年第9期，第24~27页。

需要理论的支撑和实践的探索。随着不断地探索，人们对养老不再简单地停留在"养老"这两个字上，而是更加注重"健康养老"，促进医养结合服务的不断发展。

（一）医养结合发展历程

2000年，针对老龄化这一问题，《关于加强老龄工作的决定》提出：以建立家庭养老为基础、社区服务为依托、社会养老为补充的养老机制为目标方针；依靠社区使老年服务业成长起来，增强社区建设，提高服务能力；支持各地踊跃参与创办多种多样的老年福利院、老年公寓等，为老年人提供主要的生活照料以及护理服务（这时只是简单地提到了护理的服务，还未提及医疗服务）；有一定条件的相关乡镇可把敬老院建成多功能综合性的老年福利中心[①]。

2011年，《国务院关于印发中国老龄事业发展"十二五"规划的通知》进一步明确提出，要建立以居家为基础、社区为依托、机构为支撑的养老服务体系[②]。"十二五"规划主要任务中首次明确了大力发展社区照料服务，以及从之前的护理服务升级到护理健康服务。《国务院办公厅关于印发社会养老服务体系建设规划（2011—2015年）的通知》将主要的三种养老方式的功能定位界定清楚，提出相关主要任务和目标以及为保障实施所需要的制度建设、人才建设、筹资方式[③]。其中，在居家养老服务的功能定位中除了基本的照料护理服务，还包括以上门服务为主要形式的医疗保健服务，初次在养老相关服务中提到了医疗保健服务。

2013年，我国相继出台了《关于加快发展养老服务业的若干意见》《关于促进健康服务业发展的若干意见》《关于进一步加强老年人优待工作的意见》。《关于加快发展养老服务业的若干意见》初次明确指出要积极努力地加快推进医疗卫生与养老服务相结合的进程，要将现有的卫生资源积极融合到机构、社区、家庭中去[④]。《关于促进健康服务业发展的若干意见》提出在医疗机构与养老机构等之间建立合作并加强合作关系，促进养老服务迈向健康养老[⑤]。《关于进一步加强老年人优待工作的意见》中还提出支持符合相关条件的养老

[①] 中共中央、国务院：《关于加强老龄工作的决定》，2000年。
[②] 国务院：《国务院关于印发中国老龄事业发展"十二五"规划的通知》，2011年。
[③] 国务院办公厅：《国务院办公厅关于印发社会养老服务体系建设规划（2011—2015年）的通知》，2011年。
[④] 国务院：《关于加快发展养老服务业的若干意见》，2013年。
[⑤] 国务院：《关于促进健康服务业发展的若干意见》，2013年。

机构内设医疗机构并申请归入社会基本医疗保险的范围中,这样在一定程度上可减轻老年人及子女的经济负担①。

2014年,为了实现养老服务的标准化,民政部、国家标准化管理委员会、全国老龄工作委员会办公室等部门颁布了《关于加强养老服务标准化工作的指导意见》,提出到2020年,要基本建立基础通用标准、养老服务标准、管理标准等,强调在健康养老服务产业中标准化的重要意义②。《关于加快推进健康与养老服务工程建设的通知》指出需加快养老服务体系建设进程,将医养结合服务设施、农村养老服务设施等项目尽快落到实处③。

2015年,《关于进一步规范社区卫生服务管理和提升服务质量的指导意见》重点强调了社区卫生服务的作用,不断增加社区卫生服务功能,不断拓展社区卫生服务,鼓励养老服务机构与社区卫生服务机构协同互助,同步加快对医养结合服务模式的探索④。《国务院办公厅转发卫生计生委等部门关于推进医疗卫生与养老服务相结合指导意见的通知》提出的几项重点任务,主要围绕机构之间的合作机制、医养结合发展、非医疗机构开展医疗服务、社区和家庭享有医疗卫生服务以及兴办医养结合机构等方向展开⑤。

2016年,《中华人民共和国国民经济和社会发展第十三个五年规划纲要》强调了推动医疗卫生和养老服务相结合的重要性⑥。为简化医养结合服务机构的准入、审批等环节,民政部和卫生计生委出台了《关于做好医养结合服务机构许可工作的通知》,应国家简政放权的要求,改进多项纷繁复杂的审批环节,提高各项环节的办事效率,使医养结合服务机构的准入道路畅通⑦。《国务院办公厅关于印发深化医药卫生体制改革2016年重点工作任务的通知》由卫生计生委、民政部等部门参与联合协作,首次提出促进中医药与养老服务结

---

① 全国老龄办、国家发展和改革委员会、民政部等:《全国老龄办等24部门关于进一步加强老年人优待工作的意见》,2013年。
② 民政部、国家标准化管理委员会、全国老龄办等:《关于加强养老服务标准化工作的指导意见》,2014年。
③ 国家发展和改革委员会:《关于加快推进健康与养老服务工程建设的通知》,2014年。
④ 国家卫生计生委、国家中医药管理局:《关于进一步规范社区卫生服务管理和提升服务质量的指导意见》,2015年。
⑤ 国务院办公厅:《国务院办公厅转发卫生计生委等部门关于推进医疗卫生与养老服务相结合指导意见的通知》,2015年。
⑥ 《中华人民共和国国民经济和社会发展第十三个五年规划纲要》,http://www.gov.cn/xinwen/2016-03/17/content_5054992.htm。
⑦ 民政部、国家卫生计生委:《关于做好医养结合服务机构许可工作的通知》,2016年。

合①。《关于确定第一批国家级医养结合试点单位的通知》② 和《关于确定第二批国家级医养结合试点单位的通知》③ 公布了两批国家级医养结合试点单位，以摸索不同的医养结合模式，因地制宜地建立不同的医养结合服务模式，为以后全国各地推行积累经验。《"健康中国 2030"规划纲要》强调要坚定不移地推动医养结合，为老年人提供服务周到细致的健康和养老服务，同时将防治管理慢性病这一事项与机构养老、社区、居家紧密联系起来④。《国务院关于印发"十三五"卫生与健康规划的通知》由国家卫生计生委、民政部牵头，统筹养老资源与医疗卫生资源，明确指出二级以上综合性医院在与养老机构的合作上，以及在与老年护理院、康复疗养机构等展开转诊与合作方面至关重要⑤。

2017 年，《国务院关于印发"十三五"国家老龄事业发展和养老体系建设规划的通知》提出要着重落实好关于医养结合的优惠扶持政策，对于医养结合试点要深度挖掘⑥。《关于印发"十三五"健康老龄化规划的通知》提出，在医疗卫生资源密集并且丰富的地域，可将一部分公立医院转换成专为老年人服务的机构；加速推动并稳固基层医疗卫生机构与居家老年人的签约服务关系⑦。《国务院办公厅关于印发深化医药卫生体制改革 2017 年重点工作任务的通知》提出，要持续推进相关国家级医养结合试点的工作，以及不断推动社区居家层面医养结合⑧。《关于制定和实施老年人照顾服务项目的意见》提出，增强医养结合的力度，逐步建立并完善相关机构间的业务合作机制⑨。国家卫生计生委办公厅颁布"十三五"健康老龄化规划重点任务分工》，针对大数据信息，要逐步建立起关于医养结合和老年人的数据库；建设并成立一批综合性医养结合服务机构和社区的示范基地⑩。

---

① 国务院办公厅：《国务院办公厅关于印发深化医药卫生体制改革 2016 年重点工作任务的通知》，2016 年。

② 国家卫生计生委办公厅、民政部办公厅：《关于确定第一批国家级医养结合试点单位的通知》，2016 年。

③ 国家卫生计生委办公厅、民政部办公厅：《关于确定第二批国家级医养结合试点单位的通知》，2016 年。

④ 中共中央、国务院：《"健康中国 2030"规划纲要》，2016 年。

⑤ 国务院：《国务院关于印发"十三五"卫生与健康规划的通知》，2016 年。

⑥ 国务院：《国务院关于印发"十三五"国家老龄事业发展和养老体系建设规划的通知》，2017 年。

⑦ 国家卫生计生委等 13 部门：《关于印发"十三五"健康老龄化规划的通知》，2017 年。

⑧ 国务院办公厅：《国务院办公厅关于印发深化医药卫生体制改革 2017 年重点工作任务的通知》，2017 年。

⑨ 国务院办公厅：《关于制定和实施老年人照顾服务项目的意见》，2017 年。

⑩ 国家卫生计生委办公厅：《"十三五"健康老龄化规划重点任务分工》，2017 年。

2018年,《关于落实〈政府工作报告〉重点工作部门分工的意见》,提出要不断发展居家、社区和互助式养老,加速推进医养结合进程,不断提高为老年人提供服务的质量①。《关于促进"互联网+医疗健康"发展的意见》提出,发展"互联网+"医疗服务,支持符合条件的机构依托互联网建设信息平台,开展更加高效便捷的服务,例如健康管理、咨询以及远程医疗等高端服务,促进不同主体之间的有效沟通,优化资源配置,提高服务效率,降低服务成本②。

2019年,我国出台了《城企联动普惠养老专项行动实施方案》,提出了一新兴词汇,即"普惠养老服务"。普惠养老服务是不同于基本养老服务的,它未被包括在基本养老服务以内,它的服务对象是广大老年人,主要是为了解决老年人中尤其是中低收入且失能或半失能老年人的养老问题。普惠养老服务中依然有医养结合的身影③。

(二)医养结合内容概述

医养结合,顾名思义,就是将养老服务与医疗服务有机地整合在一起。在养老服务内容的界定上,国内外学者普遍认同养老服务应该包括三方面:物质上的供养、生活照料以及精神慰藉。《中华人民共和国老年人权益保障法》第十四条明确指出了经济上供养、生活上照料和精神上慰藉这三项内容。因此,医养结合服务内容主要包括医疗保健服务、经济供养服务、生活照料服务和精神慰藉服务这四个方面,但各项服务的具体内容和服务项目还没有形成统一的标准和规范。

1. 医疗保健服务

由于身体机能衰退,老年人的患病率一般高于年轻人,尤其是高血压、心脏病、关节炎等慢性病的患病率较高。医疗保健服务是应对老年人突发疾病、疾病治疗和康复过程中必不可少的服务,对于维持老年人基本健康水平和保证老年生活质量起着重要作用。医疗保健服务主要包括医疗服务、保健服务以及健康促进三项主要内容。具体而言,医疗服务主要涉及疾病诊治服务、用药指导服务、住院服务等,保健服务主要包括健康体检、个人或家庭护理服务、身

---

① 国务院办公厅:《关于落实〈政府工作报告〉重点工作部门分工的意见》,2018年。
② 国务院办公厅:《关于促进"互联网+医疗健康"发展的意见》,2018年。
③ 国家发展和改革委员会、民政部、国家卫健委:《城企联动普惠养老专项行动实施方案》,2019年。

体康复服务、体温血压心率等生命体征监测、按摩理疗服务等，健康促进服务主要包括社区义诊、老年人健康教育、讲座以及咨询等促进健康方面的项目。

2. 经济供养服务

在老年人的养老服务中，经济供养至关重要。随着年龄增加，老年人工作能力下降，尤其是退休之后其经济收入必然会出现不同程度的降低。而步入老年之后的生活、医疗及其他一些必要支出并未减少，甚至还有所增加。所以，经济供养服务就自然而然地成为政府、社会、家庭的一项重要内容。经济供养主体或者老年人的经济来源主要可分为自己的退休金或养老金、配偶的收入、子女的赡养费、房屋土地等租赁收入、社会保险（基本医疗保险和养老保险等）、商业保险、政府补贴、社会组织或者个人资助等。除此之外，一些特殊的群体例如五保户、残疾人等，享有一些额外的特殊补助。相对城镇老年人来说，农村老年人的经济来源相对单一而且稳定性较差。通常情况下，农村老年人的经济供给来源主要是自身劳动或土地租赁收入、政府政策扶持以及一些社会捐助，这种低水平的收入基本只能用于购买日常生活必需品和一般的患病就医支出。

3. 生活照料服务

生活照料服务是养老服务中的一项基础内容，也是目前提供最广泛、相对较为全面的一种服务。生活照料服务的提供人员主要包括自身、配偶、子女、保姆、社区以及机构服务人员等；服务内容主要包括饮食照料服务、起居照料服务、清洁照料服务、活动照料服务以及其他家政服务等。其中，饮食照料服务又包括买菜做饭、协助老年人进食、帮助老年人吃药、膳食搭配、营养调理等具体服务项目；起居照料服务主要包括协助老年人起床、协助老年人就寝、协助老年人洗浴、协助穿衣如厕、为卧床老年人翻身等；清洁照料服务包括打扫室内外卫生、餐具厨具清洗消毒、清洗衣物、餐后收拾、厕所清洁等；活动照料服务主要包括日常购物、陪同看病就医、老年人日常走动、协助参与社会活动等；其他家政服务主要包括家电维修以及紧急救助等。

4. 精神慰藉服务

精神慰藉是老年人与子女、亲属、朋友、其他社会成员或者组织之间的互动联结，包含老年人来自子女或者其他社会成员的精神和心理安慰（精神赡养）。老年人在生理机能退化的同时，心理素质也会随年龄的增长而降低，更容易出现孤独、抑郁等症状。老年人积极健康的心理状态的保持对其生活质量和生命质量都会产生积极的促进作用。因此，精神慰藉服务是老年人养老服务中必不可少的重要内容。精神慰藉服务主要涉及精神心理服务、文体娱乐服务、法律援助服务等。其中,精神心理服务包括心理咨询与疏导、沟通交流、情感抚慰等;文体娱乐服务包括各种体育活动,例如唱歌跳舞、看书读报、看电视、打牌下棋等;法律援助服务包括法律咨询、调解公正、权益和隐私保护等法律方面的帮助[①]。

专栏一　以社区为平台的医养结合服务与现有养老机构和医疗卫生机构的关系

重塑社区功能,以社区为平台构建新型的医养结合模式在汇集家庭养老和机构养老优势的同时又能最大限度地弥补二者的不足。在现有政策文件和经济财力的有力支持下,"互联网+"等软硬资源提供条件保障的大背景下,以社区为平台的医养结合养老服务模式具有广阔的发展前景。本部分主要厘清以社区为平台的医养结合服务与现有养老机构和医疗卫生机构的关系,希望引发更多相关人员对基层社区、老年人群和医养结合等领域的关注和思考,综合发挥政府及社会等多方作用,积极应对人口老龄化。

养老机构是指为老年人提供集中居住、生活照料、康复护理、精神慰藉、文化娱乐等服务的老年人服务组织,其主要服务对象是失能、半失能老年人,当前实行公益性和经营性分类管理制度[②]。医疗卫生机构是依法成立的从事疾病预防、诊断、治疗活动的机构,主要包括医院、疾病预防控制中心、基层医疗卫生机构、护理院等。随着人口老龄化发展,养老机构的护理人员、医疗机构的护理人员、护理院的护理人员等都可能为老年人提供专业的护理服务。课题组在研究过程中提出以社区为平台的医养结合服务模式不是完全新建一种模式,而是在现有医药卫生资源和养老资源的基础上科学合理地整合资源。其应用价值在于通过整合社区资源,解决养老服务中医疗、养老及其他元素相分离的问题,将养老照顾、医疗护理、保健活动等内容融为一体、形成体系,为老年人晚年各类医疗和养老需求提供充分和针对性的保障[③],助力实现健康老龄化。

---

① 刘金华、谭静:《养老需求中精神慰藉类型的分析——基于四川省彭州市宝山村的调查》,《农村经济》,2016年第10期,第81~87页。
② 吴玉韶、王莉莉:《中国养老机构发展研究报告》,华龄出版社,2015年,第23页。
③ 朱良博:《基于医养结合的社区居家养老服务模式研》,上海工程技术大学,2016年,第1~3页。

（三）医养结合试点情况

在党的十九大报告中，习近平总书记指出："积极应对人口老龄化，构建养老、孝老、敬老政策体系和社会环境，推进医养结合，加快老龄事业和产业发展。"[①] 总之，在当前我国老龄化形势发展严峻的情况下，医养结合服务模式的发展可满足老年人的实际需求，将专业医疗卫生资源与养老服务资源有效融合，充分利用各利益相关者的资源，将老年人物质、生理、心理所需的养老服务与医疗、护理服务等相结合，以达成"有病治病、无病疗养"，以实现健康老龄化。医养结合作为新时代的产物，并不是一成不变的，会随着社会经济文化的变化以及老年人多样化的需要而不断发展或完善，从而更好地解决人口老龄化问题。

目前，我国多地医养结合的试点工作已经陆续开展。如北京甘家口模式，属于"1+1+N"医养结合服务体系。它先由社区卫生服务中心与第三方的养老服务公司建立合作关系，然后在合作的基础上建立一个社区卫生服务中心、一个医养结合服务中心和多个医养结合服务站，这三类服务机构共同构建为老年人服务的区域性医养结合服务体系，初步形成了由政府引导、社会力量承办、医疗机构有所保障的医养结合新模式。上海的"邻里汇"由政府主办。它依托街道成立的社区服务与治理的共享空间，依托街道已建成的各级"邻里汇"，来为"邻里汇"的老年人提供持续的健康服务。由社区卫生服务站、护理站、居家养老服务站组成的比较典型的"三站合一"的社区医养服务模式可以为老年人提供"诊疗—康复—长期护理"的连续性服务，不仅有专业的诊疗服务，还能使老年人直接在护理站高效便捷地购买服务，不断地整合和优化资源。各地在总结医疗机构与养老机构"毗邻而建"、菜单式"居家点单"服务和"远程医疗"健康管理三种模式的基础上，继续探索医养结合新模式。例如"医养于一体"模式，就是养老机构中同时发展养老和医疗这两种主要功能的模式。养老机构与社区卫生服务中心的协作模式，可整合有效的医疗卫生资源，有点类似北京甘家口模式，都是社区卫生服务中心与养老机构合作。家门口的"综合护理"模式，即除了养老、医疗护理这两项主要服务内容，还强调康复保健这项服务内容。也有研究正在探索"医院—养老院—家庭"融合的养老服务新模式，多途径整合医疗资源与养老资源。

[①] 习近平：《决胜全面建成小康社会 夺取新时代中国特色社会主义伟大胜利——在中国共产党第十九次全国代表大会上的报告》，http://www.gov.cn/zhuanti/2017-10/27/content_5234876.htm。

（四）医养结合模式分类

2015年，《关于推进医疗卫生与养老服务相结合指导意见的通知》主要提出了以下几种模式：养老机构与医疗机构合作与协作，两者互补，共同促进，融合发展；养老机构可以合理适当地开展医疗服务；社会力量开办医养结合机构；加强基层医疗卫生机构与社区养老服务机构深度对接，提升社区的服务能力。

近年来，各地学者结合当地老年人需求和实际情况不断探索，深入研究和提炼经典可行的模式，本部分主要概述以下几种医养结合模式。

1. 以养老机构为主体，嵌入医疗护理

养老机构根据自身资源和实际需求，设置康复护理科室，医务室，老年体检、慢性病治疗康复科室，中医医院和临终关怀医院等医疗机构。例如，在北京市朝阳区寸草春晖养老院中，设置了医务室，有执业医师以及注册护士等专业人员。此模式的优势是老年人在养老院遇突发事件时，能够及时得到专业的医疗抢救与治疗，有利于节约个人和家庭的医疗成本；弊端是可能造成医疗卫生资源闲置，医疗卫生服务供给大于需求。

2. 以医疗机构为主体，嵌入养老服务

这种模式是在医院内部设置养老服务，为老年人在疾病治疗后设置相应的康复科室和老年人照料中心，同样可以实现在老年人遇到突发事件时快速及时抢救，如湖南省湘潭市第六人民医院在院内增设康复中心、合肥滨湖医院开设老年病房、重庆青冈模式等。这种模式的优点在于可以借助医院优质健全的医疗服务对老年人进行救治和后期康复；缺点是老年人大多时间处于疾病恢复的稳定状态，较少情况需要紧急救治，长期在医院不仅会增加子女的医疗负担，密闭紧张的医院氛围也不利于老年人健康。同时在医疗资源紧缺的中国，在医院设置养老院会增加医院土地、床位、人力等医疗资源的负担，不利于医疗行业的综合发展。

3. 医疗机构与养老机构合作

以资源共享、双方互惠的方式，医疗机构与养老机构签订合作协议，使医疗资源和养老资源有机地整合在一起。医疗机构主要承担疾病救治的责任，而养老机构主要承担老年人照料、护理、康复的责任。例如，2015年，北京市第二医院与北京金泰颐寿轩养老院签订了合作协议。这种模式的优点在于医疗机构和养老机构利用距离优势，当养老机构的老年人需要就诊时，协议医疗机

构为其开辟绿色通道，使老年人及时得到就诊，从而实现资源共享和减少成本预算；缺点是政府监管机制较少，私营机构自由组合容易倾向利益，就近医疗资源并非最优齐全，老年人就近选择医疗资源，可能因病情严重拖延时间反而耽误诊治。

4. 以社区为平台的医养结合模式

以社区为平台的医养结合模式，是依托社区这个平台建立医疗与养老并重的模式，是对已有的居家养老、机构养老、社区养老等单一模式的继承、发展和创新，通过政府、社区、家庭共建共享的方式，结合社区环境、生活娱乐、家庭人文优势，以专业医疗养老资源、大数据信息共享为后盾，为老年人提供预防保健、健康教育、生理治疗、心理慰藉、慢性病康复等信息系统化、多阶段、连续化、多元化的三级预防和全程服务。如优护家等以社区为平台的医养结合模式的优点是使老年人在宽松舒适、环境优美、家人陪伴、气氛和谐的状态下融入正常的社会生活，从而避免老年人单独在医院时无家人陪伴的孤独冷寂状况，同时避免老年人在社区出现突发状况时缺乏应急医疗机制的现象，使老年人在保持心情愉悦的情况下，减缓疾病恶化进程，加快康复，降低个人医疗支付成本，减轻家庭子女养老负担，有效节约国家医疗资源。

从我国当前探索的医养结合模式来看，不论是医疗卫生机构嵌入养老机构或者养老机构嵌入医疗卫生机构，还是医疗卫生机构和养老机构合作，多数是医疗卫生服务渗透的机构养老，与提倡的"9073"或者"9064"的养老服务模式不符合。当前绝大部分老年人倾向于居家养老的方式，其次是依靠社区的养老方式，少数老年人倾向于机构养老的方式。以社区为平台的医养结合模式总体而言顺应我国国情，应是大力提倡和发展的模式。

三、医养结合模式相关理论

（一）福利多元主义理论

20 世纪 70 年代，福利多元主义诞生。福利多元主义有两个基本观点，分别是福利多元主义三分法和福利多元主义四分法。福利多元主义三分法将福利的提供者分成国家、市场和家庭，福利多元主义四分法将福利提供者分成国家、市场、社区、社会四部分。福利多元主义突出强调"分权"和"参与"。一方面，福利多元主义主张政府不再是社会福利的唯一提供者，社会福利可以由多个利益主体（国家、市场、社会、家庭等）共同供给，政府的主要职责在于规范、管理、购买和仲裁福利服务，并促使其他部门从事服务供给；另一方面，福利供给以政府为主导，市场、社区、家庭、社会组织共同参与，充分发挥各方主体优势，实现福利供给的有机互补。

福利多元主义理论对于我国当前医养结合养老模式有适当的借鉴意义。医养结合资源是每个人共有的资源，资源供给需要多方主体共同发力：需要政府顶层设计、规范制度、规划资源；需要医院培养专业人才、规范技能、健全设备；需要社会企业、慈善事业鼎力相助；需要为人子女尽职尽责，孝敬父母；需要社区整合多方优势，提供老年人易于生活的环境。医养结合需要充分发挥政府的主导作用、市场的促进作用、社区的平台作用以及社会正能量组织的号召作用，提供完善的"医养结合"养老服务，实现健康老龄化和健康中国。

（二）政府干预理论

政府干预理论起源于19世纪40年代，德国历史学派主张对经济进行较多干预。倘若没有政府这只"看得见的手"起作用，市场作为一只"无形的手"，就可能导致通货膨胀等经济危机。

政府通过有效的手段来干预市场经济，从而促进市场经济平稳运行、资源合理配置和全体公民共同愿望的实现。国家通过干预老年弱势群体，构建老年人公共锻炼设施等服务，不仅促进老年人晚年生活稳定，从长远角度还会使贫富差距缩小，带来国家政治、经济、文化等多方面的长期稳定。同时需要市场和政府有机结合，在政府适度干预的基础上实现市场自由，使老年人在接受养老服务时有多种选择，侧面带动市场竞争发展，使公民和国家的利益长久。

（三）新公共管理理论

20世纪70年代末80年代初，西方政府改革运动产生的新公共管理理论[①②]，对政府的管理和实践产生了重大的影响。不同的学者及实践者对"新公共管理理论"概述和定义存在一定的差异。波立特（Pollitt）在《管理主义和公共服务：盎格鲁和美国的经验》中强调管理的理论、方法、技术及模式在公共管理的应用[③]。胡德在伦敦政治经济学院任院长时，从职业化管理、标准

---

① 丁文：《新公共管理理论与新公共服务理论之比较》，《商》，2014年第6期，第24页。
② 章萍：《基于新公共管理理论分析的居家养老服务PPP模式——以安徽省合肥市金玫瑰居家养老示范项目为例》，《广西社会科学》，2018年第9期，第153~157页。
③ 郭晓君、赵建强、刘爱军：《公共管理若干问题研究》，河北科学技术出版社，2005年，第1~2页。

与绩效测量、产出控制、竞争等七个方面概括了新公共管理的内涵[①]。经济合作与发展组织（OECD）在《转变中的治理》中将新公共管理的特征归纳为转移权威；增加灵活性；保证绩效，控制和责任；竞争和选择；人力资源管理；信息技术；质量监督和中央指导等八项职能[⑤]。陈振明在《评西方的"新公共管理"范式》中提到新公共管理理论强调部门权力下放、明确绩效标准和评估、项目预算和战略管理等内容[②]。运用新公共管理理论，在医养结合服务中将政府管理理论与社会力量融合，既可发挥政府的主动和监管作用，又重视医养结合服务的质量，强调服务对象医养结合服务的需求。

（四）社区照顾理论

自20世纪50年代以来，在英国推出的社区照顾理论一直在不断发展，已广泛应用于西方国家。许多国家基于他们的社区发展，为家中的老年人提供家庭护理服务，并制定相关的政策法规以完善老年人的社会保障和相关福利设施。社区照顾主要是社区为家庭或社区中需要照顾的人提供照顾服务，通过正式和非正式的护理网络整合所有社会资源，使所需照顾的人得以正常生活。社区照顾可分为"正规照顾"和"非正规照顾"，具体取决于社区照顾的主体。"正规照顾"是指政府福利机构或医院向社区老年人提供的服务，服务人员必须具备特定的专业知识，并按照官方机构的规则和规定操作。"非正规照顾"是指家庭、亲属或邻居提供的免费服务，完全取决于照顾者的情绪以及照顾者与被照顾者的关系。社区作为家庭与医院、养老机构等机构的平台，应最大限度地发挥其优势，使社区中的老年人老有所依、老有所养，助力实现健康老龄化。

---

① 张惠兰：《新公共管理视野中的法国行政制度改革》，《武汉工程职业技术学院学报》，2003年第4期，第58～62页。

② 陈振明：《评西方的"新公共管理"范式》，《中国社会科学》，2000年第6期，第73～82、207页。

第三章 我国老龄化与养老现状分析

一、我国老龄化现状及特征

(一) 老年人口的数量与变化趋势

1. 老年人口总量及比例

人口老龄化是指在人均寿命延长的同时人口生育率降低导致老年人口数量增长而年轻人口数量减少，进而出现老年人口比例相对增长的动态。它包含两个方面的含义：一是指老年人口数量增多，所占比例不断上升；二是指人口结构呈现老年状态，步入老龄化社会。通常用老年人口系数作为人口老龄化程度的衡量指标，它是指一个国家或地区总人口数量中 60 岁及以上或者 65 岁及以上人口数量所占的比例。老年人口系数越大，说明人口老龄化程度越高。根据国际通行标准，当一个国家或地区 60 岁及以上人口比例超过 10%或 65 岁及以上人口比例超过 7%时，就意味着该国家或地区进入了老年型国家或者老年型社会[1]。

截至 2018 年末，全国总人口数量为 139538 万人。其中，60 岁及以上人口数量为 24949 万人，占人口总量的 17.90%；65 岁及以上人口数量为 16658 万人，占人口总量的 11.90%。这两项指标均远高于国际上对于老年型国家或社会定义的标准。世界银行发布的统计数据显示，作为全球老龄化最严重的国家，日本在 2018 年 65 岁及以上人口占比已达到 27%。其次为意大利（23%）和德国（21%）。澳大利亚 65 岁及以上人口比例为 16%、美国为 15%。除此之外，新加坡、巴西、印度、南非等国家的 65 岁及以上老年人口比例分别为

---

[1] 李耘涛、梁镇、侯春来等：《京津冀鲁豫陕老年健康产业问题初探》，《中国管理信息化》，2019 年第 11 期，第 133～139 页。

13%、9%、6%、5%。我国的老龄化程度已经接近美国、新加坡等国。同时，我国的人口老龄化程度比同为发展中国家的巴西、南非等国要高，甚至比同为世界人口大国的印度要高出接近一半。由此可见，我国当前的老龄化形势已十分严峻。

2. 老年人口变化趋势

第五次全国人口普查数据显示，2000年我国总人口数量为126743万人，其中65岁及以上人口总量为8821万人，所占比例为7%。这刚好达到老龄型国家和地区的划分标准，意味着我国在2000年开始正式进入老龄化社会。2005年，全国65岁及以上人口总量达到10055万人，占同年人口总数的7.7%。2010年，全国65岁及以上人口数量达到11894万人，占同年人口总数的8.9%。而到2014年，全国60岁及以上人口数量达21242万人，占同年人口总数的15.5%；其中，65岁及以上人口数量增加到13755万人，占比已经超过10%，意味着每10人里面就至少有一名65岁以上的老年人。自2000年我国开始进入老龄化国家，到2018年末，65岁及以上人口绝对数量增加了7837万人，增长率为88.84%，年均增长率为4.94%，远远高于同期我国人口数量的年均增长率（0.56%）。自2011年开始，我国60岁及以上人口的比例基本以每年0.6个百分点的速度增长；65岁及以上人口比例以每年0.4个百分点左右的速度增长，其中2017年增长速度最快，较上一年增加了0.6个百分点。与此同时，全国老年人口抚养比也由2000年的9.9%增长到2018年的17.0%，增加了7.1个百分点，并且其增长速度有逐年加快的趋势（见表3-1）。

表3-1 2000—2018年全国老年人口基本情况

年份	总人口（万人）	60岁及以上人口		65岁及以上人口		老年人口抚养比（%）
		人数（万人）	（%）	人数（万人）	（%）	
2000年	126743	—	—	8821	7.0	9.9
2005年	130756	—	—	10055	7.7	10.7
2010年	134091	—	—	11894	8.9	11.9
2011年	134735	18499	13.7	12288	9.1	12.3
2012年	135404	19390	14.3	12714	9.4	12.7
2013年	136072	20243	14.9	13161	9.7	13.1
2014年	136782	21242	15.5	13755	10.1	13.7

续表

年份	总人口（万人）	60岁及以上人口		65岁及以上人口		老年人口抚养比（%）
		人数（万人）	（%）	人数（万人）	（%）	
2015年	137462	22200	16.1	14386	10.5	14.3
2016年	138271	23086	16.7	15003	10.8	15.0
2017年	139008	24090	17.3	15831	11.4	15.9
2018年	139538	24949	17.9	16658	11.9	17.0

备注：数据来自2012—2018年中国统计年鉴和《2018年国民经济与社会发展公报》。

人口老龄化是一个长期的发展过程。比如，美国用了近60年、英国用了80年、瑞士用了近85年、法国用了115年。相比之下，中国达到同等老龄化程度只用了不到20年的时间。这说明我国的人口老龄化速度远远快于世界其他国家。世界银行发布的《中国养老服务的政策选择：建设高效可持续的中国养老服务体系》指出，预计到2030年，我国65岁及以上人口占比将达到15%；到2050年，我国65岁及以上人口占比将会超过25%，而同期80岁及以上的高龄老年人口比例将达到8%[1]。《国务院关于印发中国老龄事业发展"十二五"规划的通知》《国家人口发展规划（2016—2030年）》等政策文件预测了发展态势，预计到2030年，60岁及以上老年人口占比将达到25%左右，其间80岁及以上高龄老年人口不断增加[2][3]。2019年，中共中央、国务院印发的《国家积极应对人口老龄化中长期规划》远期展望至2050年，应对老龄化上升为国家战略[4]。由此可见，人口老龄化也将是我国长期面临的一项重大社会问题。

（二）我国老年人口的分布情况

1. 老年人口的地区分布

我国不同地区的人口老龄化情况不同。2017年末，重庆65岁及以上人口比例为14.28%，超出全国平均水平（11.39%）近3个百分点，是我国人口

---

[1] 《世行为中国养老服务体系建设提供政策选择 中国需要建立一个平衡的家庭、社区和机构养老相结合的服务体系》，《财经界》，2019年第1期，第63页。
[2] 国务院：《国务院关于印发中国老龄事业发展"十二五"规划的通知》，2011年。
[3] 国务院：《国家人口发展规划（2016—2030年）》，2017年。
[4] 中共中央、国务院：《国家积极应对人口老龄化中长期规划》，2020年。

老龄化最严重的地区。与此同时，重庆也是全国唯一的老年人口抚养比超过20%的地区，达到了20.6%。上海、辽宁的65岁及以上人口比例分别为14.26%和14.08%，人口老龄化严重程度分列第二、三位。四川、江苏两省的65岁及以上人口比例虽同为13.93%，但是四川省的老年人口抚养比（19.83%）仅次于重庆，要高于江苏（19.19%）、安徽（19.14%）、上海（18.82%）、辽宁（18.57%）等地区。北京、浙江两地的65岁及以上人口比例分别为12.50%、12.48%，高出全国平均水平约1个百分点；其老年人口抚养比分别为16.32%、16.56%。上述地区是我国人口老龄化程度较高的地区。湖北（12.23%）、吉林（12.20%）、湖南（12.17%）、黑龙江（12.14%）、河北（11.80%）、天津（11.29%）等地区的65岁及以上人口比例接近全国平均水平，属于我国中等程度老龄化地区。相比之下，贵州（9.95%）、江西（9.76%）、广西（9.75%）、福建（9.52%）、山西（8.99%）、宁夏（8.46%）、云南（8.40%）、海南（8.19%）等地区的65岁及以上人口比例均未达到10%，低于全国平均水平，这些地区的老龄化程度相对较低。我国老龄化程度最低的几个地区为新疆（7.28%）、广东（7.75%）、青海（7.90%），这三个地区的老年人口抚养比也较低。截至2017年末，西藏的65岁及以上人口比例为5.79%，老年人口抚养比为8.22%（见表3-2），是我国唯一的非老龄化地区，也是唯一的老年人口抚养比低于10%的地区。

表3-2 2017年全国各地区老龄化基本情况

地区	65岁及以上人口 (%)	位次	老年人口抚养比 (%)	位次
全国	11.39	—	15.86	—
重庆	14.28	1	20.60	1
上海	14.26	2	18.82	5
辽宁	14.08	3	18.57	7
江苏	13.93	4	19.19	3
四川	13.93	5	19.83	2
安徽	13.00	6	19.14	4
山东	12.94	7	18.64	6
北京	12.50	8	16.32	12

续表

地区	65岁及以上人口 (%)	位次	老年人口抚养比 (%)	位次
浙江	12.48	9	16.56	11
湖北	12.23	10	17.00	9
吉林	12.20	11	16.18	13
湖南	12.17	12	17.53	8
黑龙江	12.14	13	15.58	15
河北	11.80	14	16.80	10
天津	11.29	15	14.57	17
陕西	11.10	16	15.14	16
河南	10.84	17	15.88	14
内蒙古	10.84	18	14.33	19
甘肃	10.33	19	14.32	21
贵州	9.95	20	14.47	18
江西	9.76	21	14.21	22
广西	9.75	22	14.33	19
福建	9.52	23	13.23	23
山西	8.99	24	11.92	24
宁夏	8.46	25	11.56	25
云南	8.40	26	11.56	25
海南	8.19	27	11.38	27
青海	7.90	28	10.96	28
广东	7.75	29	10.27	30
新疆	7.28	30	10.43	29
西藏	5.79	31	8.22	31

备注：数据来自2018年中国统计年鉴。

2. 老年人口的性别结构

2017年国家人口抽样调查数据显示，在抽样调查的586072名男性中，0~14岁的青少年人口为103741人，占比约为17.70%。15~59岁的男性和女性劳动力人口比例分别为65.91%和65.84%，二者相差不大。60岁及以上的男性老年人口数量为96080人，占调查男性总人口的16.39%；女性60岁及以上人口总数为102392人，占调查女性总人口数的18.31%。从不同年龄段老年人口数量来看，在96080名男性老年人口中，60~69岁共计59308人，占男性总人口的10.12%；70~79岁老年人口数量为26564人，占比为4.53%；80~89岁共计9418人，占比为1.61%；90岁及以上人口共计791人，占比0.13%。与此相对应的，女性老年人口中，60~69岁、70~79岁、80~89岁、90岁及以上人口数量分别为60288人（占10.78%）、28578人（占5.11%）、11897人（占2.13%）、1628人（占0.29%）。女性各年龄段老年人口的比例均高于男性。随着年龄的增加，男女老年人口差距也在增加，60~64岁年龄段的男女人口数量分别为34027人和34017人，二者几乎一样。而90~94岁年龄段的老年人中，女性有1304人，而男性只有660人。95岁及以上人口中，男性仅有131人，还不到女性该年龄段人口数量（324人）的一半（见表3-3）。

表3-3 2017年全国各年龄段不同性别人口基本情况

年龄段	男性		女性	
	人数（人）	构成比（%）	人数（人）	构成比（%）
0~14岁	103741	17.70	88612	15.85
15~59岁	386251	65.91	368170	65.84
60~64岁	34027	5.81	34017	6.08
65~69岁	25281	4.31	26271	4.70
70~74岁	15790	2.69	16799	3.00
75~79岁	10774	1.84	11779	2.11
80~84岁	6660	1.14	8048	1.44
85~89岁	2758	0.47	3849	0.69
90~94岁	660	0.11	1304	0.23
95岁及以上	131	0.02	324	0.06
合计	586072	100.00	559174	100.00

备注：数据来自2017年全国人口变动情况抽样调查，抽样比为0.824‰。

(三)我国人口老龄化的特征

1. 老年人口总量大、增速快

老年人口绝对数量多、增长速度快是当前我国人口老龄化最为显著的特征。我国是世界上唯一的65岁及以上人口数量超过1亿的国家,老年人口数量甚至超过大多数国家的人口总数。作为世界第一人口大国,2018年全国人口总量已经达到13.95亿,其中60岁及以上人口和65岁及以上人口数量分别为2.49亿和1.67亿。而同样有超过13亿人口的第二人口大国印度(13.09亿人口),65岁及以上人口数量还不到9000万。同时,自2000年开始步入老龄化国家以来,用了不到20年的时间,我国的老年人口绝对数量增长了一倍,65岁及以上人口比例由7%增加到11.9%。联合国数据显示,1990年至今,我国老年人口的年平均增长速度(3.3%)远高于同期世界老年人口的年平均增长速度(2.5%)。

2. 人口老龄化存在地区差异

人口老龄化存在地区差异是我国人口老龄化的重要特征之一。2017年末,重庆65岁及以上人口比例(14.28%)以及老年人口抚养比(20.6%)都位居我国第一位,是我国老龄化最严重的地区。上海、辽宁、江苏、四川等地区的65岁及以上老年人口比例在14%左右,高于全国平均水平(11.39%),属于老龄化程度较严重的地区。吉林、河北等地区接近全国平均水平,属于中等老龄化程度地区。青海、广东等地区的65岁及以上人口比例不到8%,属于低老龄化水平地区。而西藏65岁及以上人口比例(5.79%)和老年人口抚养比(8.22%)均远远低于全国平均水平和其他地区,并且还未达到老龄化地区的标准。各个省份的老年人口比例存在较大差异,但并未表现出明显的规律性,这种地区差异可能是由地理环境、饮食习惯、经济发展、人口流动等多方面原因造成的。

3. 人口老龄化存在性别差异

2018年末,我国男性人口数量为7.14亿人,女性人口数量为6.82亿人,总人口性别比为104.64(以女性为100)。而近年来,老龄化的性别差异也逐渐显现。具体表现为女性老年人口数量和占比均高于男性,2017年末,女性60岁及以上人口占女性总人口的比例(18.31%)高于男性60岁及以上人口占男性总人口的比例(16.39%);与此同时,高龄人口中的女性占比更大,并且随着年龄的增加差距越发明显,长寿老年人也以女性居多。一些研究结果显示,由独生子女政策以及我国传统的"重男轻女"思想共同导致的男女出生人口性别比例失衡是我国长期存在的人口问题。而在老年阶段,与女性相比,男性具有更普遍的吸烟、饮酒、驾驶等生活行为方式,从而影响健康,使得男性的寿命相对更短,这可能是造成人口老龄化出现性别差异的重要原因。

4. "高龄化"趋势明显

高龄老年人通常是指80岁及以上年龄老年人。在老年人口数量不断增加的同时,高龄老年人的数量也在逐年增长,高龄化问题逐渐凸显。2017年末,全国所有老年人口中有12%是高龄老年人,高龄老年人占我国人口总量的比例为2.1%,这一数据相较于2011年的1.6%提高了0.5个百分点。《2017年我国卫生健康事业发展统计公报》显示,2017年我国居民人均期望寿命已经达到76.7岁,与2000年相比提高了5.3岁。近年来,由于国民经济的高速发展、医疗水平的持续改善以及人们物质生活水平的不断提高,我国居民的人均期望寿命和人民整体的健康水平都有了很大的提高,长寿老年人也越来越多。在老年人能活得更久的同时,如何让高龄老年人活得更好是需要积极应对的问题。

5. "未富先老"问题严重

一定的经济能力是老年人能够实现"老有所养、老有所医、老有所为、老有所学、老有所教、老有所乐"[1][2]的基础,也是享受高质量老年生活水平的决定性因素之一。2017年中国人民的年平均收入排在世界第69位,为55412.49元人民币。根据世界银行的人均国民收入分类标准,虽然我国已经进入中等偏上收入国家行列,但整体来看,我国的人口老龄化速度与经济发展水平还不相适应,尤其是老年人群的收入来源不稳定、收入水平较低等问题还比较突出。数据显示,我国约73%的城市老年人和90%左右的农村老年人没有储蓄性收入。目前大多数老年人的主要经济来源为政府补助和子女的赡养费,还不能完全满足老年人的生活、医疗等必要支出,"未富先老"问题不容忽视。

---

[1] 唐丽娜:《我国农村养老资源配置研究》,西北大学,2012年,第91页。
[2] 王彩娜、程小旭:《互助合作:甘肃电投新型养老社区的精髓》,《中国经济时报》,2016年8月11日第4版。

二、我国养老观念与养老模式

(一) 传统的养老观念

1. 养老观念的概念和内涵

目前养老观念还没有明确的定义，众多学者对于养老观念的概念也没有形成共识。周淋（2011）认为养老观念是指老年人对自身养老问题的看法及态度，包括对养老保障问题的理解认识及其养老的依赖性和独立性问题等[①]。金英爱等（2013）认为养老观念由子女对父母养老的态度、赡养动机和家庭价值观念三方面构成[②]。张苗苗（2014）将养老观念定义为老年人根据其客观条件和相关因素对自身老年生活的看法和构思[③]。聂建亮、钟涨宝（2014）将养老观念定义为人们基于特定的现实及利益考虑的对自身老年生活的看法及愿景，主要包括对如何养老、在何处养老等基本问题的看法[④]。朱海龙、欧阳盼（2015）认为养老观念包括人们对老年人及养老的看法、养老责任认知及养老内容与养老方式的选择等方面[⑤]。

综上所述，我们可将养老观念归结为：养老观念是一种主观的认知，是人们对养老责任主体、养老方式和内容的期望与选择的意愿。其内涵主要包括养老责任、养老方式、养老内容等三个方面。

2. 我国的传统养老观念

养老文化是与养老观念十分相近的概念，是指家庭或社会在为老年人提供经济供养、生活照料、精神慰藉等养老资源方面的思想观念、价值取向、社会伦理和制度规范[⑥]。中国的传统养老文化主要表现为孝文化，"尊老""敬老"

---

① 周淋：《老年人养老观念的分析——以宜昌市为例》，华中师范大学，2011年，第15页。
② 金英爱、徐从德、刘琰：《传统养老观念背景下的养老压力影响因素分析》，《社会福利（理论版）》，2013年第12期，第7~10、6页。
③ 张苗苗：《城市"四二一"家庭老年人养老观念探析》，《改革与开放》，2014年第5期，第71~72页。
④ 聂建亮、钟涨宝：《养老观念与新农保养老保障能力认可度关系的再探讨》，《学习与实践》，2014年第9期，第112~121页。
⑤ 朱海龙、欧阳盼：《中国人养老观念的转变与思考》，《湖南师范大学社会科学学报》，2015年第1期，第88~97页。
⑥ 方菲、郭倩、余晓玲：《养老文化：从传统到现代》，《中共青岛市委党校·青岛行政学院学报》，2009年第3期，第52~55页。

和"养老"的道德准则和价值观念是我国传统养老文化的核心内涵①。自古以来,家庭都是我国传统养老实践的实际载体,因此,家庭养老文化不仅具有十分深厚的民众基础,而且塑造了我国的传统养老观念。在我国几千年的历史文化演进历程中,年幼时"父母抚养子女"和年老时"子女赡养父母"都被视作天经地义的义务②。这其中,"养儿防老"作为均衡社会成员世代取予的传统模式,在青年人与老年人的养老观念中的影响尤为重要③。尤其是老年人对这种观念的认可度很高,至今仍在影响着人们的养老意愿和养老实践。

同时,我们也可以发现传统养老观念在发生着一定的变化,社会发展背景下新兴技术的飞速发展、城市化进程下核心家庭的产生和家庭分割以及青年群体教育水平的不断提高等多种因素的相互作用导致传统养老观念出现了一定程度的弱化,"独立养老"观念逐渐形成。但总的来看,相较于日益多元化的养老方式,人们在主观意愿上仍然偏向于同家庭和子女联系更为密切的家庭养老模式。

3. 养老观念的影响因素

养老观念受多方面因素的影响。国内诸多学者采用了调查、实证等多种方法从不同角度针对不同人群对我国居民养老观念的影响因素进行了大量研究[4][5][6][7][8]。总的来看,可以从个人特征、家庭特征以及社会特征等三个方面进行概括。

个人特征方面:性别、年龄、户籍、文化程度、婚姻状况等都可能对养老观念产生一定的影响。比如一些研究显示女性的"自我养老"意愿高于男性;受教育程度越高,"自我养老"意愿越强烈,低学历人群更依赖子女养老;农

---

① 李振纲、吕红平:《中国的尊老敬老文化与养老》,《人口学刊》,2009年第5期,第27~31页。
② 曹鑫:《青年人与老年人养老观念的共识、差异与融合》,《四川理工学院学报(社会科学版)》,2018年第3期,第21~41页。
③ 于长永:《农民对"养儿防老"观念的态度的影响因素分析——基于全国10个省份1000余位农民的调查数据》,《中国农村观察》,2011年第3期,第69~79页。
④ 马瑜、胡媛:《城市独生子女父母养老观念及其影响因素分析》,《石家庄铁道大学学报(社会科学版)》,2018年第1期,第81~87页。
⑤ 张航空:《流动人口养老观念与养老意愿影响因素分》,《调研世界》,2013年第1期,第18~21页。
⑥ 任世红:《西部地区养老观念影响因素研究》,兰州大学,2014年,第11~13页。
⑦ 曲绍旭:《养老观念的影响因素分析——基于CGSS2010的实证研究》,《老龄科学研究》,2015年第12期,第33~41页。
⑧ 何兰萍、杨林青、陈社英:《养老责任观念的影响因素研究——基于CGSS2010数据库的分析》,《云南农业大学学报(社会科学版)》,2017年第4期,第38~44页。

村户口的老年人由于对农村接触更多，"养儿防老"的观念比城市老年人更重，因此倾向于子女养老。家庭特征方面：主要包括家庭同住人口数、经济状况、自有房屋数等。比如，经济水平越高、拥有房屋数越多的老年人一般具有更好的生活条件和更强的生活能力，因此倾向于自己养老。社会特征方面：主要包括医疗保险、养老保险、养老政策、社会交往等。比如与亲朋好友来往越多的人，其亲缘和情感依赖程度越高，越倾向于依靠子女养老。

值得注意的是，不同地区、不同人群可能由于受区域或者群体文化的影响，其养老观念的影响因素有所不同，即使是同一因素，其作用方向及影响程度也会有所差异。

（二）主要的养老模式

针对我国的养老模式，目前还没有统一的分类标准。有的学者以"养老资源的提供者"作为依据将养老模式划分为自我养老、家庭养老、社会养老三种类型[1]。有的学者以老年人日常生活的场所或其居住方式为依据将养老模式分为家庭养老、社区居家养老、机构养老三种基本模式[2][3]。虽然不同学者的分类提法有所不同，事实上内涵大体一致，比如社会养老其实就是通常意义上的机构养老，自我养老也可以认为就是家庭养老或者居家养老。《中华人民共和国国民经济和社会发展第十二个五年规划纲要》就提出了建立以居家为基础、社区为依托、机构为补充的养老服务体系，为"十三五"及更长时期养老政策的制定或完善提供了参考。因此，下面将围绕家庭养老、机构养老和社区居家养老等我国当前主要的三种养老服务模式进行阐述。

1. 家庭养老

家庭养老是一种传统的养老模式，是指老年人居住在家，主要由子女或者亲属提供生活照料的一种养老模式。由于受到我国传统"孝文化"以及"养儿防老"等观念的影响，家庭养老自古以来就是我国人民最主要的养老模式。时至今日，家庭养老仍是最被广大老年人群接受的一种养老模式。这种养老模式以家庭为载体，主要由子女或者亲属为老年人提供生活照料等养老服务，对于

---

[1] 穆光宗：《中国传统养老方式的变革和展望》，《中国人民大学学报》，2000年第5期，第39~44页。

[2] 杜鹏：《中国老年人居住方式变化的队列分析》，《中国人口科学》，1999年第3期，第53~58页。

[3] 郭志刚：《中国高龄老人的居住方式及其影响因素》，《人口研究》，2002年第1期，第37~42页。

完全失去生活自理能力的特殊老年人群,有部分能够负担的家庭也会选择雇佣保姆为老年人提供全天候、长时间的生活照料服务。但在传统的家庭养老模式下,人们基本只着眼于对老年人的物质赡养,老年人只要有吃、有穿、有住,就基本达到了养老的目的[1]。近年来,一些学者提出了一些创新性的家庭养老模式,比如老年人和子女"比邻而居,分而不离"[2][3]。这种家庭养老模式下,老年人既能得到儿女的照顾,也不会影响到子女的生活,但这种模式对家庭的经济要求很高,因此缺乏推广意义。家庭养老比较适合高龄老年人群以及对养老院存在较大顾虑的老年人。

家庭养老的优点在于:①老年人与子女生活在一起,有利于促进代际交流,能最大限度地满足老年人对亲情的需求;②老年人生活在自己熟悉的环境里,舒适度、自由度较高;③除少数需请保姆之外,通常无护理费等其他费用支出,家庭经济成本较低;④老年人的隐私可得到很好的保护;⑤不需要基础建设以及设备设施投入,节约资源,社会成本低。其缺点在于:①照顾老年人的子女或者亲属大多没有接受过老年护理相关知识及技能培训,因此服务专业性较差;②老年人的医疗保健需求不能及时得到满足;③老年人出现突发意外时不能及时有效处理,安全性低[4];④子女要兼顾家庭、工作等,造成子女负担重、压力大。

2. 机构养老

机构养老是指老年人主要居住在福利院、护理院、养老院等养老机构,由机构为其提供生活照顾、文化娱乐、医疗保健等综合养老服务的一种养老模式。养老机构是这种养老模式的承载主体。近年来,在老龄化趋势越发严重的背景下,养老机构取得很大发展。按照所有权,养老机构可以划分为公立养老机构和私立养老机构两种。总的来看,公立养老机构的主要使命是发挥养老兜底作用。公立养老机构当前还普遍存在养老床位短缺、配套设施陈旧、服务项目单一等问题。近年来,私立养老机构发展迅速,在设施设备、服务项目、床位数量等方面都好于公立养老机构,然而存在收费标准高、服务费用贵等问

---

[1] 姚远:《从宏观角度认识我国政府对居家养老方式的选择》,《人口研究》,2008年第2期,第16~24页。

[2] 张灼芹:《基于"居家养老"背景下的"老年单元"模式探索》,《华中建筑》,2015年第8期,第56~58页。

[3] 范书南、郭海岚、董雪:《中国老年人养老模式的研究进展》,《中国老年学杂志》,2019年第4期,第996~999页。

[4] 于璞、王莘:《我国目前几种养老模式优劣之比较》,《现代企业文化》,2012年第3期,第159页。

题。机构养老比较适合喜欢热闹和生活自理能力差的老年人。

机构养老的优点在于：①养老机构一般设施设备较为完善，能为老年人提供日常的食宿和照护等大部分生活服务[1]；②养老机构有相对专业的养老服务队伍，可提供周到、全面、专业的护理服务；③养老机构一般有工作人员进行24小时跟踪照料，能及时应对老年人的突发情况；④可减轻子女的负担，使其有更多的时间投入工作和自己的生活中。其缺点在于：①机构建设、设备设施投入大，社会成本高；②机构养老服务内容多、费用通常较高，家庭经济压力大；③养老机构一般实行封闭或者半封闭式管理，老年人的舒适度和自由度较低[2]；④长期与子女和亲属隔离，不利于情感交流，导致老年人精神需求得不到满足，容易出现多种精神和心理疾病；⑤机构养老属于集体生活，个人隐私有时候得不到保护。

3. 社区居家养老

社区居家养老是建立在家庭养老的基础上，依托社区并获得各种专业化服务的一种以家庭为核心的养老模式。这种模式实际上是家庭养老的一种拓展，将家庭养老和机构养老的最佳养老点集中在社区，有机结合了二者的优点，同时具有很大的可操作性[3]。社区居家养老主要为家庭日间暂时无人或者无力照护的社区老年人提供服务。社区居家养老根据服务方式可划分为两种：一种是社区居家照顾，是指在子女或亲属不便照顾老年人的情况下，以社区为单位为老年人提供家政、护理等上门服务，还可组织老年人参加社区活动等；另一种是托老所，是指早上子女或亲属将老年人送到所在社区或者附近社区内的托老所接受照顾和服务，下班后又将老年人接回家中的方式。社区居家养老不仅满足了老年人不离开自己住所的意愿，也极大地解决了子女因工作等原因无法实时照顾老年人的问题。这种模式尤其适合子女无法照顾又不想离开家的老年人，是当前政府大力提倡的一种养老模式[4]。

社区居家养老的优点体现在：①与机构养老相比，不需要专门的基建投入，社会成本较低；②老年人可以根据自己的健康状况、实际需要等，自由选择服务方式、服务内容以及服务时间等；③老年人仍然居住在自己家里，保持

---

[1] 韩振秋：《三种养老模式对比与选择探讨》，《老龄科学研究》，2016年第3期，第55～62页。
[2] 卢德平：《略论中国的养老模式》，《中国农业大学学报（社会科学版）》，2014年第4期，第56～63页。
[3] 王秀贵、马开剑：《我国城市社区养老对策》，《人民论坛》，2012年第2期，第124～125页。
[4] 李洪心、李巍：《国内外养老模式研究》，《经济与管理》，2012年第12期，第18～22页。

与子女亲属的情感交流，精神需求能够得到满足[①]；④花费相对较少，可减轻子女经济、精力等各方面的负担；⑤无论是日托还是上门服务，都能使老年人的突发事件得到及时处理和突发疾病得到及时治疗，安全性较高。

相对于家庭养老和机构养老而言，社区居家养老发展较晚。因此，目前还存在以下问题：①社区专业养老服务人员缺乏，目前基本是"一对多"提供服务，服务的精细化程度不高[②]；②目前社区居家养老的服务设施设备还比较简陋，无法为老年人提供丰富的老年活动；③服务项目和服务内容还不完善，不能完全满足老年人的一些特殊服务需求；④服务流程和管理制度体系还不成熟。

社区居家养老作为家庭养老的拓展形式，有利于综合家庭养老、社区养老和机构养老等多种资源。家庭养老、社区居家养老和机构养老三种模式各有特点，但服务内容可能存在交叉，难以彻底区分。

三、我国老年人群的医养需求

（一）养老观念与养老需求

养老模式需求是老年人养老需求的重要内容，通常用老年人的养老意愿来反映其养老方式需求。养老意愿是指老年人对自己养老方式的主观意愿和期望。养老意愿与养老观念有所区别又有所联系：一方面，二者的概念和内涵不同，通常所说的养老意愿只包括对养老方式的主观期望，而养老观念的内涵更广泛；另一方面，养老观念会影响老年人的养老意愿，比如具有强烈"养儿防老"观念的老年人倾向于选择家庭养老。养老意愿受多方面因素的影响，除养老观念外，还包括受教育程度、婚姻情况、子女数量、健康状况、经济收入等。通常来讲，受教育程度低、健康状况差、经济收入不高、子女数量多的老年人选择家庭养老的意愿更强烈。

了解老年人的养老意愿是推动养老模式构建和完善，进而满足人们的养老方式需求的重要前提和基础。第三次全国老年人口状况追踪调查结果显示，仅有12%的老年人表示愿意入住养老机构，绝大多数老年人仍希望在家度过老

---

① 余甜、薛群慧：《国内养老模式现状及对策研究》，《云南农业大学学报（社会科学版）》，2015年第2期，第31~37页。

② 刘飞燕：《积极推广"居家养老"新型社会养老模式》，《现代经济探讨》，2007年第8期，第48~51页。

年生活。2014年中国老年社会追踪调查结果显示，70%的老年人打算在自己家养老，24%的老年人打算在子女家养老，仅有4%的老年人打算到养老机构养老，还有2%的老年人选择了其他养老地点。

近年来，国内诸多学者也对不同地区老年人的养老意愿进行了大量的调查研究，这对我们更深入地了解人们的养老方式需求起到了很好的补充作用。李敏（2014）对北京市487名50岁及以上人群养老意愿的调查结果显示，有64.1%的被调查者选择家庭养老，21.4%的被调查者选择公办养老机构，还有12.5%的被调查者选择社区居家养老[①]。张栋（2017）对北京市3902名老年人的机构养老意愿的调查结果显示，仅有15%的被调查者表示愿意入住养老机构，85%的被调查者表示不会选择到养老机构养老[②]。黄晓玲等（2017）对厦门市1274名城乡居民的养老意愿的调查结果显示，有69.2%的居民选择家庭养老，20.8%选择社区居家养老，选择机构养老的仅占8.8%；其中城、乡居民选择家庭养老、社区居家养老、机构养老的比例有一定差异，分别为67.5%、18.6%、12.7%和71.1%、23.1%、4.7%[③]。阎志强（2018）对广州市3000名老年人养老意愿的调查结果显示，仅有10%的被调查者表示愿意入住养老机构，绝大多数被调查者仍将居家养老作为首要选择[④]。杨晓龙等（2013）对烟台市1273名老年人的调查结果显示，69.1%的老年人表示当身体状况不好时会选择居家养老，仅有不到20%的老年人选择机构养老[⑤]。蒋秋燕等（2017）对徐州市1188名老年人的社区居家养老意愿的调查结果显示，17.9%的老年人有社区居家养老意愿[⑥]。宋红玲等（2013）对南通市729名老年人的调查结果显示，超过半数的老年人表示很希望和子女同住，70.2%选择居家养老，仅有29.8%选择机构养老[⑦]。周亚东等（2016）对西安市317名老

[①] 李敏：《社区居家养老意愿的影响因素研究——以北京市为例》，《北京社会科学》，2014年第1期，第102~106页。

[②] 张栋：《北京市老年人机构养老意愿及影响因素研究》，《调研世界》，2017年第10期，第23~30页。

[③] 黄晓玲、陈炜、翁陈子恒等：《厦门市城乡老年人养老意愿及其影响因素分析》，《中国卫生统计》，2017年第5期，第729~735页。

[④] 阎志强：《城市老年人的机构养老意愿及影响因素——基于2017年广州老年人调查数据的分析》，《南方人口》，2018年第6期，第59~67页。

[⑤] 杨晓龙、李彦：《城市老年人的养老意愿及影响因素——以烟台市的1273位老年人为例》，《科学经济社会》，2013年第2期，第160~165页。

[⑥] 蒋秋燕、李争、李红梅等：《徐州市老年人养老意愿及护理需求的调查研究》，《劳动保障世界》，2017年第23期，第18~19页。

[⑦] 宋红玲、陈志菊、顾桐语等：《南通市老年人养老意愿影响因素分析》，《医学理论与实践》，2013年第16期，第2224~2227页。

年人的养老意愿调查结果显示，23.4%的城市居民和55.8%的农村居民选择家庭养老，32.3%的城市居民和12%的农村居民选择社区居家养老，而选择机构养老的分别占14.7%和8.3%[①]。龙兴霞等（2018）对四川北部地区397名老年人的养老方式需求的调查结果显示，80.6%的被调查者选择家庭养老，10.8%选择社区居家养老，选择机构养老的仅有9.32%[②]。王莹莹等（2016）对浙江省农村老年人养老意愿的调查结果显示，87.0%的农村老年人选择居家养老，而选择机构养老的仅占8.0%[③]。汪凤兰等（2017）对724名社区老年人养老方式需求的调查结果显示，56.8%的被调查者选择家庭养老，31.5%选择居家养老，选择机构养老的仅占11.7%[④]。周花等（2016）的调查结果显示，68.7%的老年人选择家庭养老，选择社区居家养老的占27.9%，仅有3.4%的老年人选择在机构养老[⑤]。侯杰等（2016）对深圳市老年人机构养老意愿的调查结果显示，88%的老年人选择在家养老，仅有2%的老年人选择机构养老[⑥]。马颖等（2017）对1051名社区老年人的养老意愿调查结果显示，88.7%的老年人选择居家养老，11.3%的老年人选择机构养老[⑦]。

综合来看，人们仍将家庭作为养老的主要场所，家庭养老仍是绝大多数老年人最期望的养老方式，与子女生活在一起是老年人们的共同诉求。与此同时，老年人对社区居家养老的接受度也有所提高，大多数学者的调查中都有20%左右的老年人将社区居家养老作为最佳养老选择。相比之下，虽然近年来养老机构发展迅速，但人们的机构养老意愿还是很低。即使是一些已经入住养老机构的老年人，对于机构养老的接受度也不高，将在养老机构养老视为不得已的一种选择。这一方面受传统养老观念的影响；另一方面，机构养老目前存在的花费高、长期与子女分离导致的精神慰藉缺乏等弊端使老年人们对机构养

[①] 周亚东、郭明贤：《西安市城乡老年人养老意愿对比》，《中国老年学》，2016年第7期，第1732~1734页。

[②] 龙兴霞、李鑫、宋芳玲等：《四川北部地区老年人群的养老方式需求及其影响因素》，《解放军护理杂志》，2018年第13期，第41~45页。

[③] 王莹莹、董梦雅、骆晓霞等：《浙江省农村老年人养老意愿调查》，《社区医学杂志》，2016年第23期，第19~22页。

[④] 汪凤兰、张丽娜、张盼等：《不同日常生活活动能力老年人的养老意愿及养老服务需求分析》，《现代预防医学》，2017年第6期，第1044~1046页。

[⑤] 周花、张利、朋文佳等：《城市社区老年人养老意愿的调查及影响因素分析》，《医学理论与实践》，2016年第18期，第3268~3270页。

[⑥] 侯杰、王汝志、孙晓岭等：《老龄人口养老意愿分析：以深圳为例》，《重庆与世界（学术版）》，2016年第8期，第20~23页。

[⑦] 马颖、陶芳标、李开春：《社区老年人养老意愿及影响因素研究》，《中国农村卫生事业管理》，2017年第10期，第1164~1167页。

老持怀疑态度。在机构养老模式接受度低,传统的家庭养老模式又面临着越来越大的挑战的情况下,社区居家养老作为二者有机结合的养老模式在日益严峻的老龄化形势下具有极大的发展契机。

(二) 健康与医养服务需求

医养服务需求是老年人对于具体养老服务和医疗服务内容的需求,主要包括经济供养需求、生活照料需求、医疗保健需求和精神慰藉需求四个方面。

1. 经济供养需求

经济支持是获得基本养老服务、实现其他医养需求的前提条件。因此,经济供养需求是老年人最基础的需求之一。经济独立程度是老年人经济供养需求大小的重要影响因素甚至是决定性因素,通常用经济来源来反映经济独立程度。2014年中国老年社会追踪调查结果显示,离退休金或养老金(46.18%)、子女资助(21.68%)、劳动或工作所得(16.12%)是我国老年人的三大主要经济来源。与此同时,老年人的生活来源中来自离退休金或养老金的比例由2011年的24.10%增加到了46.18%,而依靠子女资助的比例则有所下降。《2017年社会服务发展统计公报》的相关数据显示,截至2017年末,全国基本养老保险参保总人数为9.15亿人,较2011年增加了约3亿人;城镇职工养老保险中,离退休人员参保人数达到1.10亿人,城乡居民基本养老保险实际领取人数为1.56亿人,二者相较于2011年都有很大的增长。这说明随着我国养老保障体系的不断完善,获得基本养老保障的老年人口数量不断增加,其经济独立程度有所提升。但我国大多数老年人每个月的经济收入普遍较低,还不能完全满足日常生活、医疗费用等必要支出。与此同时,经济供养需求的城乡差异不容忽视,当前多数学者调查显示,城市老年人依靠自己养老金的比例远远高于农村老年人。农村老年人的经济来源主要为子女或亲人资助等非保障性收入,其经济独立性较城镇老年人差。综合来看,我国大部分老年人仍存在经济压力,农村老年人的经济供养需求更大。

2. 生活照料需求

生活照料需求也是老年人最基础的养老需求之一。随着年龄的增长,老年人生理机能衰退、身体活动能力下降导致生活自理能力下降,从而产生生活照料需求。生活自理能力是指老年人在日常生活中自己照料自己的行为能力,可划分为完全自理、部分自理、不能自理三种。生活自理能力不同,其生活照料需求有所差异。中国老年人健康长寿追踪调查数据显示,2015年全国需要长期护理的老年人已经达到 3869 万人。周胜芳（2014）的调查结果显示，82.08%的老年人表示生活能"完全自理"，15.09%的老年人表示能够"部分自理"，2.83%的老年人表示"不能自理"[①]。刘娜等（2016）的调查结果显示，有 17.3%的老年人日常生活自理能力受损，54.7%的老年人工具性日常生活自理能力受损，还有 27.3%的人存在认知障碍[②]。肖庆业（2016）的调查结果显示，33.7%的老年人生活能够完全自理，48.9%的老年人生活能够基本自理，有 17.4%的老年人不能自理[③]。具体的需求内容上，王宁（2011）的调查结果显示，上门家务服务需求（28.6%）和上门生活照顾需求（23.5%）最大，其他需求依次排序为送餐服务、老年饭桌、帮助购物、社区照料室日托[④]。

3. 医疗保健需求

"老有所医"是健康养老的重要内容。随着年龄增长，老年人的疾病问题逐渐凸显，对医疗保健服务的需求也越来越大。第三次国家卫生服务调查数据显示，2013 年全国 65 岁及以上老年人口的两周患病率为 62.2‰，相比 2003 年增加了接近 30 个百分点，并且明显高于其他年龄段。同年，65 岁及以上老年人口的慢性病患病率为 539.9‰，也高于其他各年龄段。2014 年全国老年健康社会追踪调查数据显示，全国 75.23%的老年人患有各种慢性病，其中高血压、心脏病、颈/腰椎病、关节炎、糖尿病等的患病率高。老年人口的医疗保健需求突出。刘红等（2017）的调查结果显示，99.8%的老年人患有至少 1 种慢性病，视力模糊、记忆力减退和听力障碍是老年人最常见的健康问题[⑤]。孙鹏鹏等（2017）的调查结果显示，62.3%的老年人患有慢性病，并有接近 40%的老年人表示自己的身体状况较差，医疗保障需求较大[⑥]。方芳（2014）的调查结果显示，老年人对医疗保健服务的需求高于生活照料以及精神慰藉等

[①] 周胜芳：《城乡居民养老需求状况调查分析——以温州为例》，《经济论坛》，2014 年第 10 期，第 72~76 页。

[②] 刘娜、董莉娟、孙鹏鹏等：《农村老年人日常生活照料需求及影响因素研究》，《中国卫生事业管理》，2016 年第 7 期，第 535~537 页。

[③] 肖庆业：《农村老年人养老需求意愿实证研究》，《内蒙古师范大学学报（哲学社会科学版）》，2016 年第 6 期，第 56~59 页。

[④] 王宁：《城市社区养老需求与社区养老服务体系建设》，《重庆科技学院学报（社会科学版）》，2011 年第 11 期，第 77~79 页。

[⑤] 刘红、熊伟、杨玲：《成都市城区老年人健康状况及养老需求调查分析》，《实用医院临床杂志》，2017 年第 5 期，第 229~232 页。

[⑥] 孙鹏鹏、王越、张剑妹等：《农村老年人养老需求及其影响因素的研究》，《解放军护理杂志》，2017 年第 3 期，第 13~18 页。

其他需求，其中老年人对"社区卫生服务"的需求最高，其次是"建立健康档案"和"医生上门看病"需求①。

4. 精神慰藉需求

老年人的精神慰藉需求产生于多方面原因。一方面，生理机制的衰退导致老年人的心理普遍变得敏感脆弱，家庭结构变迁、空巢家庭增多、长期缺乏情感交流，使得老年人容易产生焦虑、孤独、抑郁等精神心理问题；另一方面，根据马斯洛的需要层次理论，在生活照料等基本需要得到满足后，老年人也会产生社会交往和自我实现的高层次需要。2014年中国老年社会追踪调查结果显示，约四分之一（24.78%）的老年人有不同程度的孤独感，其中一部分老年人表示经常感到无人陪伴、被忽视、被孤立。同时调查研究还发现年龄越高、健康状况越差的老年人产生的孤独等不良情绪越强烈。在一些学者的研究中，孙金明等（2018）的调查结果显示，49.1%的老年人表示生活中经常感到寂寞、孤独，超过40%的老年人经常感到焦虑，超过60%的老年人表示希望子女每周至少看望自己一次，58.2%的老年人表示希望参加文化娱乐活动，并且有40.8%的老年人表示愿意参加力所能及的社会活动②。刘金华等（2016）的调查结果显示，12.2%的老年人认为精神生活比生活照料更重要，还有31%的老年人认为二者同等重要③。龙梅（2017）的调查结果显示，65.22%的老年人表示想继续参加力所能及的社会工作④。

总的来看，老年人作为一个相对弱势的群体，目前还普遍存在经济收入低且来源不稳定、生活自理能力较差、疾病患病率高等问题。与此同时，家庭结构变迁、人口流动性增加、生活工作方式改变等原因导致空巢老年人数量增长。加之我国老年人口众多，使得我国老年人群的生活照料、医疗保健等医养服务需求量巨大。不同老年人由于实际情况不同，其需求重点有所差异。比如，一般不同程度丧失生活自理能力的老年人对生活照料的需求更大；身体状况差、患有疾病的老年人将医疗保健服务视为其最需要的服务内容；而长期与子女分开生活的老年人由于缺乏情感交流，会产生更大的精神慰藉需求。在更

---

① 方芳：《老龄化社会背景下的养老需求与养老模式探讨——基于对江西省N市35岁以上人群的抽样调查》，《社会工作》，2014年第6期，第116~124页。

② 孙金明、李肖亚：《河北省城市老年人精神需求》，《中国老年学杂志》，2018年第21期，第5320~5322页。

③ 刘金华、谭静：《养老需求中精神慰藉类型的分析——基于四川省彭州市宝山村的调查》，《农村经济》，2016年第10期，第81~87页。

④ 龙梅：《贵阳城市老年人精神需求问题与对策研究》，贵州财经大学，2017年，第17页。

为具体的服务项目需求方面，其个体差异更明显。比如，在生活照料需求中，有的老年人最需要清洁服务，而有的老年人则更需要饮食照料服务；医疗保健需求中，有的老年人最需要疾病诊治服务，而有的老年人则认为健康体检等保健服务更重要；精神慰藉需求上，有的老年人只需要有人陪同聊天，而有的老年人还希望参与社会活动。

（三）特殊老年人群的医养需求

1. 失能老年人

失能老年人是指因疾病、意外、自然衰老等各种原因导致完全或者部分丧失生活自理能力的老年人。国际标准将失能划分为三个等级。在吃饭、穿衣、上下床、如厕、室内走动、洗澡 6 项指标中，其中一到两项不能自理的为轻度失能，三到四项不能自理的为中度失能，五到六项不能自理的则为重度失能。第四次中国城乡老年人口生活状况抽样调查的相关数据显示，2015 年，我国不同程度失能老年人口数量已经超过 4000 万人，占到同期全国老年人口总量的 18.3%。在面临日益严峻的老龄化形势的同时，失能老年人的数量在快速增长。失能老年人群由于生活自理能力受限，其医养需求具有一定的特殊性。

国内一些学者以失能老年人为对象对其医养需求进行了调查研究。宋宝安（2016）的调查结果显示，居家养老是失能老年人的主要选择，其医疗护理需求最大，其次为饮食起居等生活照料需求[①]。陈颖等（2016）的调查结果显示，轻度失能老年人的精神慰藉需求较高，包括陪伴散步和聊天等；中度失能老年人的医疗保健需求最高，具体包括血压、呼吸等生命体征的测量；重度失能老年人需求项目最多，以清洁照料、摆放饮食体位等生活照料需求为主[②]。郭延通等（2016）的调查结果显示，帮助服药、疾病康复等医疗保健需求是失能老年人最主要的需求，其次为生活照料需求[③]。陈柳柳等（2016）的调查结果显示，高龄失能老年人对生活照料、医疗保健服务的需求最大[④]。赵敏等（2016）的调查结果显示，不同失能程度的老年人对日常生活照护需求不同，

[①] 宋宝安：《农村失能老人生活样态与养老服务选择意愿研究——基于东北农村的调查》，《兰州学刊》，2016 年第 2 期，第 137～143 页。

[②] 陈颖、马丽霞、裴慧丽等：《不同失能程度老年人居家养老照护服务项目需求调查》，《中国实用神经疾病杂志》，2016 年第 1 期，第 38～40 页。

[③] 郭延通、郝勇：《失能与非失能老人社区养老服务需求比较研究——以上海市为例》，《社会保障研究》，2016 年第 4 期，第 25～33 页。

[④] 陈柳柳、邓仁丽、陈苏红等：《养老机构失能老人护理服务需求调查研究》，《护理与康复》，2016 年第 6 期，第 531～535 页。

生活照料、医疗保健需求是失能老年人的主要需求①。

综合来看，失能老年人的需求特点主要表现为：①家庭养老或社区居家养老仍是主要选择。②生活照料需求和医疗保健需求是最主要的需求。一方面，失能老年人不同程度丧失自理能力，日常生活大都需要他人的照顾和帮助；另一方面，疾病是导致失能的重要原因，因此一些失能老年人本身处于患病状态，需要更多的医疗保健服务。③不同程度失能老年人的医养服务需求有所差别。比如，重度失能老年人的生活照料需求可能更高，中度失能老年人的医疗保健需求可能更高，而轻度失能老年人的精神慰藉需求可能更高。

2. 失独老年人

失独老年人是指独生子女家庭中失去独生子女且未再生育子女的老年人，可以是夫妇，也可以是独身老年人②。失独老年人是一种新型的特殊群体，社科院的研究显示，目前全国失独家庭已经超过100万个。预计到2050年，全国将有1606万失独老年人。由于我国相关社会保障制度还不完善，失独老年人在养老问题上极易陷入"老无所依""老无所养"的困境。与其他有子女的老年群体相比，失独老年人的养老需要更多的帮助，其医养需求也有较大的特殊性③。

国内一些学者以失独老年人为对象对其医养需求进行了调查研究。任佳烺等（2015）的调查结果显示，家庭养老和居家社区养老是大部分失独老年人的首要选择，66.2%的失独老年人患有高血压、心脏病、关节炎等慢性病，其对家政服务、精神慰藉（上门聊天看望等）的需求较大④。荣超等（2018）的调查结果显示，失独老年人心理问题严重，精神慰藉需求高⑤。罗晓媛等（2018）的调查结果显示，居家养老是主要养老方式（88.7%），97.8%的失独老年人患有高血压、心脏病等慢性病，沟通交流是其最大的需求⑥。

---

① 赵敏、郑云慧、蔡双霞等：《养老机构失能老人照护需求及影响因素分析》，《嘉兴学院学报》，2016年第3期，第112~116页。

② 姚兆余、王诗露：《失独老人的生活困境与社会福利政策的应对》，《重庆工商大学学报（社会科学版）》，2014年第4期，第86~92页。

③ 管向梅：《失独家庭养老问题探讨——基于家庭生命周期视角》，《社会福利（理论版）》，2014年第8期，第24~30页。

④ 任佳烺、许倩、金王靓：《农村失独老人养老状况研究——基于浙江三个地级市的调查》，《云南农业大学学报（社会科学）》，2015年第6期，第25~30页。

⑤ 荣超、许才明、郑丽杰等：《生物-心理-社会医学模式下失独老人医养结合型养老模式构建》，《中国老年学杂志》，2018年第20期，第5070~5072页。

⑥ 罗晓媛、刘君：《农村失独老人养老状况的调查研究——基于黑龙江省一个贫困县》，《黑河学院学报》，2018年第9期，第112~113页。

综合学者研究和实际情况来看，失独老年人的需求特点可归结为：①家庭养老或居家养老仍是最受欢迎的养老方式。②失独老年人的经济供养需求和精神慰藉需求最高。一方面，失独老年人不能获得来自子女的资助，经济来源单一甚至没有经济来源；另一方面，丧失独生子女留下的心理创伤以及长期缺乏情感交流导致失独老年人容易产生严重的心理问题。③失独老年人有较大的、未意识到的医疗保健需求。失独老年人的慢性病患病率较高，但就诊率普遍较低，可能是经济条件制约了其对医疗需求的意识和实现。

3. 空巢老年人

空巢老年人是指无子女或者有子女但是子女因工作、学习、婚姻等各种原因无法与自己共同生活的老年人。空巢老年人一般具有生活起居不便、社会参与受限、精神心理问题严重等特点。我国空巢老年人数量多且增长速度快，2015年，国家卫生计生委发布的《中国家庭发展报告（2015年）》显示，空巢老年人数量已经超过老年人口总量的一半（51.3%）。其中，农村空巢老年人占比为51.7%。空巢老年人的养老问题是我们必须面对的一个重大问题。

一些学者以空巢老年人为研究对象对其医养需求进行了调查研究。田奇恒等（2012）的调查结果显示，居家养老是空巢老年人的首选养老方式（60%），精神等慰藉需求和定期常规检查、家庭出诊等医疗保健需求是其主要需求[1]。黄佳豪（2013）的调查结果显示，居家养老是空巢老年人最愿意接受的养老方式（60%），他们大多患有疾病（81.22%）且没有医疗保障（33%），主要需求为经济保障和家庭护理等医疗保健服务，精神慰藉需求也是重要需求之一[2]。田清涞（2014）的调查结果显示，空巢老年人最愿意接受的养老方式为社区辅助下的居家养老（36.9%），其患病率高并且存在心理问题，对精神慰藉或情感交流的需求最高（88.6%）[3]。王雪娇等（2018）的调查结果显示，打扫卫生、做饭洗衣等生活照料需求，定期检查、家庭医生、康复护理等医疗保健需求以及精神慰藉需求是空巢老年人的主要需求[4]。赵琪等（2019）的调查结果显示，社区居家养老是空巢老年人最希望的养老方式（48.39%），其最

---

[1] 田奇恒、孟传慧：《城镇空巢老人社区居家养老服务需求探析——以重庆市某新区为例》，《人口与社会》，2012年第1期，第30~33页。

[2] 黄佳豪：《城区空巢老人的养老需求调查与思考——以合肥市为例》，《理论探索》，2013年第3期，第101~104页。

[3] 田清涞：《北京大学空巢老人居家养老问题调查》，《中国老年学杂志》，2014年第14期，第3996~4003页。

[4] 王雪娇、付雪琳、尹德洁等：《辽宁省农村空巢老人养老服务需求调查分析》，《农业科技与装备》，2018年第2期，第82~86页。

大的需求是生活照料、医疗保健和紧急救助①。

结合上述学者的观点，当前空巢老年人仍将家庭养老或社区居家养老视为首要选择，医养需求多元化特征明显，服务内容的个体需求差异较大。

---

① 赵琪、徐祥、严璐璐：《滁州市空巢和非空巢老人社区居家养老需求调查》，《赤峰学院学报（汉文哲学社会科学版）》，2019年第2期，第30～34页。

第四章 我国医养结合服务资源现状分析

医养结合服务资源主要是养老资源和医疗资源的结合和整合,助力老年人群健康养老。本部分主要包括养老资源、医疗资源以及相关的制度资源三方面的内容。参考《中国民政统计年鉴(2018)》《中国卫生健康统计年鉴(2019)》《中国统计摘要(2018)》及国家印发的《医养结合工作监测表》,本章养老资源主要选取养老机构、养老护理人员和养老床位等部分指标,医疗资源主要选取相关医疗卫生机构、医疗卫生人员、医疗卫生床位数量等部分指标。当前多数学者认为,制度本身就是一种资源,可能具有引导或配置其他相关资源的功能。本章主要介绍与大多数老年人密切相关的基本医疗保障制度和基本养老制度。

一、我国养老资源现状

(一)养老机构

养老机构作为养老服务提供的主体之一,其健康发展对缓解当前的养老压力、积极应对我国严重的老龄化问题起着至关重要的作用。与此同时,养老机构也是丰富养老模式的重要载体。近年来,以社区为依托的养老机构在养老服务中扮演着越来越重要的角色[①],社区养老机构和社区互助型养老机构不仅数量增长快,而且在各种养老机构中的占比也不断提高。

近年来,我国的养老机构数量快速增长。截至2017年末,全国拥有各类养老机构共15.50万个。其中,社区养老机构4.30万个,约占养老机构总数的27.74%,社区互助型养老机构8.30万个,约占养老机构总数的53.55%。

---

① 刘亚娜、谭晓婷、陈望宇:《嵌入—融合—互嵌:我国社区居家养老发展路径——"机构养老社区化"+"社区养老机构化"》,《理论界》,2019年第10期,第74~79页。

自2011年开始，我国的养老机构数量呈现逐年增长的趋势，养老机构总量由2011年的4.09万个增加到2017年的15.50万个，增加了11.41万个，增长率约为278.97%，年均增长率约为46.50%。社区养老机构和社区互助型养老机构作为新型的养老机构在最近几年发展十分迅速。自2014年开始将社区养老机构和社区互助型养老型机构纳入统计以来，社区养老机构由2014年的1.89万个增长到2017年的4.30万个，增加了2.41万个，增长率约为127.51%，年均增长率约为42.50%；社区互助型养老机构由2014年的4.04万个增长到2017年的8.30万个，增加了4.26万个，增长率约为105.45%，年均增长率约为35.15%。在各型养老机构数量保持持续增长的同时，社区养老机构和社区互助型养老机构在养老机构总量中的比重也在逐年增加。其中，社区养老机构的占比由2014年的20.11%增长到2017年的27.74%；社区互助型养老机构由2014年的42.88%增长到2017年的53.55%（见表4—1）。

表4—1 2011—2017年全国养老机构数量变化情况

年份	养老机构总数（万个）	社区养老机构		社区互助型养老机构	
		数量（万个）	比例（%）	数量（万个）	比例（%）
2011年	4.09	—	—	—	—
2012年	4.43	—	—	—	—
2013年	4.25	—	—	—	—
2014年	9.41	1.89	20.11	4.04	42.88
2015年	11.60	2.60	22.41	6.20	53.45
2016年	14.00	3.50	25.00	7.60	54.29
2017年	15.50	4.30	27.74	8.30	53.55

备注：数据来自2011—2017年国家社会服务发展统计公报，2011—2013年没有将社区养老机构和社区互助型养老机构纳入统计。

（二）养老护理员

截至2019年底，我国60岁及以上老年人口达2.54亿，失能半失能老年人约有4000多万，按照国际标准失能老年人与养老护理员3∶1的配置标准推算，至少需要1300万养老护理员[①]。然而，目前各类养老服务机构的服务人

---

① 夏金彪：《政策着力破解养老护理服务业人才短缺》，https://baijiahao.baidu.com/s?id=1647656858637182910&wfr=spider&for=pc。

员总数不足 50 万人。《中国民政统计年鉴（2018）》显示，截至 2017 年末，全国累计鉴定合格的养老护理员仅约 4.41 万人（不含地方自行鉴定的人数），其中中央级 5164 人，各地国家级养老护理员的比例分布严重不均。《中国卫生健康统计年鉴（2019）》显示，2017 年全国人口变动情况抽样调查样本数据中 65 岁及以上总计 125642 人，抽样比为 0.824‰，全国 65 岁及以上约 15248 万人，65 岁及以上人中每万人拥有国家鉴定合格养老护理员人数约 2.8 人，其中湖南、江西、陕西每万人拥有国家鉴定合格养老护理员人数分别约 0.15 人、0.15 人和 0.17 人，而广东、西藏、宁夏每万人拥有国家鉴定合格养老护理员人数分别约 8.82 人、10.12 人、14.54 人（见表 4-2）。

表 4-2　2017 年各地 65 岁及以上老年人中每万人拥有国家鉴定合格养老护理员人数

地区	65 岁及以上老年人数（万人）	国家鉴定合格养老护理员人数（人）	65 岁及以上老年人中每万人拥有国家鉴定合格养老护理员人数
湖南	837	124	0.15
江西	452	69	0.15
陕西	426	73	0.17
江苏	1118	217	0.19
安徽	815	182	0.22
上海	343	85	0.25
浙江	705	331	0.47
湖北	723	360	0.50
云南	405	297	0.73
甘肃	272	201	0.74
辽宁	614	498	0.81
天津	175	144	0.82
北京	270	238	0.88
河北	889	929	1.04
贵州	358	383	1.07
重庆	439	810	1.84
吉林	332	613	1.85
黑龙江	460	981	2.13

续表

地区	65岁及以上老年人数（万人）	国家鉴定合格养老护理员人数（人）	65岁及以上老年人中每万人拥有国家鉴定合格养老护理员人数
河南	1040	3688	3.55
新疆	179	728	4.08
福建	372	1572	4.22
四川	1160	5236	4.51
山东	1295	5917	4.57
海南	76	360	4.74
广西	478	2384	4.99
内蒙古	274	1404	5.12
山西	333	2093	6.28
青海	47	361	7.63
广东	864	7621	8.82
西藏	20	199	10.12
宁夏	58	840	14.54

备注：①65岁及以上老年人数来自《中国卫生健康统计年鉴（2019）》中2017年全国人口变动情况抽样调查样本数据，抽样比为0.824‰，各地65岁及以上老年人数等于调查样本数据/抽样比；②养老护理员人数来自《中国民政统计年鉴（2018）》，为民政部职业技能鉴定中心及分布在全国31个省（区、市）76个鉴定站鉴定人数和竞赛晋级人数（不含地方自行组织的鉴定人数）。

  当前养老服务人员多数在45至65岁之间，养老服务对年轻人缺乏吸引力。当前存在数量庞大的老年群众多方面需求与养老服务人员严重不足的矛盾，这引起了社会各方的重视。国务院办公厅2019年印发的《关于推进养老服务发展的意见》提出建立完善养老护理员职业技能等级认定和教育培训制度，在建立养老服务褒扬机制的基础上，健全对专业养老服务管理人员和护理人员的直接公共补贴机制，进一步提高待遇水平并完善体现职业价值的工作岗位体系等。人力资源社会保障部、民政部2019年修订颁布了《养老护理员国家职业技能标准（2019年版）》，文件放宽了养老护理员入职条件、缩短了职业技能等级的晋升时间、拓宽了养老护理员职业发展空间，助力吸引更多劳动力投身养老服务事业。

（三）养老床位

养老床位数量、每千人养老床位数量是反映一个国家或者地区养老资源的重要指标。近年来，虽然我国的养老床位数量不断增加，每千人养老床位数量已经提高到 30 张以上，但距离每千人口需配备 50 张养老床位的国际标准还有较大差距。截至 2017 年末，全国拥有养老床位共计 744.80 万张，每千人养老床位数量为 30.90 张。其中，社区留宿和日间照料床位数量为 338.50 万张，占养老床位总量的 45.45%。从发展趋势上看，近年来，全国养老床位数量和每千人养老床位数量整体上均呈现逐年增长的趋势。养老床位总量由 2011 年的 353.20 万张增长到 2017 年的 744.80 万张，增加了 391.6 万张，增长率约为 110.87%，年均增长率约为 18.49%。其中，2015 年的增长速度最快，较上一年增长了 94.90 万张。每千人养老床位数量由 2011 年的 19.10 张增长到 2016 年的 31.60 张，增加了 12.50 张，增长率约为 65.45%，年均增长率约为 13.09%。之后下降到 2017 年的 30.90 张。自 2012 年开始，社区留宿和日间照料中心床位数量及其占比均大幅增长。其中，社区留宿和日间照料中心床位数量由 2012 年的 19.80 万张增长到 2017 年的 338.50 万张，增加了 318.7 万张，增长了约 16 倍；社区留宿和日间照料中心床位数占床位总量的比例也由 2012 年的 4.75% 提高到 2017 年的 45.45%，占比接近 50%（见表 4-3）。

表 4-3　2011—2017 年全国养老床位数量变化情况

年份	养老床位		社区留宿和日间照料床位	
	数量（万张）	每千人床位数（张）	数量（万张）	占比（%）
2011 年	353.20	19.10	—	—
2012 年	416.50	21.50	19.80	4.75
2013 年	493.70	24.40	64.10	12.98
2014 年	577.80	27.20	187.50	32.45
2015 年	672.70	30.30	298.10	44.31
2016 年	730.20	31.60	322.90	44.22
2017 年	744.80	30.90	338.50	45.45

备注：数据来自 2011—2017 年国家社会服务发展统计公报，2011 年未将社区留宿和日间照料床位数纳入统计。

自 2011 年开始，我国社区养老床位数量的增长速度远远高于床位总量增长速度,并且在 2017 年已经接近所有养老床位数量的一半,为以社区为依托的养老模式的发展奠定了一定的基础。

二、我国医疗资源现状

医养结合即将医疗资源与养老资源有效整合,将老年人健康医疗服务放在重要位置。民政部门 2015 年相关统计数据显示,我国 4 万多家养老机构中,真正具备医疗服务能力的约占 20%。在医疗机构中拓展养老功能或将医疗资源融合进养老机构,对于实现健康老龄化具有重要的意义。《中国统计摘要(2018)》将医院数量、执业(助理)医师数量、医院床位数量作为医疗卫生资源的统计指标,依据相关内容得知,2001—2017 年,我国医院数量平均每年增长 3.9%,执业(助理)医师数量平均每年增长 2.9%,医院床位数量平均每年增长 6.3%。

参照《中国卫生健康统计年鉴(2019)》《中国统计摘要(2018)》及国家印发的《医养结合工作监测表》,本部分主要从医疗卫生机构、医疗卫生人员和医疗卫生床位等三个方面介绍我国医疗资源现状。

(一)相关医疗卫生机构

《中国卫生健康统计年鉴(2019)》相关数据显示,2010—2018 年,我国医院、护理院、基层医疗卫生机构、社区卫生服务中心(站)数量逐年增加,而乡镇卫生院数量有所下降(见表 4-4)。2018 年我国有 33009 家医院,其中护理院有 477 家,基层医疗卫生机构共有 943639 家,社区卫生服务中心(站)34997 家,乡镇卫生院 36461 家(见表 4-5)。

表 4-4 2010—2018 年全国相关医疗卫生机构的数量(家)

年份	医院	护理院	基层医疗卫生机构	社区卫生服务中心(站)	乡镇卫生院
2010 年	20918	49	901709	32739	37836
2014 年	25860	126	917335	34238	36902
2015 年	27587	168	920770	34321	36817
2016 年	29140	240	926518	34327	36795
2017 年	31056	349	933024	34652	36551
2018 年	33009	477	943639	34997	36461

表 4-5　2018 年全国及各地区医疗卫生机构的数量（家）

机构类别	全国	东部	中部	西部
医院	33009	13036	9481	10492
护理院	477	385	54	38
基层医疗卫生机构	943639	353895	294555	295189
社区卫生服务中心（站）	34997	20294	7842	6861
乡镇卫生院	36461	9342	11404	15715

（二）医疗卫生人员

2018 年，我国有 9529179 名卫生技术人员，其中执业（助理）医师 3607156 人，注册护士 4098630 人，每千人口执业（助理）医师 2.6 人，注册护士 2.9 人。东部每千人口执业（助理）医师 2.8 人，注册护士 3.1 人；中部每千人口执业（助理）医师 2.4 人，注册护士 2.7 人；西部每千人口执业（助理）医师 2.4 人，注册护士 3.0 人。2018 年医院的执业（助理）医师 2053527 人，注册护士 3020813 人；康护医院执业（助理）医师 46292 人，注册护士 20480 人；护理院执业（助理）医师 19139 人，注册护士 10915 人；社区卫生服务中心（站）执业（助理）医师 499296 人，注册护士 189207 人；乡镇卫生院执业（助理）医师 1181125 人，注册护士 359726 人（见表 4-6）。

表 4-6　2018 年全国相关医疗卫生机构执业（助理）医师和注册护士数量（人）

机构类别	执业（助理）医师	注册护士
医院	2053527	3020813
康护医院	46292	20480
护理院	19139	10915
基层医疗卫生机构	2682983	852377
社区卫生服务中心（站）	499296	189207
乡镇卫生院	1181125	359726

全科医生是将医养结合服务通过社区延伸至家庭的重要人力资源。2018 年我国全科医生共有 308740 人，注册为全科医学专业的人数为 156800 人，取得全科医生培训合格证的人数约 151940 人，每万人口全科医生数约 2.22 人，其中东部、中部和西部每万人口全科医生数分别约 2.93 人、1.73 人和 1.66

人。2018年，51071名全科医生来自医院，95603名来自社区卫生服务中心（站），134538名来自乡镇卫生院（见表4-7）。

表4-7 2018年全国相关医疗卫生机构全科医生数量（人）

机构类别	注册为全科医学专业	取得全科医生培训合格证	合计
总计	156800	151940	308740
其中：（1）医院	20966	30105	51071
（2）社区卫生服务中心（站）	56506	39097	95603
（3）乡镇卫生院	64117	70421	134538

（三）医疗卫生床位

2010—2018年，我国医院、护理院、基层医疗卫生机构、社区卫生服务中心（站）和乡镇卫生院的床位数量均在不断增长。2018年我国医院拥有床位数651.97万张，其中预防保健科拥有床位数约0.46万张，全科医疗科约8.48万张，康复医学科约20.15万张。基层医疗卫生机构拥有床位数158.36万张，社区卫生服务中心（站）23.13万张，乡镇卫生院133.39万张（见表4-8）。我国护理院约有6.52万张床位数，其中东部约5.78万张，中部和西部分别仅约0.44万张和0.28万张。我国每千人口医疗卫生机构床位数约6.03张，其中东部、中部和西部床位数量差异较大，分别为5.60张、6.17张、6.49张。2019年印发的《关于深入推进医养结合发展的若干意见》（国卫老龄发〔2019〕60号）鼓励有条件的基层医疗卫生机构可设置康复、护理、安宁疗护病床和养老床位，因地制宜开展家庭病床服务。新时期医疗卫生机构床位尤其是基层医疗卫生机构床位的利用潜力需求较大，床位数量和床位服务质量均有待进一步提升。

表4-8 2010至2018年全国相关医疗卫生机构的床位数量（万张）

年份	医院床位	护理院床位	基层医疗卫生机构床位	社区卫生服务中心（站）床位	乡镇卫生院床位
2010年	338.74	0.72	119.22	16.88	99.43
2014年	496.12	2.03	138.12	19.59	116.72
2015年	533.06	2.76	141.38	20.10	119.61

续表

年份	医院床位	护理院床位	基层医疗卫生机构床位	社区卫生服务中心（站）床位	乡镇卫生院床位
2016年	568.89	3.91	144.19	20.27	122.39
2017年	612.05	5.12	152.85	21.84	129.21
2018年	651.97	6.52	158.36	23.13	133.39

备注：数据来自《中国卫生健康统计年鉴（2019）》。

三、相关制度资源现状

经济学领域和社会学领域的学者对"资源"的定义存在差异，然而大部分学者认为制度本身就是一种资源，具有引导或配置其他相关资源的功能。例如基本医疗保障制度用于支付符合基本医疗保障范围的医疗卫生服务费用，基本养老保障制度在稳定运行的过程中，覆盖面逐步扩大，受益老年人群不断增多，这也是本部分介绍的主要内容。

（一）基本医疗保险制度

医疗保险制度指的是一个国家或地区以解决居民防病治病问题为目的，根据保险原则对医疗保险基金进行筹集、分配和使用的制度。它不仅是医疗保健事业的有效筹资机制，同时也是世界各国普遍应用的卫生费用管理模式[①]。我国的医疗保险制度经历了漫长的发展历程，在经过不断的改革和完善以后，以城镇职工基本医疗保险制度、城镇居民基本医疗保险制度和新型农村合作医疗保险制度为基础形成了基本医疗保险制度体系。近年来，通过整合城镇居民基本医疗保险制度和新型农村合作医疗保险制度，正在构建或优化统一的城乡居民基本医疗保险制度。

1. 城镇职工基本医疗保险制度

包括企事业单位、民办非企业单位、机关以及社会团体在内的所有城镇用人单位及其职工均要按照属地管理原则参加城镇职工基本医疗保险（以下简称"职工医保"），城镇个体经济组织业主及从业人员、乡镇企业及职工是否参加

---

① 喻华锋：《我国医疗保障制度引入市场机制改革研究》，人民军医出版社，2012年，第120～156页。

由各地区（省、自治区、直辖市）人民政府决定①。在统筹地区内执行统一政策，筹集、管理和使用基本医疗保险基金。由职工和用人单位共同缴纳基本医疗保险费，职工缴费率一般为本人工资收入的2%，单位缴费率一般控制在职工工资总额的6%左右。职工医保基金由统筹基金以及个人账户构成。其中，职工个人缴纳的基本医疗保险费全部计入个人账户，用人单位缴纳的基本医疗保险费一部分用于建立统筹基金，一部分划入个人账户，其中划入个人账户的比例约为用人单位缴费的30%②。城镇职工基本医疗保险主要用于住院和门诊大病医疗支出。不报销挂号费、出诊费等服务项目和减肥、美容、正畸等非疾病治疗类项目，眼镜、按摩等诊疗设备及医用材料以及器官移植、近视矫正、不育（孕）症等其他治疗项目也不属于报销范围。其起付标准、报销比例等在不同地区有一定差异。

2. 城乡居民基本医疗保险制度

（1）城镇居民基本医疗保险制度。

城镇居民基本医疗保险制度（以下简称"居民医保"）是面向不属于职工医保覆盖范围的中小学阶段（职高、中专、技校）的学生、少年儿童和其他非从业城镇居民的一项以保障城镇非从业居民的大病医疗需求为重点的保险制度。居民医保以家庭缴费为主，参保居民在按照规定缴纳基本医疗保险费后，可享受相应的医疗保险待遇，用人单位也可根据实际情况对职工家属参保缴费给予补助。同时，国家对个人缴费和单位补助资金制定相应的税收鼓励政策③。政府每年对丧失劳动能力的重度残疾人、低收入家庭的老年人等困难居民参保所需家庭缴费部分按不低于人均60元给予补助。居民医保基金重点用于参保居民的住院和门诊大病医疗支出，其报销范围包括参保人员在定点医疗机构或定点零售药店产生的住院治疗的医疗费、急诊留院观察并且转入住院治疗的前7日费用、符合城镇居民门诊特殊疾病病种规定的医疗费以及其他符合规定的费用④。不同对象的报销起付标准和报销比例有所不同，儿童、学生和老年人符合报销范围的一定数额（学生儿童为18万元、老年人为10万元）以

---

① 李亚青、申曙光：《我国三大医保制度整合的现实基础分析》，《中国医疗保险》，2010年第1期，第23~26页。

② 田多英范、郭晓宏：《从生活保障制度到社会保障制度》，《社会保障研究（北京）》，2006年第1期，第1~14页。

③ 刘祯祯、常峰：《城镇基本医疗保险筹资分析》，《卫生软科学》，2011年第2期，第95~97页。

④ 刘远宗：《我国城镇社会阶层分化与多层次社会医疗保障体系构建》，山东师范大学，2008年，第25页。

下医疗费用,在达到起付标准后,一级医院、二级医院、三级医院的报销比例分别为65%、60%、50%;其他城镇居民的报销比例分别为60%、55%、50%。

(2) 新型农村合作医疗保险制度。

新型农村合作医疗保险制度(以下简称"新农合医保")是以大病统筹为主,由政府组织引导、农民自愿参加,采取政府资助、个人缴费、集体扶持等筹资方式的农民医疗互助共济制度。2017年,全国农民个人缴费标准平均为180元左右,各级财政对新农合的人均补助标准达到450元[1]。其中,中央财政对新增部分按照中部地区60%、西部地区80%的比例进行补助,对东部地区各省份分别按一定比例补助。新农合主要用于门诊、住院以及大病补偿,参保人员在统筹期内因病在定点医院住院诊治所产生的检查费、化验费、手术费、治疗费、药费、护理费等符合城镇职工医疗保险报销范围的部分均可报销。其报销比例按照门诊、住院以及大病三类分别有不同规定及报销标准和比例。门诊方面,村卫生室、乡镇卫生院、二级医院、三级医院的报销比例分别为60%、40%、30%、20%;住院方面,乡镇卫生院、二级医院、三级医院的报销比例分别为60%、40%、30%;大病补偿方面,住院病人一次性或全年累计应报医疗费超过5000元以上的实行分段补偿,5001~10000元补偿65%,10001~18000元补偿70%。

3. 基本医疗保险覆盖情况

我国基本医疗保险覆盖率进一步提高。截至2017年末,共有3.03亿人参加全国城镇职工基本医疗保险,其中,离退休人员参保人数为8034万人,占总参保人数的26.49%;城镇居民基本医疗保险参保人数为8.74亿;1.33亿农村居民参加新型农村合作医疗保险,参合率达到100%,实现了农村居民新农合医疗保险的全覆盖[2]。从变化趋势上看,城镇职工基本医疗保险的参保人数由2011年的2.52亿人增长到了2017年的3.03亿人,增加了0.51亿人,增长率约为20.20%,年均增长率约为3.37%。其中,离退休人员参保人数由2011年末的6279万人增长到2017年的8034万人,增加了1755万人,增长率约为27.95%,年均增长率约为4.66%。离退休人员参保人数的增长速度要

---

[1] 黄婧、纪志耿:《新中国成立以来党领导农村社会事业发展的历史进程与基本经验》,《理论导刊》,2019年第10期,第4~10、51页。

[2] 中华人民共和国人力资源和社会保障部:《2017年度人力资源和社会保障事业发展统计公报》,2018年。

高于城镇职工基本医疗保险参保总人数的增长速度。城镇居民基本医疗保险参保人数由 2011 年的 2.21 亿人增加到 2017 年的 8.74 亿人，增加了 6.53 亿人，增长率约为 295%，年均增长率约为 49.17%。由于城镇化速度的加快，针对农村居民的新型农村合作医疗保险参保人数由 2011 年的 8.32 亿人减少到 2017 年的 1.33 亿人，减少了约 7 亿人，减少了约 84%，但参合率由 2011 年的 97.48%提高到 2017 年的 100%（见表 4-9）。

表 4-9　2011—2017 年全国基本医疗保险参保情况

年份	城镇职工基本医疗保险		城乡居民基本医疗保险（万人）		
	参保人数（万人）	离退休参保人数（万人）	城镇居民基本医保参保人数（万人）	新型农村合作医保	
				参保人数（万人）	参合率（%）
2011 年	25227	6279	22116	83200	97.48
2012 年	26486	6624	27156	80500	98.26
2013 年	27443	6942	29629	80200	98.70
2014 年	28296	7255	31451	73600	98.90
2015 年	28893	7531	37689	67000	98.80
2016 年	29532	7812	44860	27500	99.36
2017 年	30323	8034	87359	13300	100.00

备注：数据来自 2012—2017 年各年中国卫生统计年鉴。

（二）基本养老保险制度

养老保险制度是以保证退休劳动者基本生活需要为目的，国家通过立法强制征集社会保险费形成养老基金[①]，当劳动者退休后支付退休金的社会保障制度。与基本医疗保险制度一样，我国的养老保险制度也经历了不断改革和发展的过程。2014 年，国务院发布的《关于建立统一的城乡居民基本养老保险制度的意见》指出，将新农合养老保险和城镇居民基本养老保险两项制度合并实施，在全国范围内建立统一的城乡居民基本养老保险制度[②]，形成以城镇企业

[①] 姚迈新：《中国城市扶贫：经验分析与发展路向》，《广东行政学院学报》，2017 年第 5 期，第 57~62 页。

[②] 中华人民共和国国务院新闻办公室：《2013 年中国人权事业的进展》，http://www.scio.gov.cn/ztk/dtzt/2014/30852/30855/Document/1371132/1371132.htm。

职工基本养老保险和城乡居民基本养老保险为基础的基本养老保险制度体系。

1. 城镇企业职工基本养老保险制度

城镇企业职工基本养老保险的覆盖范围为城镇各类企业职工、个体工商户和灵活就业人员[①]。单位参保人员的社保费用由用人单位和劳动者共同承担，地区不同，缴费率有所差异。目前单位缴费费率最高为20%，最低为16%，大多数地区为19%左右，且全部划入养老保险统筹基金。而个人缴费费率基本保持在8%左右，且全部划入个人账户。灵活就业参保人员由于没有用人单位承担统筹费用，其统筹费用和个人费用均由个人承担，但合计缴费费率通常低于单位参保费率。费用一部分划入统筹基金，一部分划入统筹账户。退休城镇职工的养老金由基础性养老金和个人账户养老金两部分构成。除此之外，拥有视同缴费年限的人还可享受过渡性养老金。在1992—1995年各地建立养老保险个人缴费制度前的国企、大集体以及2014年10月1日前的机关事业单位正式工作年限都可以认定为视同缴费年限。养老金领取需满足以下三个条件：①在单位和个人依法参加基本养老保险并履行缴费义务；②达到法定退休年龄并办理了退休手续；③累计缴费满15年（可续缴或补缴）[②]。城镇职工养老保险参保人死亡后，其养老金个人账户余额可依法被继承。

2. 城乡居民基本养老保险制度

城乡居民基本医疗保险的参保范围为年满16周岁（不含在校学生）的非国家机关和事业单位工作人员以及不属于职工基本养老保险制度覆盖范围的城乡居民[③]。由个人缴费、集体补助、政府补贴共同筹集基金。其中个人缴费部分的缴费标准目前划分为100至2000元不等的12个档次并可根据实际情况进行调整。参保人员具有自主选择权，多缴多得。集体补助的标准由社区或者村民委员会召开会议民主决定。政府补贴是指政府对符合领取城乡居民养老保险待遇条件的参保人全额支付基础养老金。全部计入参保人的个人账户并按国家规定计息。城乡居民养老保险养老金由基础养老金和个人账户养老金两部分构成。其中基础养老金的最低标准由中央确定，地方政府可根据经济发展和物价变动等实际情况提高基础养老金标准。个人账户养老金的月计发标准为个人账

---

① 国务院：《国务院关于完善企业职工基本养老保险制度的决定》，2015年。
② 于凌云、廖楚晖：《养老金待遇差别与机构养老意愿研究——基于城乡调查样本的实证分析》，《财贸经济》，2015年第6期，第151~161页。
③ 许燕、杨再贵：《基于GM（1，1）模型的城乡居民基本养老保险参保率测算》，《保险研究》，2019年第4期，第116~127页。

户全部储存额除以 139①②。参加城乡居民养老保险的个人，累计缴费满 15 年（若未满 15 年可补缴）且未领取国家规定的基本养老保障待遇的，在 60 周岁后可以按月领取养老金直至死亡。参保人死亡后，养老金个人账户余额可被依法继承。

城镇企业职工基本养老保险和城乡居民基本养老保险制度内容简表见表 4-10。

表 4-10　城镇企业职工基本养老保险和城乡居民基本养老保险制度内容简表

项目	城镇职工基本养老保险	城乡居民基本养老保险
参保对象	城镇各类企业职工、个体工商户、城镇登记失业登记人员以及其他灵活就业人员。	年满 16 岁的有本地城镇或农村户口的无业居民以及未被城镇职工养老保险覆盖的其他人群。
基金筹集	单位参保类按月缴费，社保费用由用人单位和劳动者共同承担，单位交大头 19% 左右，个人交小头 8% 左右。灵活就业参保人可按月缴费或按年缴费，统筹费用和个人费用均由个人承担，但合计缴费费率通常低于单位参保费率。	按年缴费，各地设立多档位不低于国家最低标准的不同的缴费标准，个人可自愿选择。参保人所有缴费全部进入个人账户，并可按缴费标准享受也计入个人账户的政府补贴，多缴多补。一些集体或社会补助，也全部划入个人账户。
领取条件	①所在单位和个人依法参加基本养老保险并履行缴费义务；②达到法定退休年龄并办理了退休手续；③累计缴费满 15 年（可续缴或补缴）。	①年满 60 周岁；②未领取国家规定的基本养老保障待遇；③累计缴费满 15 年（可续缴或补缴）。
领取待遇	养老金由基础性养老金和个人账户养老金组成。拥有视同缴费年限的人，还可以享受过渡性养老金。决定城镇职工养老金水平的因素有退休时当地上一年度的社平工资、历年个人平均缴费指数、缴费年限等。	养老金由基础性养老金和个人账户养老金两部分组成。目前基础性养老金国家规定的下限为 88 元，各地可自定标准。个人账户养老金等于个人账户历年本息总额除以 60 岁对应的养老金年计发月数 139。多缴多得。
身后待遇	参保人死亡后，养老金个人账户余额可被继承。丧葬费各地都有，但标准不一，有的地区有阶段性调整。	参保人死亡后，养老金个人账户余额可被继承。丧葬费只有少数地区有而且标准不统一，有阶段性调整。

---

① 麻忱琛：《铜仁市农村居民基本养老保险参保率影响因素研究》，仲恺农业工程学院，2018 年，第 8 页。

② 冯欣伟：《基础养老保险制度改革研究》，重庆师范大学，2014 年，第 16 页。

3. 基本养老保险覆盖情况

我国各类基本养老保险的参保人数逐年增加。2017年末，全国基本养老保险参保总人数为9.15亿人，其中，城镇职工养老保险参保人数为4.03亿人，城乡居民养老保险参保人数为5.12亿人。在所有参加城镇职工养老保险的人中，包括离退休参保人员1.10亿人，占所有参保人数的27.36%。在参加城乡居民养老保险的5.12亿人中，实际领取待遇人数为1.56亿人，占比为30.43%。从发展趋势来看，基本养老保险参保总人数由2011年的61573万人增加到2017年的91548万人，增加了约29975万人，增长率约为48.68%，年均增长率约为8.11%；其中2012年的增长速度最快，较上一年增加了约17724万人。城镇职工养老保险参保人数由2011年的28391万人增加到2017年的40293万人，增加约11902万人，增长率约为41.92%，年均增长率约为6.99%；离退休人员参加职工养老保险的人数由2011年的6826万人增加到2017年的11026万人，增加了约4200万人，增长率约为61.53%，年均增长率为10.25%，要高于职工养老保险参保人数的增长速度；城乡居民养老保险的参保人数由2011年的33182万人增加到2017年的51255万人（见表4-11)，增加了约18073万人，增长率约为54.47%，年均增长率约为9.08%。

表4-11 2011—2017年我国基本养老保险参保情况（万人）

年份	城镇职工养老保险		城乡居民养老保险		参保总人数
	参保人数	离退休参保人数	参保人数	实际领取待遇人数	
2011年	28391	6826	33182	8525	61573
2012年	30427	7446	48370	13075	78797
2013年	32218	8041	49750	13768	81968
2014年	34124	8593	50107	14313	84232
2015年	35361	9142	50472	14800	85833
2016年	37930	10103	50847	15270	88777
2017年	40293	11026	51255	15598	91548

备注：数据来自2012—2017年各年中国卫生统计年鉴。

基本医疗保险制度和基本养老保险制度是社会保障制度的重要内容，是实现健康老龄化重要的制度资源。近年来，各类基本医疗保险和基本养老保险的参保人数都在逐年增加，增强了城乡老年人口基本医疗和养老保障的可及性。

第五章 我国医养结合服务供需现状调查分析

2019年印发的《国家积极应对人口老龄化中长期规划》指出,人口老龄化是今后较长一段时期我国的基本国情,积极应对人口老龄化是贯彻以人民为中心的发展思想的内在要求。分析我国医养结合服务供需现状,有利于相关政策的制定,积极应对人口老龄化,构建或优化人群全生命历程的健康老龄制度,实现健康老龄化。本部分首先依据2018年中国健康与养老追踪调查(CHARLS)数据,分析当前医养结合服务需求现状,再通过便利抽样的方法,深入分析四川省医养结合服务的供需现状,助力后期构建以社区为平台的医养结合服务模式对策建议的提出,助力实现健康养老。

一、中国健康与养老追踪调查数据基本情况

中国健康与养老追踪调查是一项由北京大学国家发展研究院主持、北京大学中国社会科学调查中心执行的大型长期追踪调查项目。该项目2008年首先在甘肃和浙江两省开展了预调查,2011年开始了全国大规模的基线调查〔散布全国28个(区、市)〕,后面约每两年开展追踪访问,2013年完成了第一次追踪访问,2015年完成了第二次追踪调查,2020年9月23日公布了2018年中国健康与养老追踪调查数据。本书主要依据2018年中国健康与养老追踪调查的部分数据,分析当前医养结合服务需求。

2018年中国健康与养老追踪调查数据样本量为19816人,本部分的研究对象主要为60岁及以上的老年人,初步删选的样本为11056人,再剔除变量缺失值与异常值,最终选取的样本为10358人。性别分布中男性有5066人,占比48.91%;女性有5292人,占比51.09%。60~64岁3323人,占比32.08%;65~69岁2985人,占比28.82%;70~74岁1837人,占比17.74%;75~79岁1199人,占比11.58%;80岁及以上1014人,占比9.79%。10157人现居住在家庭中,占比98.06%;44人居住在养老院或其他

养老机构，占比0.42%；11人正在医院，占比0.11%；146人的居住情况为其他，占比1.41%。学历方面，以小学及以下为主，占比75.57%。婚姻方面，以已婚为主，占比78.03%（见表5-1）。

表5-1 选取健康与养老追踪调查数据样本

基本情况		样本数量（人）	占比（%）
性别	男	5066	48.91
	女	5292	51.09
年龄	60~64岁	3323	32.08
	65~69岁	2985	28.82
	70~74岁	1837	17.74
	75~79岁	1199	11.58
	80岁及以上	1014	9.79
居住类型	家庭住宅	10157	98.06
	养老院或其他养老机构	44	0.42
	医院	11	0.11
	其他	146	1.41
学历	小学及以下	7828	75.57
	初中	1574	15.2
	高中	554	5.35
	中专（包括中等师范、职高等）	251	2.42
	大专	78	0.75
	本科及以上	73	0.70
婚姻状态	已婚	8082	78.03
	分居	29	0.28
	离异	97	0.94
	丧偶	2080	20.08
	从未结婚	70	0.68

（一）老年人群的健康状况与医疗卫生服务现况

健康状态的调研数据存在较多缺失值，在返回的结果中，仅19.05%的健康状态是"好"或"很好"，健康状态一般的占比为45.10%，健康状态不好或者很不好的占比约为35.86%。其中有1686名老年人在过去一个月中，除体检外，去医疗卫生机构看过门诊或者接受过上门医疗卫生服务。其中，38.14%的老年人到综合医院（全科医院，不包括中医院），3.56%到专科医院（不包括中医院），6.94%到中医院，6.29%到社区卫生服务中心，24.02%到乡镇卫生院，3.5%到卫生服务站，22.42%到村诊所/私人诊所，0.18%到养老机构，2.31%到其他医疗服务机构。在就医的老年人群中有93.3%的老年人了解所花费的医疗费用，平均每人支付医疗费用约1299元。2.79%的老年人不了解相关的医疗花费，8.3%的老年人个人没有支付相关费用，88.91%的老年人自己支付了部分医疗卫生费用，平均每人支付医疗费用约752元。

（二）老年人群参加医疗保健与保险的情况

医疗保健与保险对于老年人群的健康具有重要的作用，在中国健康与养老追踪调查数据中关于老年人医疗保险途径的主要条目有：①城镇职工医疗保险（医保）；②城乡居民医疗保险（合并城镇居民和新型农村合作医疗保险）；③城镇居民医疗保险；④新型农村合作医疗保险（合作医疗）；⑤公费医疗；⑥医疗救助；⑦单位购买商业医疗保险；⑧个人购买商业医疗保险；⑨城镇无业居民大病医疗保险；⑩长期护理险；⑪其他医疗保险；⑫没有保险[①]。调研中新型农村合作医疗保险参保的人数最多（占比63.47%），城镇职工医疗保险（医保）占比14.97%，城乡居民医疗保险（合并城镇居民和新型农村合作医疗保险）占比12.18%，城镇居民医疗保险占比3.98%。购买长期护理险的人数约8人，占比0.08%；没有保险的人数约303人，占比2.93%（见表5-2）。

[①] 李华、李志鹏：《社会资本对家庭"因病致贫"有显著减缓作用吗？——基于大病冲击下的微观经验证据》，《财经研究》，2018年第6期，第77~93页。

表 5-2 调查老年人群参加医疗保健和保险的情况

序号	内容	参保人数（人）	比例（%）
1	新型农村合作医疗保险（合作医疗）	6559	63.47
2	城镇职工医疗保险（医保）	1547	14.97
3	城乡居民医疗保险（合并城镇居民和新型农村合作医疗保险）	1259	12.18
4	城镇居民医疗保险	441	3.98
5	没有保险	303	2.93
6	公费医疗	175	1.69
7	其他医疗保险	166	1.61
8	个人购买商业医疗保险	134	1.30
9	医疗救助	36	0.35
10	单位购买商业医疗保险	23	0.22
11	城镇无业居民大病医疗保险	18	0.17
12	长期护理险	8	0.08

备注：如果选序号 5 就不能选其他选项，不能同时选择序号 1、3、4，不能同时选择序号 2、6，不能同时选择序号 2、4。

关于部分老年人没有参加任何医疗保险主要原因的调查数据显示，13.2%认为不需要，29.37%认为保险费太贵了，14.52%认为不知道该去哪里办，2.64%不相信健康保险机构，1.98%没有合适的保险项目，8.25%从没有想过这个问题，其他原因占比 30.04%。

（三）老年人群获得帮助的主要途径

老年人在日常生活中可能需要穿衣、洗澡、吃饭、起床、如厕、家务、做饭、购物、打电话、吃药或管钱等方方面面的帮助。在中国健康与养老追踪调查数据中关于老年人获取帮助途径的主要条目有：①配偶；②父母、岳父母、公公、婆婆；③子女、儿媳/女婿、孙子女/外孙子女；④自己或配偶的兄弟姐妹及其子女；⑤其他亲属；⑥雇佣人员（如保姆）；⑦志愿者或者志愿机构人员；⑧养老院人员；⑨社区提供的帮助；⑩其他[①]。通过数据分析，样本老年

[①] 连佳睿、李伊：《老年人经济资本对其社会活动参与的提升效应研究》，《中原工学院学报》，2020 年第 3 期，第 77~84 页。

人群获得帮助的主要途径前五项依次是：①配偶，占比61.91%；②子女、儿媳/女婿、孙子女/外孙子女，占比59%；③雇佣人员（如保姆），占比12.75%；④其他亲属，占比2.28%；⑤志愿者或者志愿机构人员，占比1.1%。社区提供的帮助（占比0.66%）位于志愿者或志愿者机构人员的后面，多元化的社区服务和帮助还有待进一步推进和完善。

（四）老年人群进行社交活动的基本情况

社交活动从多个方面影响老年人的健康[①]，在中国健康与养老追踪调查数据中关于老年人进行社交活动的条目主要有十一项：①串门、跟朋友交往；②打麻将、下棋、打牌、去社区活动室；③向与您不住在一起的亲人、朋友或者邻居提供帮助；④跳舞、健身、练气功等；⑤参加社团组织活动；⑥志愿者活动或者慈善活动；⑦照顾与您不住在一起的病人或者残疾人；⑧上学或者参加培训课程；⑨炒股（基金及其他金融证券）；⑩上网；⑪其他社交活动等。在十一项社交活动中，串门、跟朋友交往所占比例最大，为85.64%（见表5-3）。

表5-3 调查老年人过去一个月参与社交活动的情况

序号	条目	回答的人数	参加的人数	所占比例
1	串门、跟朋友交往	10346	8860	85.64%
2	打麻将、下棋、打牌、去社区活动室	9971	1610	16.15%
3	向与您不住在一起的亲人、朋友或者邻居提供帮助	10319	1347	13.05%
4	上网	9971	594	5.96%
5	跳舞、健身、练气功等	9971	524	5.26%
6	照顾与您不住在一起的病人或者残疾人	10319	533	5.17%
7	其他社交活动	10319	491	4.76%
8	炒股（基金及其他金融证券）	10319	384	3.72%
9	参加社团组织活动	10319	229	2.22%
10	志愿者活动或者慈善活动	9971	121	1.21%
11	上学或者参加培训课程	9971	32	0.32%

---

① 陈敏辉：《社交活动对老年人健康的影响——基于城乡差异的视角》，《科技视界》，2019年第29期，第109~111页。

从表 5-3 得知，调查老年人群参与最多的社交活动是串门、跟朋友交往，占比 85.64%；其次是打麻将、下棋、打牌、去社区活动室，占比 16.15%。社交活动是联系老年人与社区的重要途径之一，对未来以社区为平台开展医养结合服务工作可提供重要的参考。

（五）老年人群享受的居家和社区养老服务

在中国健康与养老追踪调查数据中关于老年人享受居家和社区养老服务的主要条目有：①日间照料、托老所、老年餐桌等养老服务；②定期体检；③上门巡诊；④家庭病床；⑤社区护理；⑥健康管理；⑦娱乐活动；⑧其他。调查中共有 1738 名老年人享受了居家和社区养老服务，其中 65.36% 进行了定期体检，13.20% 享受了上门巡诊服务，9.14% 享受的是娱乐活动，6.21% 享受的是健康管理，2.29% 享受的是日间照料中心、托老所、老年餐桌等养老服务，2.07% 享受的是社区护理，0.56% 享受的是家庭病床服务，1.17% 享受的是其他的居家和社区养老服务（见图 5-1）。

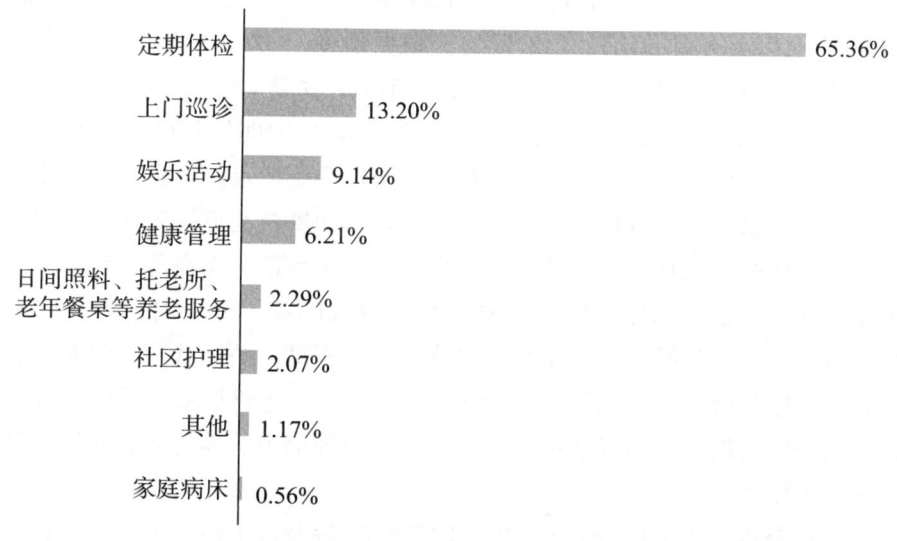

图 5-1 调查老年人群享受的居家和社区养老服务

从图 5-1 可知，调查老年人群享受家庭病床、社区护理、日间照料、健康管理、娱乐活动及上门巡诊等多项居家和社区养老服务的比例较低，相关资源有待开发。以社区为平台整合资源，积极应对人口老龄化，运用"互联网+"等信息技术，开展多元化的社区医养结合服务活动，满足不同健康状况老年人群个性化的服务需求，有很大的发展潜力。

二、深入调查样本地区医养结合服务供需现状

前面分析了中国健康与养老追踪调查中老年人的健康养老现况、享受居家和社区养老服务的情况，还有很多值得关注和深入探讨的问题。全国第六次人口普查（2010 年）数据显示，我国人口老龄化较高的省份主要集中在华北、华中和成渝地区。65 岁及以上老年人口最多的前三名省份是山东、四川和江苏。单纯就西部而言，四川省 65 岁及以上老年人口占全国总量的比重一直居高不下，维持在 28% 左右；而其余西部地区比重均不超过 3%。四川省也是中西部地区率先进入人口老龄化的省区之一。项目组将四川省作为样本地区，调查四川省老年人口对以社区为平台医养结合养老服务的需求情况。

（一）深入调查样本地区医养结合服务需求现状

四川省在 1997 年就进入人口老龄化社会。截至 2019 年末，全省常住人口 8375 万人，全省 65 岁及以上老年人口 1208 万人，占总人口的 14.42%，高于全国 65 岁及以上人口的比例（12.6%）。根据预测，2030 年四川省 65 岁及以上老年人口将达到 1783.26 万人，2050 年 65 岁及以上老年人口将达到 2124.66 万人，占人口总量的比重高达 25.7%[①]。当前四川省已进入深度老龄化社会，老年人口呈现出基数大、分布广、增长快等特点。项目组采用便利抽样的方法，选取四川省成都市、绵阳市、广元市和攀枝花市作为样本地区，采用多阶段抽样的方法在每个市抽取 5 个街道和 5 个乡镇，再在每个乡镇或街道以方便抽样方式抽取当地居民填写养老相关调查问卷。调查内容涉及以下方面：①基本信息，包括性别、年龄、民族、文化程度、婚姻状况、职业、收支情况；②健康状况，包括高血压、糖尿病、冠心病、恶性肿瘤、呼吸系统疾病等慢性病患病情况；③养老意愿及需求，包括自理能力、养老方式认知、养老意愿和养老服务需求等。

本次调查将调查人群分为 60 岁以下组和 60 岁及以上组，可分别了解人们的主观养老需求现状与养老需求趋势。

---

① 周璟挚、王俐文、唐元桢等：《养老产业 PPP 创新融资模式研究——以四川省为例》，《中国经贸导刊（中）》，2019 年第 6 期，第 107~109 页。

1. 样本地区被调查者的基本信息

(1) 基本信息。

结果显示,60 岁及以上老年人中,女性(52.07%)多于男性(47.93%),基本符合我国 60 岁及以上老年人的男女构成比。年龄方面,60~65 岁年龄段人数最多(47.34%),年龄段越高,人数越少。民族方面,主要以汉族为主(98.52%)。文化程度方面,拥有小学及以下学历者最多(45.86%),随着学历等级增高,老年人数相应减少。调查对象中无研究生及以上学历者。当前职业方面,农民比例最大(高达 34.62%),其次为离退休人员(31.36%)和机关、企事业单位员工(18.64%),个体商户比例最小(2.07%)。婚姻方面,以在婚状态为主(75.74%);丧偶状态位居第二(17.75%);未婚状态比例达4.14%,位居第三(见表 5-4)。

表 5-4 样本地区 60 岁及以上组的基本信息

基本信息	人数(人)	百分比(%)
性别		
男	162	47.93
女	176	52.07
年龄		
60~65 岁	160	47.34
66~70 岁	83	24.56
71~75 岁	48	14.20
76~80 岁	27	7.99
80 岁以上	20	5.92
民族		
汉	333	98.52
其他	5	1.48
文化程度		
小学及以下	155	45.86
初中	82	24.26
高中/中专/技校	53	15.68
大专或本科	48	14.20
研究生及以上	0	0.00

续表

基本信息	人数（人）	百分比（%）
目前职业		
机关、企事业单位员工	63	18.64
个体商户	7	2.07
农民	117	34.62
无业	35	10.36
离退休人员	106	31.36
其他	10	2.96
婚姻状况		
在婚	256	75.74
离异或分居	8	2.37
丧偶	60	17.75
未婚	14	4.14
合计	338	100

60岁以下居民中，女性（53.13%）同样多于男性（46.87%）。年龄方面，30～39岁年龄段人数最多（35.91%），其次为40～49岁年龄段（25.59%）和20～29岁年龄段（24.43%）。民族构成方面，依然以汉族为主（98.04%）。文化程度方面，拥有大专或本科学历者最多（64.22%），研究生及以上学历最少（1.45%）。与老年人口不同的是，在研究生学历以前，随着学历等级增高，相应人口数也随之增多。职业方面，以机关、企事业单位员工为主，比例高达到72.45%。婚姻方面，在婚状态比例最大，高达80.55%；其次是未婚状态（13.94%）和离异或分居状态（5.12%）；丧偶状态比例最小，仅为0.38%（见表5-5）。

表5-5 样本地区60岁以下组的基本信息

基本信息	人数（人）	百分比（%）
性别		
男	1099	46.87
女	1246	53.13

续表

基本信息	人数（人）	百分比（%）
年龄		
20岁以下	28	1.19
20~29岁	573	24.43
30~39岁	842	35.91
40~49岁	600	25.59
50~59岁	302	12.88
民族		
汉	2299	98.04
其他	46	1.96
文化程度		
小学及以下	55	2.35
初中	224	9.55
高中/中专/技校	526	22.43
大专或本科	1506	64.22
研究生及以上	34	1.45
目前职业		
机关、企事业单位员工	1699	72.45
个体商户	88	3.75
农民	193	8.23
学生	13	0.55
无业	91	3.88
离退休人员	47	2.00
其他	214	9.13
婚姻状况		
在婚	1889	80.55
离异或分居	120	5.12
丧偶	9	0.38
未婚	327	13.94
合计	2345	100.00

(2) 经济状况。

在60岁及以上老年人中,经济来源主要以退休金为主(37.28%),其次为养老保险(29.88%),依赖子女供养或者政府及社会资助的分别仅占6.51%和3.25%,提示本次调查的大多数老年人经济来源比较稳定。月收入方面,收入在1000~3999元之间的老年人数量最多(58.88%),但仍有31.95%的老年人月收入不足1000元,说明现今仍有相当一部分老年人的经济状况较差。从月支出方面来看,每月支出控制在1000~2000元的老年人比例最大(45.56%),其次为1000元以下(30.18%),月支出在3000元以上的比例仅为8.88%。可以看出近一半老年人基本上可以维持收支平衡,甚至出现结余。其中,在医疗支出方面,69.82%的老年人花费在500元以下,其次为500~1000元(22.19%),医疗支出超过1000元及以上的比例仅有7.98%。可以看出样本地区老年人医疗支出不算高,老年人身体健康状况较稳定。家庭经济状况自评方面,认为自家经济状况一般的老年人居多(55.92%),认为自家经济状况很好(4.14%)和很不好(3.55%)的偏少(见表5-6),基本服从正态分布。

表5-6 样本地区60岁及以上组的经济状况

基本信息	人数(人)	百分比(%)
经济来源		
退休金	126	37.28
子女供养	22	6.51
政府或社会资助	11	3.25
养老保险	101	29.88
务农	33	9.76
其他	45	13.32
月收入		
1000元以下	108	31.95
1000~3999元	199	58.88
4000~6999元	24	7.10
7000~9999元	4	1.18
10000元及以上	3	0.89

续表

基本信息	人数（人）	百分比（%）
月支出		
1000 元以下	102	30.18
1000～2000 元	154	45.56
2001～3000 元	52	15.38
3000 元以上	30	8.88
其中：医疗支出		
500 元以下	236	69.82
500～1000 元	75	22.19
1001～2000 元	16	4.73
2000 元以上	11	3.25
家庭经济情状自评		
很好	14	4.14
好	76	22.49
一般	189	55.92
不好	47	13.91
很不好	12	3.55
合计	338	100.00

在60岁以下居民中，大多数月收入在1000～3999元（73.86%），其次为4000～6999元（15.74%），月收入低于1000元（7.59%）和高于7000元（2.81%）的均较少。月支出方面，大多数居民花费在1000～3999元（70.41%），其次为4000～6999元（14.16%），月支出低于1000元（12.96%）和高于7000元（2.47%）的同样均较少（见表5-7），分布类似于月收入。总体上来看，样本地区60岁以下的居民经济状况一般，其收入与支出分布大体一致，基本能维持收支平衡。需引起重视的是，60岁以下居民的收支情况可能会对父母和自己将来的养老意愿以及养老方式的选择产生很大影响。收支情况可观的，养老模式选择面广，能最大限度地遵从老年人的内心意愿；收支情况不乐观的，养老模式的选择受限于家庭经济状况，往往不能很好

地满足老年人的内心意愿。

表 5-7 样本地区 60 岁以下组的经济状况

基本信息	人数	百分比（%）
月收入		
1000 元以下	178	7.59
1000～3999 元	1732	73.86
4000～6999 元	369	15.74
7000～9999 元	47	2.00
10000 元及以上	19	0.81
月支出		
1000 元以下	304	12.96
1000～3999 元	1651	70.41
4000～6999 元	332	14.16
7000～9999 元	35	1.49
10000 元及以上	23	0.98
合计	2345	100.00

2. 样本地区被调查者的健康状况和医养需求

(1) 健康状况。

考虑到健康状况包含诸多主观感受指标，为避免产生信息偏倚，故仅分析 60 岁及以上的老年人群。我们从以下三个方面对老年人的健康状况进行评价：慢性病的患病情况、日常生活活动能力（activities of daily living，ADL）和健康状况自评。其中，慢性病主要包括高血压、糖尿病、冠心病、脑卒中、原发性恶性肿瘤和慢性呼吸系统疾病。日常生活活动能力采用 Barthel 指数评定量表进行评价。

本次调查发现，样本地区老年人患病率最高的前三名慢性病依次是高血压（43.79%）、糖尿病（19.23%）和慢性呼吸系统疾病（15.38%），冠心病位居第四（10.65%），原发性恶性肿瘤（1.18%）和脑卒中（0.59%）的患病率较低（见表 5-8）。从身患慢性病种数来看，至少患有 1 种慢性病的老年人比例高达 65.68%，患 2 种及以上慢性病的老年人达 44.67%，仅有 34.32% 的老年人未患有任何慢性病（见表 5-9）。

表 5-8 调查样本 60 岁及以上组的健康状况

评价维度	人数（人）	患病率（%）
病种类型		
高血压	148	43.79
糖尿病	65	19.23
冠心病	36	10.65
脑卒中	2	0.59
原发性恶性肿瘤	4	1.18
慢性呼吸系统疾病	52	15.38
合计	307	90.83

在健康状况自评方面，认为自己目前不太健康的老年人比例最高（36.39%），其次是认为自己健康状况一般的老年人（33.14%），仅有26.92%的老年人认为自己的健康状况较好或非常健康（见表5-9），提示样本地区 60 岁及以上老年人群的身体健康状况不容乐观。

表 5-9 调查样本 60 岁及以上组的健康状况

评价维度	人数（人）	百分比（%）
身患病种数		
3 种及以上	62	18.34
2 种	89	26.33
1 种	71	21.01
0 种	116	34.32
健康状况自评		
非常健康	16	4.73
较好	75	22.19
一般	112	33.14
不太健康	123	36.39
非常不健康	12	3.55

续表

评价维度	人数（人）	百分比（%）
Barthel 指数		
重度依赖（≤40 分）	1	0.30
中度依赖（41～60 分）	59	17.46
轻度依赖（61～99 分）	113	33.43
无须依赖（100 分）	165	48.82
合计	338	100.00

在日常生活活动能力方面，需依赖他人的老年人（51.19%）比例高于完全能自理的老年人（48.82%）。其中，33.43%的老年人有轻度活动障碍，偶尔需要他人的帮助，但是生活基本能够自理；17.46%的老年人有中度活动障碍，日常生活需要他人的部分帮助；0.30%的老年人有重度活动障碍（见表5-9），日常活动明显需要依赖他人的帮助。这提示样本地区60岁及以上老年人群日常生活活动能力同样不容乐观。

（2）养老意愿。

对于60岁及以上组的人群，有90.24%的老年人选择居家养老，有6.21%的老年人希望在社区养老，只有3.55%的老年人选择机构养老。这说明我国老年人深受传统家庭观念的影响，更愿意跟家人住在一起，在自己家中安享晚年。而对于60岁以下组的人群，将来打算居家养老的居民占比降到83.80%，选择机构养老的居民上升到8.78%（表5-10），可能与社会压力增大、希望给子女减轻负担有关。总的来说，绝大多数居民选择居家养老的意愿强烈，社区养老目前在推进和探索之中，其选择意愿不如居家养老强烈。

表5-10　样本地区养老意愿情况

评价维度	60岁及以上组人数（人）	百分比（%）	60岁以下组人数（人）	百分比（%）
机构养老	12	3.55	206	8.78
居家养老	305	90.24	1965	83.80
社区养老	21	6.21	174	7.42
合计	338	100.00	2345	100.00

(3) 医养服务需求。

为了解调查对象对医养结合养老服务的需求，我们从生活照料服务、医疗康复服务和精神慰藉服务三个方面进行研究，同时为了减少信息偏倚，仅选择60岁及以上组的老年人群作为样本。

在日常生活照料方面，有30.47%的老年人认为自己最急需的是家政服务，主要包括洗衣做饭、打扫卫生等工作。对很多老年人来说，随着年龄增长，逐渐会出现体力不支、腿脚不便的情况，所以家政服务成了他们最为紧缺的服务项目。其次是日间照料和陪同外出服务。对于高龄、失能、半失能和长期患病的特殊老年群体来说，为他们提供上厕所、洗澡等帮助极为重要。同时老年人虽然腿脚不灵活，但是仍需要外出活动，享受群体生活，所以对陪同外出的服务需求也很迫切。再次是家庭无障碍设施改造，占15.09%。老年人腿脚不便，容易跌倒，而跌倒后往往后果更加严重，恢复期更加漫长，所以对家庭楼梯、浴室等进行防滑、防摔的改造是非常有必要的。选择身体锻炼的老年人占6.21%（见表5-11）。对于部分年龄较低、身体情况较好的老年人来说，日常的身体锻炼以及安全舒适的社区锻炼环境对健康养老是非常重要的。

在医疗康复服务方面，53.85%的老年人认为最急需的是医疗诊治服务，这跟老年人年老体衰、常患病、多患病的特点有关。所以为老年人在社区中提供便捷高效的医疗诊治服务显得尤为重要。其次是慢性病管理和紧急救助服务，占比分别达到16.27%和13.61%，大多数老年病都属于慢性退行性疾病，无法根治。所以科学有效的慢性病管理机制、长期跟踪随访、密切关注老年人身体健康和病情变化是必要的。患有心脑血管疾病的老年人容易发生脑卒中、心肌梗死等紧急状况，所以要建立高效的紧急救助机制帮助他们及时脱离危险。然后是疾病预防和康复护理服务，分别占9.47%和6.80%（见表5-11）。医养结合服务不仅仅是为失能、半失能老年人提供医疗服务，而且要面向所有的老年群体，为他们提供疾病预防、慢性病管理等服务，降低他们失能、半失能的风险，延长老年人自理周期，提高他们的生命质量，真正地实现健康老龄化的目标。康复护理服务则主要针对失能、半失能、长期卧床、术后恢复期的老年人，让他们在家中就能享受到社区提供的高质量的康复护理服务，同时也可以在一定程度上减少大医院老年科长期压床的现象，缓解分级诊疗的压力，进一步实现医疗资源的优化配置。

表 5—11　样本地区 60 岁及以上组对养老服务的需求

评价维度	频数	百分比（%）
生活照料		
家政服务	103	30.47
日间照料	85	25.15
陪同外出	78	23.08
家庭无障碍设施改造	51	15.09
身体锻炼	21	6.21
合计	338	100.00
医疗康复		
医疗诊治	182	53.85
慢性病管理	55	16.27
紧急救助	46	13.61
疾病预防	32	9.47
康复护理	23	6.80
合计	338	100.00
精神慰藉		
文化娱乐活动	206	60.95
社会活动	73	21.60
心理支持	52	15.38
临终关怀	7	2.07
总数	338	100.00

在精神慰藉服务方面，有 60.95% 的老年人选择了休闲娱乐活动，说明老年人在健康养老的同时，对精神文化的需求也比较强烈，在闲暇时，与朋友一起下棋、打牌、唱歌、跳舞有利于老年人保持身心健康，延缓老年痴呆的发生。其次是社会活动，占 21.60%，说明老年人非常乐于参加集体活动，走出家门，走向社会，与时代发展保持同步。再次是心理支持，占 15.38%。部分老年人因为子女工作忙，缺少陪伴，容易产生消极的思想，所以适度的心理疏导是保持老年人身心健康的有效措施。最后是临终关怀，占 2.07%（见表 5—11），对于即将离世的老年人，应该在其生命周期的最后给予其充分的关怀和尊严，最大可能地减轻其身心痛苦，使其老有善终。

3. 样本地区被调查对象养老意愿选择的影响因素分析

为了解调查对象养老服务意愿选择的影响因素，我们分别从性别、年龄、文化程度、职业、婚姻状况、居住方式、经济状况（月收入）、健康状况（Barthel 指数）八个方面进行研究，此处选择所有调查对象作为样本。根据卡方检验的结果，性别作自变量时，卡方值较小，P 值约为 0.05，说明性别对调查对象养老意愿的选择影响没有统计学意义；其他的自变量，如年龄、文化程度、婚姻状况、职业、月收入、居住方式、Barthel 指数对调查对象养老意愿的选择影响均有统计学意义（见表 5-12）。在对调查对象养老意愿选择作多因素二项 Logistic 回归分析，拟合结果显示性别、年龄、文化程度、婚姻状况、职业、月收入、居住方式作为分类变量时，对调查对象养老意愿的选择均有统计学意义（见表 5-13），说明性别、年龄、文化程度、职业、婚姻状况、居住方式、经济状况均会对人们养老意愿的选择产生影响。根据统计结果，女性比男性更倾向于选择社区居家养老；随年龄增长，选择社区居家养老的比例也越高；文化程度越低，选择社区居家养老的比例也越高；婚姻完整的人群选择社区居家养老的比例比婚姻异常的更高；月收入越低，选择社区居家养老的比例也越高；和家人同住的老年人更加倾向于选择社区居家养老；自理能力越强的老年人选择社区居家养老的比例也越高。

表 5-12 调查对象养老意愿选择的卡方检验

分组	机构养老（$n=985$）		社区居家养老（$n=1698$）		χ^2 值	P 值
	人数（人）	构成比（%）	人数（人）	构成比（%）		
性别					3.84	0.05
男	312	31.70	601	35.40		
女	673	68.30	1097	64.60		
年龄					29.95	<0.01
25 岁以下	73	7.40	157	9.20		
25~39 岁	478	48.50	725	42.70		
40~59 岁	350	35.50	562	33.10		
60~69 岁	64	6.50	179	10.50		
70~79 岁	17	1.70	58	3.40		
80 岁以上	3	0.30	17	1.00		

续表

分组	机构养老（$n=985$）		社区居家养老（$n=1698$）		χ^2 值	P 值
	人数（人）	构成比（%）	人数（人）	构成比（%）		
文化程度					54.52	<0.01
小学及以下	39	4.00	171	10.10		
初中	83	8.40	223	13.10		
高中/中专/技校	222	22.50	357	21.00		
大专或本科	632	64.20	922	54.30		
研究生及以上	9	0.90	25	1.50		
婚姻状况					15.25	<0.01
在婚	801	81.30	1344	79.20		
离异或分居	56	5.70	72	4.20		
丧偶	12	1.20	57	3.40		
未婚	116	11.80	225	13.30		
职业					99.17	<0.01
企事业单位管理	71	7.20	97	5.70		
企事业单位职工	670	68.00	924	54.40		
个体商户	34	3.50	61	3.60		
农民	70	7.10	240	14.10		
学生	0	0.00	14	0.80		
无业	32	3.20	94	5.50		
离退休人员	41	4.20	112	6.60		
其他	67	6.80	156	9.10		
月收入					36.48	<0.01
1000 元以下	62	6.30	224	13.20		
1000～3999 元	729	74.00	1202	70.80		
4000～6999 元	161	16.30	232	13.70		
7000～9999 元	26	2.60	25	1.50		
10000 元及以上	7	0.70	15	0.90		

续表

分组	机构养老（n=985）		社区居家养老（n=1698）		χ^2 值	P 值
	人数（人）	构成比（%）	人数（人）	构成比（%）		
居住方式					28.75	<0.01
独居	74	7.50	124	7.30		
和老伴同住	320	32.50	416	24.50		
和子女同住	178	18.10	313	18.40		
和老伴子女同住	408	41.40	814	47.90		
养老机构	1	0.10	5	0.30		
社区	0	0.00	3	0.20		
其他	4	0.40	23	1.40		
Barthel 指数					70.30	<0.01
重度依赖	3	0.30	2	0.12		
中度依赖	67	0.68	135	7.95		
轻度依赖	282	28.63	398	23.44		
无须依赖	633	64.26	1163	68.49		

表 5-13 调查对象养老意愿选择的多因素 Logistic 回归分析

比较组	参照组	B	标准误	自由度	P	OR	95% CI	
性别								
男				1	0			
女		0.648	0.113	1	0	1.911	1.531	2.385
年龄								
25 岁以下				5	0			
25～39 岁		0.639	0.172	1	0	1.895	1.353	2.656
40～59 岁		1.293	0.179	1	0	3.642	2.564	5.175
60～69 岁		1.515	0.192	1	0	4.552	3.126	6.628
70～79 岁		1.202	0.218	1	0	3.328	2.170	5.104
80 岁及以上		1.463	0.205	1	0	3.633	2.242	6.294

续表

比较组	参照组	B	标准误	自由度	P	OR	95% CI	
文化程度								
小学及以下				4	0.001			
初中		0.523	0.172	1	0.002	1.687	1.205	2.363
高中/中专/技校		0.762	0.193	1	0	2.142	1.469	3.124
大专或本科		0.625	0.259	1	0.016	1.868	1.123	3.105
研究生及以上		0.593	0.252	1	0.025	1.685	1.234	2.190
婚姻状况								
在婚				3	0.036			
离异或分居		−0.188	0.140	1	0.181	0.829	0.630	1.091
丧偶		−0.413	0.166	1	0.013	0.662	0.478	0.916
未婚		−0.154	0.195	1	0.042	0.586	0.459	1.324
职业								
企事业单位管理				6	0.021			
企事业单位职工		0.334	0.131	1	0.011	1.396	1.080	1.804
个体商户		0.264	0.111	1	0.017	1.302	1.048	1.617
农民		0.428	0.282	1	0.129	1.534	1.883	2.663
学生		0.498	0.284	1	0.080	1.645	0.942	2.872
无业		0.042	0.232	1	0.855	1.043	1.662	1.643
离退休人员		0.192	0.276	1	0.488	1.211	0.705	2.081
其他		0.451	0.247	1	0.068	1.570	0.967	2.549
月收入								
1000元以下				4	0.001			
1000~3999元		0.242	0.120	1	0.043	1.274	1.007	1.612
4000~6999元		0.827	0.093	1	0	2.286	1.905	2.743
7000~9999元		0.360	0.212	1	0.089	1.698	1.461	1.057
10000元及以上		0.828	0.342	1	0.015	0.437	1.223	2.854
居住方式								
独居				6	0.015			
和老伴同住		0.168	0.174	1	0.334	0.846	0.602	1.188

续表

比较组	参照组	B	标准误	自由度	P	OR	95% CI	
和子女同住		0.106	0.181	1	0.559	1.111	0.780	1.584
和老伴子女同住		0.186	0.169	1	0.271	1.205	0.865	1.679
养老机构		0.293	0.261	1	0.263	0.746	0.447	1.245
社区		0.482	0.389	1	0.216	0.618	0.288	1.324
其他		0.209	0.727	1	0.773	0.811	0.195	3.374
常量		2.382	0.263	1	0	0.085		

由上述数据可以看出，当前老年人群对生活照料和医疗诊治服务的需求非常迫切，日常生活活动需要他人帮助的老年人比重很大，并且随着年龄不断增长，他们的患病风险越来越高，身体健康状况越来越糟。这给养老和医疗服务带来了沉重压力，同时对养老模式的发展提出了更高的要求。传统的家庭赡养模式已不能满足老龄化急剧发展的需求，性别、年龄、文化程度、职业、婚姻状况、居住方式、经济状况均会对人们的养老意愿的选择产生影响。样本地区老年人慢性病患病情况为老年人群疾病谱的参考依据，也能为老年人群的健康管理、疾病预防提供开展方向。而基层医疗卫生服务可基本满足社区老年人的部分医养结合需求，为老年人群健康养老提供有力保障。

（二）深入调查样本地区医养结合服务供给现状

本部分主要采用定性访谈和定量研究相结合的方法进行分析。项目组通过对成都、绵阳、广元和攀枝花四市的养老机构、医院、卫生计生委、发展和改革委员会、民政局、老龄委等机构负责人进行访谈，同时在成都、绵阳、广元和攀枝花采用多阶段方便抽样的方法选择51家社区居家养老服务中心和社区卫生服务中心，对其服务项目、专业技术人员、床位及业务情况、服务对象情况等情况进行问卷调查，了解社区居家养老服务的医疗和养老服务供给能力，总结四川省以社区为平台的医养结合养老服务供给现状和存在的问题。

1. 四川省医养结合服务政策实施情况

党的十九大报告提出，要积极应对人口老龄化，构建养老、孝老、敬老政策体系和社会环境，推进医养结合，加快老龄事业和产业发展。近年来，四川省响应国家健康老龄化方针和医养结合顶层设计，积极出台了一系列医养结合养老政策，并且不断推进和完善，印发了《四川省老年人权益保障条例》《四川省"十三五"老龄事业发展和养老体系建设规划》《四川省养老与健康服务业发展规划（2015—2020年）》等约五十份文件，为以社区为平台的医养结合养老服务模式的发展营造了良好的政策环境。

  2012年颁布了《四川省人民政府办公厅转发民政厅关于加快发展养老服务业的意见的通知》，提出要大力推进居家养老服务，发展社区养老服务，强化机构养老服务，壮大养老服务产业。2014年出台了《四川省人民政府关于加快发展养老服务业的实施意见》，提出要加强养老机构建设，推进养老服务与医疗卫生相结合，大力发展居家养老和社区养老服务产业。同年出台了《四川省卫生和计划生育委员会关于加快发展养老服务业的贯彻意见》，提出要加强人才队伍建设，推动社区卫生发展，合理配置医疗资源，发挥中医药特色，推动医养结合发展，建立医疗契约服务。2015年发布了《四川省发展和改革委员会　四川省民政厅转发〈国家发展和改革委员会　民政部关于规范养老机构服务收费管理促进养老服务业健康发展的指导意见〉的通知》，提出要科学合理地制定政府投资兴办养老机构服务收费标准，进一步规范养老服务收费行为，切实落实相关收费和价格减免政策，加快推进完善相关配套政策措施。关于健康养老，2016年《四川省人民政府办公厅转发省卫生计生委等部门关于加快推进医疗卫生与养老服务相结合实施意见的通知》提出六大主要任务：一是鼓励社会力量兴办"医养结合"机构，二是统筹医疗与养老服务深度融合，三是建立医疗机构与养老机构合作机制，四是大力发展中医药健康养老服务，五是鼓励医疗机构提供健康养老服务，六是支持养老机构开展医疗卫生服务。2018年《四川省人民政府办公厅关于全面放开养老服务市场提升养老服务质量的实施意见》提出要降低养老准入门槛，精简审批环节，完善价格形成机制，加强诚信体系建设，推进居家社区养老服务全覆盖，推动养老机构提质增效，推进农村养老服务模式创新，提高老年人生活便捷化水平，加快养老服务信息化建设，建立医养结合绿色通道，大力促进老年产品用品升级，拓宽养老金融服务渠道，建立和完善保险保障制度。

  四川省一系列医养结合相关政策的出台（见表5—14），体现了四川省政府推进医养结合养老服务、积极应对老龄化挑战的决心。四川省医养结合养老服务体系的不断发展和完善，为我们构建以社区为平台的医养结合养老服务体系提供了政策支撑和制度保障。

表 5-14 四川省出台的医养结合养老服务政策体系

文号	政策文件
川办发〔2012〕59 号	《四川省人民政府办公厅转发民政厅关于加快发展养老服务业的意见的通知》
川府发〔2014〕8 号	《四川省人民政府关于加快发展养老服务业的实施意见》
川府发〔2014〕14 号	《四川省人民政府关于印发促进健康服务业发展实施方案的通知》
川府发〔2014〕23 号	《四川省人民政府关于建立统一的城乡居民基本养老保险制度的实施意见》
川办发〔2015〕13 号	《四川省人民政府办公厅印发关于加强老年人关爱服务体系建设意见的通知》
川办函〔2015〕57 号	《四川省人民政府办公厅转发民政厅等部门关于四川2015—2017 年养老服务体系建设重点任务安排意见的通知》
川发改价〔2015〕362 号	《四川省发展和改革委员会 四川省民政厅转发〈国家发展和改革委员会 民政部关于规范养老机构服务收费管理促进养老服务业健康发展的指导意见〉的通知》
川办发〔2015〕96 号	《四川省人民政府办公厅关于印发四川省养老与健康服务业发展规划（2015—2020 年）的通知》
川办发〔2016〕57 号	《四川省人民政府办公厅转发省卫生计生委等部门关于加快推进医疗卫生与养老服务相结合实施意见的通知》
川府发〔2017〕55 号	《四川省人民政府关于印发四川省"十三五"老龄事业发展和养老体系建设规划的通知》
川办发〔2018〕5 号	《四川省人民政府办公厅关于全面放开养老服务市场提升养老服务质量的实施意见》
—	《四川省政府办公厅关于制定和实施老年人照顾服务项目的实施意见》
—	《四川省医疗卫生与养老服务相结合发展行动方案（2019—2020 年）》
川经信信息化〔2019〕51 号	《四川省智慧健康养老产业发展行动方案（2019—2022 年）》
川卫发〔2019〕50 号	《四川省家庭病床管理服务规范（试行）》

2. 四川省医养结合服务供给资源现状

（1）四川省医养结合相关的机构情况。

2017 年末统计数据显示，四川省养老机构共 3509 家。其中，公办养老机构 2559 家，占养老机构数的 72.93%；公立民办养老机构 93 家，占养老机构数的 2.65%；民办养老机构 844 家，占养老机构数的 24.05%。能提供医疗服务的养老机构 1302 家，占养老机构数的 37.10%；其中，内设医疗机构的养老机构 203 家，占能提供医疗服务的养老机构的 15.59%。四川省医疗卫生机构共 80480 家，能提供养老服务的医疗卫生机构有 457 家，占 0.57%；其中，内设医疗机构的养老机构 119 家，占能提供养老服务的医疗卫生机构的 26.04%。社区健康养老机构中，社区老年人日间照料中心 7689 家，社区微型养老中心 302 家，内设养老服务的社区卫生服务机构 466 家。农村区域性养老服务中心和农村幸福院分别为 599 家和 5123 家（见表 5-15）。

表 5-15　2017 年四川省健康养老机构数量构成情况

健康机构类型	数量（家）	占比（%）
养老机构数	3509	
公办养老机构数	2559	72.93
公立民办养老机构数	93	2.65
民办养老机构数	844	24.05
能提供医疗服务的养老机构数	1302	37.10
内设医疗机构的养老机构数	203	15.59
医疗机构数	80480	
能提供养老服务的医疗卫生机构数	457	0.57
内设养老机构的医疗卫生机构数	119	26.04
社区健康养老机构		
社区老年人日间照料中心数	7689	
社区微型养老中心数	302	
开设养老服务的社区卫生服务机构数	466	
农村区域性养老服务中心数	599	
农村幸福院个数	5123	

备注：数据来自各市（州）调查数据，2017 年各市（州）国民经济和社会发展统计公报，官方公布数据。

(2) 四川省医养结合相关机构的床位情况。

2017 年末统计数据显示，四川省养老床位 513089 张。其中，养老机构床位数 376419 张，占养老床位的 73.36%。医疗机构中的养老床位 14658 张，占养老床位的 2.86%。医养结合机构中养老床位 28525 张，占养老床位的 5.56%。社区老年人日间照料中心床位、社区微型养老中心床位、农村区域性养老服务养老中心床位、农村幸福院养老床位依次为 42485、11580、29449、40862 张，分别占养老机构床位的 11.29%、3.08%、7.82% 和 10.86%。社区卫生服务机构养老床位数 2968 张，占医疗机构养老床位数的 20.25%（见表 5-16）。

表 5-16 2017 年四川省健康养老机构床位数量构成情况

健康养老机构床位	数量（张）	占比（%）
养老床位数	513089	
养老机构床位数	376419	73.36
社区老年人日间照料中心床位数	42485	11.29
社区微型养老中心数床位数	11580	3.08
农村区域性养老服务养老中心床位数	29449	7.82
农村幸福院养老床位数	40862	10.86
医疗机构养老床位数	14658	2.86
社区卫生服务机构养老床位数	2968	20.25
医养结合机构养老床位数（张）	28525	5.56

备注：数据来自各市（州）调查数据，2017 年各市州国民经济和社会发展统计公报，官方公布数据。

四川省人民政府办公厅印发的《关于加强老年人关爱服务体系建设的意见》（川办发〔2015〕13 号）要求到 2017 年养老床位总数达到 55 万张以上，每千名老年人拥有养老床位 33 张以上。截至 2017 年末，统计数据显示，四川省各市（州）每千名老年人拥有养老床位差异较大。每千名老年人拥有床位数最多的地区是成都市 37.05 张，最少的是攀枝花市 15.71 张（见表 5-17），其中每千名老年人拥有养老床位大于 33 张的四个地区从高到低依次为成都市、南充市、遂宁市、眉山市。

表 5-17 2017 年四川省各市（州）养老床位数量情况

地区	养老床位数（张）	60 岁以上人口数（万人）	每千名老年人养老床位（张）
成都市	114000	303.98	37.50

续表

地区	养老床位数（张）	60岁以上人口数（万人）	每千名老年人养老床位（张）
南充市	55475	149.75	37.05
遂宁市	27952	76.50	36.54
眉山市	26765	74.61	35.87
泸州市	32200	100.04	32.19
内江市	26808	84.38	31.77
甘孜州	4123	13.37	30.84
广元市	17038	55.77	30.55
宜宾市	29737	98.28	30.26
资阳市	15331	52.20	29.37
自贡市	20540	74.06	27.73
达州市	33960	133.29	25.48
绵阳市	24080	100.32	24.00
雅安市	6965	30.99	22.48
巴中市	15614	71.16	21.94
乐山市	17210	79.24	21.72
德阳市	17626	89.53	19.69
广安市	14508	90.44	16.04
攀枝花市	4209	26.80	15.71
阿坝州	—	13.45	—
凉山州	8948	—	—

备注：数据来自各市（州）调查数据，2017年各市（州）国民经济和社会发展统计公报，官方公布数据。

从养老床位入住率方面来看，四川省统计局发布的《四川人口老龄化与健康养老状况分析》显示，四川省养老床位入住率偏低，统计局推算2017年末四川省养老机构床位利用率仅70%左右。对乐山、广元等地开展的调查显示，一些医养结合机构的入住率还不到50%。

(3) 四川省养老服务从业人员情况。

2017 年四川省养老院服务质量建设专项行动中，调查统计到四川省养老服务从业人员共有 32362 人，入住对象 172446 人，养老服务从业人员与入住对象的比例为 1∶5.33 人，养老服务从业人员严重不足。《四川省医疗卫生与养老服务相结合发展规划（2018—2025 年）》中的调查数据显示，截至 2017 年末，取得资格认定的养老护理员与需要治疗或照护的老年人比为 1∶23。可以看出具有资质的养老护理员数量更是少之又少。从本研究调查数据上看，不同市（州）取得资格认定的养老护理员数量存在一定的差距，成都取得资格的从业人员最多，达 3227 人，远高于其他市（州）。

3. 调查机构中社区医养结合服务能力现况

本次调查对成都、绵阳、广元和攀枝花的 51 家社区卫生服务中心和社区居家养老服务中心进行调查，分析评价其服务能力。

（1）调查机构中专业技术人员情况。

在调查的健康养老机构中，具有资格证书的人数占机构工作人员总数的比例只有 68.73%。而在具有资格证书人员中，临床医师和护士分别占 33.90% 和 43.93%，其次是养老护理员占 9.56%，公卫医师、营养师、社会工作者和心理咨询师分别占 4.35%、1.09%、1.01% 和 0.93%。学历方面，主要是大专学历，占比达 38.96%；其次是高中/中专学历，占 27.53%；本科及以上学历只占 19.72%。年龄方面，占比最高的是 30~39 岁组，达 31.21%；其次是 20~29 岁组和 40~49 岁组（26.67% 和 23.36%）（见表 5-18）。

表 5-18　调查机构中专业技术人员构成的基本情况

类别	人数（人）	占比（%）
该机构目前工作人员总数（含兼职）	1871	
其中：具有资格证书人数	1286	68.73
具有资格证的临床医师	436	33.90
具有资格证的公卫医师	56	4.35
具有资格证的护士	565	43.93
具有资格证的养老护理员	123	9.56
具有资格证的营养师	14	1.09
具有资格证的心理咨询师	12	0.93
具有资格证的社会工作者	13	1.01
其他具有资格证的人员	67	5.21

续表

类别	人数（人）	占比（%）
机构工作人员学历分布		
本科及以上	369	19.72
大专	729	38.96
高中/中专	515	27.53
初中及以下	177	9.46
未填写	81	4.33
机构工作人员年龄分布		
20岁以下	9	0.48
20~29岁	499	26.67
30~39岁	584	31.21
40~49岁	437	23.36
50~59岁	175	9.35
60岁及以上	71	3.79
未填写	96	5.13

（2）调查机构中医养结合服务的开展情况。

床位利用及业务开展方面，调查的51家机构中2017年实际开放的总床位数为3649张，平均每家机构开放71.55张床位；全年总服务人次数为585384人，平均每家机构服务了11478.12人；2017年床位入住率超过80%的仅6家，占11.80%，平均床位入住率仅为46.74%，空置率过半；同时平均病床周转率68.45%。整体上来看，基层养老机构失能、半失能老年人入住率很低，周转率也低，大量床位空置，造成床位资源浪费严重，基层养老机构呈现"一边无处养老，一边入住率低"的矛盾现状。

服务人次方面，调查的51家机构中2017年全年服务为419459人次，其中60岁及以上142917人次，占34.07%。在60岁及以上的老年人中，60~65岁、65~80岁、80岁以上的老年人占比分别为47.06%、44.21%和8.73%。自理、部分能自理、完全不能自理的老年人占比分别为91.40%、7.45%、1.15%。可见服务对象大多数年龄在60~80岁，且生活基本能够自理；多数老年人首选社区居家养老服务。

医养结合服务开展方面，在所有调查的51家机构中有35家健康养老机构开展了医疗服务，开展率最高，达到68.60%；其次分别为护理服务和娱乐活动，开展的机构分别为29家和27家，开展率分别为56.90%和52.90%；开展率少于20%的有临终服务和家政服务，开展的机构分别只有8家和5家，开展率分别为15.70%和9.80%（见表5-19）。

表5-19 调查机构的各项健康养老相关服务开展情况

服务类型	机构数（家）	开展率（%）
医疗保健	35	68.60
护理服务	29	56.90
文化娱乐活动	27	52.90
信息服务	23	45.10
生活照料	21	41.20
心理支持与精神慰藉	18	35.30
室外活动陪同	13	25.50
临终服务	8	15.70
家政服务	5	9.80

第六章 以社区为平台的医养结合服务发展的现实情况

我国于 20 世纪 80 年代提出了"社区服务"的概念，随后于 2000 年指出社区服务的核心对象之一即为老年人，应对其开展社会福利和救助服务[①]。直到 2014 年，政府文件[②]中才正式出现了"医养结合"的表述，并不断鼓励推进社区健康养老服务。我国以社区为平台的医养结合服务起步较晚，有条件的地区一直摸索着实施适合我国老年人群的社区养老模式，经过长时间的大力探索和试行，该模式有了一定的突破性进展，但同时也存在一些问题。

一、社区医养结合平台的运作方式

社区医养结合平台的建立关系到社区养老服务提供的质与量，运转优良的平台不仅能让老年人得到周全的照护和舒心的陪伴，减轻子女的负担，还能在周边树立起良好的榜样，起到示范作用，减轻社会负担。因此，平台由谁来建立，建立后由谁来监督和管理是至关重要、需要考虑的问题。目前，社区医养结合平台主要有以下几种运作方式（见表 6-1）：①"政府主办，各部门联动"。这是一种自上而下，直接由政府主导的运作方式。其有运用政府力量，强制推动其建立、管理的优势，但同时也存在管办不分以及分散政府财力和精力的局限性。目前有部分社区开展了试点探索。②"政府主导，社会运营"。此种方式不由政府直接为居民提供养老服务，而是站在统筹规划的角度，建立管理、监督、评估平台，平台的经营由社会组织负责，双方达成协议，共同保证平台的运作。故能达到管办分开的效果，但对两方的权责认定提出了更高的要求。部分社区进行了试点。③"政府出资，养老机构承办"。这是一种政府

[①] 民政部：《关于全国推进城市社区建设的意见》，2000 年。
[②] 国家发展和改革委员会：《关于加快推进健康与养老服务工程建设的通知》，2014 年。

与养老机构合作的运作方式,能提供专业的养老服务,并且能在政府的资金支持下完善原有的服务,但需要注意明确双方的职责,同时避免养老机构与社区管理间的冲突。④"政府购买,第三方运营"。此种方式类似于第三种,只是运营方变成了企业或民间组织。这相对于养老机构来说,能提供不同的服务,以满足不同类型老年人多元化、多层次的养老需求。由于与政府合作的是非政府机构,若监管不到位,很容易出现逐利趋势,忽视"公益性"的养老性质。代表地区包括上海市静安区、南京市鼓楼区等。

表 6-1 我国社区医养结合平台主要运作方式

运作方式	特点	优点	缺点
政府主办,各部门联动	自上而下,各级政府、行政部门、街道、社区共同参与。筹资主要来自政府财政扶持	实施连贯性好,推动力度大,深得广大居民的信任	管办不分,监督管理易流于形式;社会力量难以融入
政府主导,社会运营	公建民营或公资民营。政府出资,统筹规划社区养老平台的建立,由社会力量主持经营	管办分开,政府回到宏观调控岗位,减少了经营成本,同时引入社会力量,可向产业化发展	社会力量进入的专业门槛较高,需与政府权责分明
政府资助,养老机构承办	政府全部或部分出资,委托养老机构在社区承办养老服务站点	节约管理、经营成本,专业化服务水平较高	养老机构与政府间职责不易明确,与社区间易出现管理分歧
政府购买,第三方运营	政府全部或部分出资,向企业或民间组织购买养老服务	养老服务多样化,能最大限度地满足不同类型老年人的需求	政府出资与实际需求易出现供需矛盾;政府对企业的约束力有限,企业易逐利化

社区医养结合平台的运作方式,与目前各地探索的居家养老服务模式的运作方式可能既存在联系也存在差异,本书在后面的第九章及案例实践中探讨了社区医养结合平台运作方式的具体内容,以期为后面继续深入进行以社区为平台的医养结合养老服务领域的研究积累经验。

二、不同类型的社区医养结合服务模式

为鼓励全国性的养老事业发展,国家每年会选取一批地区进行社区养老服务工作试点,并在一段时间后进行绩效考核。考核重成效、重创新,在组织实施、资金安排、工作成效、工作创新四个大维度指标中,后两者占了绝大部分

比例。社区养老服务模式需要因地制宜，应根据各地的实际情况开展，将养老服务落到实处、多方位覆盖。经过不断探索，一些地区的社区养老模式展现出自身特色，其工作经验值得我们借鉴。下面以南京、上海、北京、广州、苏州、武汉为例，简要介绍其社区医养结合服务模式的创新特色，见表6-2。

表6-2　我国社区医养结合服务模式地区特色

地区	创新特点	模式内涵	成效
南京	家属参与	聘用老年人家属为社区养老服务平台的服务者，经培训后持证上岗，每月按劳补贴	填补了社区人力缺口，缓解了社区养老护理员紧缺带来的压力
上海	养老顾问	在街道办事处、村委会和社区专业养老机构内为老年人群提供养老服务咨询，包括养老服务资源介绍和福利政策指导	主动推进了养老服务的开展，及时传达养老有关资讯，为居民寻求养老服务和养老保障提供了便利
北京	关爱服务体系	引入社会力量，以特殊群体老年人为重点，做好数量、分布等摸底工作，定期巡查，主动资助，开展家庭无障碍设施改造，提供上门医疗服务等	积极发挥了政府的保障职能，并动员了社会力量，让失能、失智、独居、空巢的老年人享受到关爱和温暖，增强他们的幸福获得感
广州	助餐配餐网络	在街道、村镇社区设立助餐配餐服务点，开发配套App，同时打造社区厨房、长者饭堂、老年餐桌等，并联合有资质的餐饮企业参与助餐配餐	形成了10~25分钟的老年人配餐服务网络，保障每位有需求的老年人能享受到助餐服务，减轻了家庭照料负担
苏州	互联网+养老	依托信息化平台，规范化完成服务受理、服务派单、质量管控、统计分析、紧急呼叫等系列工作，同时建立专业化的养老服务团队，为老年人提供上门服务	降低了土地、人力和管理成本，能较好地解决特殊老年人群体生活困难和精神慰藉缺乏的问题，改善了老年人的生活质量
武汉	医院集团式	以二级医院为主导，联合区域社会福利院，设立老年病科、康复病床；在社区建立家庭医生工作室，并能上门访视，提供"一对一"的养老指导；同时开发养生药膳，利用医联体提供三甲医院医疗服务	有效整合了养老照护、健康管理及医疗救护等服务，让老年人"老有所依（医）"

三、丰富多样的社区医养结合服务项目

随着社会生活水平的提高、疾病谱的改变,老年人的需求多样化并且变化迅速,这就要求养老服务必须跟上需求变化,适时调整,以应对老年人群的合理需要。为了避免出现供求不对称的状况,养老服务项目也在不断拓展和完善,由最初的基本生活照料延伸到了医养结合服务,并且也开始注重老年人的心理健康和精神需求。现阶段社区养老服务项目主要包括身体、生活、精神、心理等方面的照护(见表6-3),每种照护根据老年人的实际需求有不同的照护形式。

表6-3 目前我国主要社区医养结合服务项目

服务项目	具体内容
生活照料	
家政服务	为老年人提供上门打扫、洗衣、整理家用等服务
陪同外出	天气适宜时,陪伴老年人外出散步、散心;也可陪同老年人外出办理业务
日间照料	为失能、失智老年人提供护理服务,为有需求的老年人提供膳食、集体活动等服务
身体锻炼	帮助失能、失智老年人被动锻炼,为健康老年人提供锻炼指导
家庭无障碍设施改造	根据老年人实际失能、失智情况,改造原有家庭设施,以方便使用
医疗康复	
医疗诊治	家庭医生提供上门诊疗服务,联合社区卫生服务中心(站)组建专业医疗团队
康复护理	设立康复病床和康复器具,提供较为专业的康复指导建议
疾病预防	设立社区疾病预防宣传站点,建立老年档案,跟踪、监测老年人身体状况
慢病管理	通过老年档案,实施针对性的健康管理服务
紧急救助	设置"一键"救护通信设备,为社区开通就近医疗站点和转诊通道
精神慰藉	
休闲娱乐活动	定期开展适合老年人的文娱活动,鼓励老年人积极参与

续表

服务项目	具体内容
社会活动	不定期组织志愿服务，让社区或社会志愿者为老年人带来关怀
心理支持	设置专门的心理咨询室，由专业人士提供心理疏导服务
临终关怀	针对放弃治疗、回家疗养的老年人，给予必要的关心和帮助，尽力完成他们未尽的心愿

四、以社区为平台的医养结合服务发展的现实障碍

经过上述介绍，不难发现社区养老服务在不断发展，虽已建成社区医养结合的雏形，但仍有问题存在，不容忽视。根据大多数学者的研究，目前的问题可分为宏观类和微观类。宏观类即是在统筹规划层面，服务对象不易察觉到的。微观类即是基于主观感受，服务对象可切身体会到的。

宏观类方面，政策法律不健全是常被提及的问题（见表6-4），关于社区养老的法律法规尚未成型[①]。尽管多年来国家及地方陆续出台了鼓励社区养老的政策性文件，但却少有明确其中的主体、客体、服务内容、权责定位、侵权处理等细节的，缺乏统一标准，这可能与我国正处于社区养老大力探索的阶段有关。其次是政策执行力度不高，社区养老平台在实际操办和运营过程中会存在不按规范实施的情况，监管及考核可能缺失。资金投入不足[②]和土地资源短缺也是瓶颈问题：一方面，财政投入社区养老服务金额有限；另一方面，大多社会力量还未深入参与。同时，社区养老需要占用一定面积土地，但由于早年住宅建立之初未考虑到预留土地用于社区养老，故此时配置社区养老用房就略显被动，老年人活动室、康复室、照护室等面积不足甚至未设立。

表6-4 我国社区医养结合服务存在的问题

	问题描述	问题分类
政策法律	不健全并且执行力度不高	宏观
资金投入	不充足，与实际需求间存在差距	宏观

---

① 周心忠：《养老机构代养行为的法律属性》，《中国民政》，2003年第8期，第38~39页。
② 胡祖铨：《养老服务业领域政府投资规模研究》，《宏观经济管理》，2015年第3期，第46~48页。

第六章 以社区为平台的医养结合服务发展的现实情况

续表

	问题描述	问题分类
土地资源	短缺，数量与规模不足	宏观/微观
服务设施	不完善，数量与质量不够	微观
服务水平	不高，未达到理想状态	微观

微观类方面，存在服务设施不完善、服务水平低下的问题（见表6-4）。服务设施不完善主要体现在设施数量少、设备老旧、仪器损坏、设施单一等方面，无法提供老年人更多的日常活动选择和良好的康复、修身环境，反而可能徒增不便利性，使老年人感到被忽视。服务水平低下表现为服务内容不全面和专业化程度不高。前文列举了现阶段已开展的一系列养老服务，但遗憾的是，并不是每个社区养老平台都有能力全面提供上述服务，最受限制的便是"上门照护服务"和"医养结合服务"。对于身体健康、生活能自理的老年人来说，日常保健、休闲娱乐等服务显得较为重要，对于失能、失智、贫困、空巢等特殊群体老年人来讲，一切都需要更"专业化"，并且涉及"医、养、康、护"等多方面服务。然而，专业化护理人员紧缺是目前普遍存在的问题，现有的护理员大多是"大龄妇女"转型，其中不乏文化程度低、自身素质不高的群体，更谈不上优质的专业护理，这无疑为老年人群的社区照护埋下了隐患。

构建品质优良的社区养老服务，不光要了解服务对象的实际需求和期望，还要摸清服务提供方所面临的处境，打通"双向"脉络，才能实现社区养老服务的流畅性和连续性。本次研究选取成都市、绵阳市和广元市等作为代表城市，针对医养结合的现实困境等进行深入访谈，每个城市纳入6个养老机构和7个行政部门，整理有关"社区医养结合服务"的资料，分析其存在的问题。

在访谈过程中，相关部门负责人多次谈到一点：虽然目前国家大力推崇社区养老模式的建立，但就现有的资源来说，离理想状态的达到还有一定距离。面临的阻碍涵盖定位、人力、物力、财力等多个方面。

（一）社区医养结合服务标准不清晰

医养结合服务是为老年人提供医疗和养老在内的全面而综合的养老服务，涉及整合医疗资源和养老资源，如何理清"医"和"养"的界限及关系就成了整合医养资源的关键所在。对于社区居家养老的老年人来说，社区卫生服务中心是社区医养结合模式中的重要一环，为老年人提供基本医疗保健、康复护理、体格检查和慢性病管理等医疗服务。社区卫生服务中心的基础职责是将基本医疗和基本公共卫生服务提供给管辖区域内的居民，但却并未针对老年群体的医养结合服务需求制定专门的服务标准。除此之外，医养结合服务中的护理服务还需进一步划分为生活照护和医疗护理。对应不同护理等级，应以老年人的生活自理能力及需求为标准，进一步评估划分。

如果能够根据老年人的生活自理能力，或者失能的等级进行医养结合服务标准划分，比如划分出轻、中、重三个等级的失能老年人。对于轻度失能的老年人来说仅需要保证充足的生活照护服务即可，而对于重度失能的老年人则要区别对待，根据具体身体情况进行评估。所以仅仅按人头实行"一刀切"的统一的资源分配是有失公允的，不利于医养结合养老服务的具体落实和长期健康发展。因此，按照不同失能等级，为老年人提供不同等级的护理服务和资金支持，将会大大优化医养结合服务资源的配置，避免不必要的分配不公和资源浪费现象。

（二）社区医养结合服务供给主体责任不明确

医养结合养老服务是整合医疗资源与养老资源的养老服务，涉及多个行政部门的统筹协调。由于"医"和"养"分属不同的专业领域，相应的公共资源也由不同部门调配。总体而言，我国社区居家医养结合养老服务由全国老龄工作委员会统筹管理，养老业务涉及的主管部门有民政、消防、食药监局等，医疗保障涉及卫生、人力资源和社会保障等多个主管部门，医疗报销又涉及医保部门。在建设社区居家养老服务模式的过程中，这些部门互相协调合作，各司其职，虽然可以齐头并进，互相支持，但很多业务在开展过程中依然存在权力交叉、职责不明的问题。例如每年针对医养结合机构的业务开展情况、医护人员资质的年终审核，民政部门与卫生部门就存在重复检查、过度管理的情况，影响了医养结合机构的正常运营，养老机构不可避免地出现人力和物力浪费。法律层面的缺失造成监管主体不明确，进而形成多头管理的局面。在建设医养结合服务模式的过程中，部分工作多头管理，就存在部分工作多头都不管、互相推诿的情况。没有明确规定责任主体，造成统筹协调困难，进一步导致医养结合机构资质审批、建设用地等工作开展不畅，甚至申报税费等各种优惠政策都存在落实困难的窘境。同时，也存在个别老年人在利益的驱使下，将养老服务产生的费用，以医保的名义报销，不利于医保制度的公平性。

（三）社区医养结合服务缺乏物质基础

要建立和完善以社区为平台的医养结合养老服务模式，就必须保障基层要有充足的医疗和养老资源储备，这是顺利开展医养结合养老服务的物质基础。在医疗资源方面，因提倡由社区卫生服务中心负责医疗资源的供应，故社区卫生服务中心的建设是极为关键的一环。但事实上通过对样本地区的调研发现，社区卫生服务中心的分布，尤其是农村地区乡镇卫生院的分布相当不均衡，对于面积较大的社区或者乡镇而言，仅有的一家社区卫生服务中心可能无法照顾距离较远的居民小区，此外，还存在多个社区共用一家社区卫生服务中心的情况。对于行动不便的老年人来说，增加了就医难度，降低了可及性，不利于社区医养结合服务的发展。在养老资源方面，目前日间照料中心运营起来的不多，一方面受土地限制无法开展；另一方面由于"本身质量"问题，未能提供完备的设施和相应的照料服务，导致老年人光顾减少，无法运营。至于上门提供养老服务，目前开展地区更少，因涉及监管、权责、人身安全等问题，尚未形成成熟的解决方案，对于特殊群体老年人如失能、失智老年人的社区照护则还需要进一步探索。

（四）社区医养结合服务缺少人力资源

社区医养结合服务不仅需要专业医疗人才，还需要"进社区"的护理专员、服务专员，然而这两方面的人力资源都严重不足，可能与社区养老属于基层服务，不具备足够职业吸引力有关。通过对样本地区的社区卫生服务中心调查发现，社区卫生服务中心普遍存在人才短缺的现象，尤其是专业技术人员，具有从业资质的专业技术人员比例仅为68.73%，且占比最高的为护士（43.93%），临床医师比例仅为33.90%。同时，基层专业技术人员大多拥有的是大专及以下学历，基层难以留住好医生的现象依旧存在。这样一来，难以满足社区老年人群日益增多的健康需求。调查还发现，社区卫生服务中心里的养老护理员仅占9.56%，与大量的需求不匹配。此外，值得注意的是，医养结合机构里存在护理人员与护士的职责交叉重复、界限不清的问题，对护理人员的资质等级尚未做出明确划分，部分护理人员甚至不具有医疗护理资质；同样，护士除了医疗护理工作外，有时还需要兼顾生活护理工作，这无疑造成医养结合服务中护理质量参差不齐，资源浪费严重。这个问题在社区医养结合服务中应注意避免。

（五）养老资金短缺且筹资渠道单一

随着老龄化程度的日益加深，高龄、失能、半失能和长期患病的老年人数量越来越多，同时老年人普遍存在经济条件有限、支付能力差的困境①。由于缺乏政策和资金的支持，很多老年人的健康养老需求难以得到保障。医疗和生活照护方面的支出给老年人家庭带来了沉重的负担。我国养老政策的重要举措之一，就是要进一步增加老年群体的经济保障，提高老年人的福祉。政府在医疗保险、养老保险、大病救助、医疗补贴等方面投入了大量资金，以提高老年人晚年的生活保障水平，但是在社区养老服务方面相对投入尚且薄弱。以四川省为例，根据《四川省人民政府办公厅转发民政厅等部门关于四川省2015—2017年养老服务体系建设重点任务安排意见的通知》，自2015年起，构建居家养老服务支持机制，按照服务对象平均每人每年300元的标准进行补贴。但实际上还是远远无法满足社区居家养老的老年人每年在医疗和养老上的花费。虽然由于分级诊疗政策的推行，政府加大了基层医疗卫生机构的建设力度，加强了对社区医疗卫生机构的物资、资金等方面的投入，但是仅仅依靠政府财政补贴，远远无法满足社区生活的老年人的医疗护理需求。同时针对老年病的服务项目和报销比例，基本医疗保险的覆盖范围不够，存在较大缺口。光依靠政府力量是不足以建设和发展社区居家医养结合养老服务新模式的，必须积极鼓励社会力量介入，多角度引进社会资本，拓宽投资来源，发展多元化的投资方式。

（六）社区医养结合外部政策环境有待同步

整个养老产业的发展，涉及民政、老年健康、医疗、医保、医药等多个领域，需要不同部门的紧密配合与支持，共同为养老事业的发展提供便利和福利。社区养老模式是大势所趋，应在政府层面上进一步优化相关政策，向社区养老模式倾斜。

1. "社区代养服务"法律不健全

社区养老所面对的老年人身体机能各不相同，再加上老年人属于脆弱和敏感群体，对他们的照护应该因人而异，细心周到。社区养老平台的建立，能在一定程度上减轻子女的负担，即老年人会在无家属陪伴的情况下接受社区提供的养老服务，这样的形式类似"代养服务"。所谓"代养"，是指个人、家庭或者组织，因某种原因，委托养老机构依约服务，代为维护休养人特定权益的行为，养老机构将收取一定费用。在社区养老中，"养老机构"指的是社区养老

---

① 陈永生：《对我国社区养老的可行性分析》，《北京城市学院学报》，2008年第6期，第45~49页。

服务平台。然而目前尚未出台关于"社区代养服务"方面的法律，仅以合同为凭证，提供和接受相关服务。对于社区来讲，很有可能在合同上提出规避风险、转嫁责任的条款，由于缺乏相关法律文件，无法让社区医养服务行为受到养老服务法律的规范，同时也无法有效保障老年人的权益。

2. 社区医养结合服务受到医保报销和药品种类限制

社区养老服务融合医疗服务后，为老年人就诊、求医提供了便利，但同时也对"社区医疗制度"提出了更高的要求。除了需要社区卫生服务中心和乡镇卫生院提高医疗服务能力外，还应完善基层医保和"医药"制度。为大家所熟知的是，必须在定点医疗机构就诊、买药并达到起付线后，才有资格申请医疗保险报销，在非定点机构消费是无法参与报销的；同样只有在《基本医疗保险药品目录》内的药品才能参与报销，否则只有自付。这样一来，就为社区医疗服务的提供设置了诸多限制。首先，社区签约的医疗机构是否是大多数人签约的定点医疗机构？若不是，如何协调众人意愿签约同一家医疗机构？其次，基层医疗机构供应的药品几乎全来自国家规定的基本药物，且在医保用药目录里绝大多数药品都是二级医院才能使用的，虽能达到报销条件，但种类却有所局限。如今药品的研制、更新"日新月异"，在大医院常见的疗效更好、见效更快的药物能快速取代"基药"，也可能更能满足患者的需求。当老年人回到社区，发现无法获取上级医师推荐的药品时，往往会削弱他们接受社区医疗服务的意向。

3. 子女护理假"有假难休"

在《中华人民共和国老年人权益保障法》出台后，全国多地陆续立法提出了子女护理假，多针对的是独生子女。依照规定，在老年人患病住院治疗期间，其子女所在单位应当给予每年累计不超过 15 日或 20 日的陪护假，非独生子女控制在 7 日以内。截至 2017 年底，全国仅有 10 余个省（区、市）出台了子女护理假的规定，仍有省份的居民没有享受到此项福利。子女护理假仅可用于老年人住院期间，但现实生活中却存在老年人需要子女陪护但无须住院的特殊情形。除此之外，有不少声音反映，因为子女陪护假的细则规定不明确，不少单位与公司不清楚实施机制，不知道该如何批准，部分索性以"条款未细化"为由拒绝了子女的请假申请。还有的反映政策出台与具体执行监管属不同部门，部分省份并未对该项假期的落实开展执法检查，存在处罚漏洞。"有假难休"导致在老年人需要子女情感关怀的时候，子女无法请假回家照顾老年人，这在一定程度上增加了社区养老服务提供的难度，不利于和谐养老氛围的构建。

4. 长期照护险还应大力推广

长期照护险是应对我国进入老龄化社会的重要保障制度，已在我国试点地区取得了显著成效。长期照护险是一种面对 60 周岁以上失能、失智老年人提供的社会保障，满足条件的老年人可根据实际情况提出社区居家照护、养老机构照护、住院医疗照护等多种照护模式的申请，经专业评估后，予以批准，获得相应补助。国家老龄办发布的"第四次中国城乡老年人生活状况调查"数据显示，截至 2015 年，我国 60 岁以上老年人口有 2.12 亿，其中失能和半失能老年人比例达 15%；预计到 2050 年，我国 80 岁以上老年人超过 1 亿，失能老年人将增加到 9750 万。可见我国拥有庞大的失能老年人群体。失能、失智老年人不仅日常生活中多有困扰和不便，也会为家庭带来沉重的经济和精力负担，而这种负担往往超出了普通人家可承受的范围。长期照护险能在很大程度上减轻这样的负担。此外，长期照护险还鼓励失能、失智老年人社区居家照护模式，不但有利于老年人回归熟悉的环境，还能促使医疗资源的合理利用和高效运转。目前长期照护险还处于试点阶段，覆盖面仍不够广泛，建议进一步扩大试点范围，充分发挥其重要的社会作用。

五、以社区为平台的医养结合服务的发展机遇

人是情感动物，越无助的时候越需要依靠。随着年龄的增长，人类的劳动力会先增强后减退，直至老年时期劳动力变得很弱或者丧失。所谓"长江后浪推前浪"，年轻一代人已逐渐成长起来，挑起了"养家"的重任，其父辈所承担的家庭功能在一步步减弱，此时的他们仍然需要亲情的交流和家人的重视，否则很容易产生伤心、恐惧、孤独等负向情绪。相对于机构养老和单纯的家庭养老，以社区为平台的医养结合模式具有独特的优势，能有效解决上述问题，在保障老年人权益的前提下，使老年人享受到舒心、优质的养老和医疗服务。故值得探讨的是，在当前背景下，有哪些环境条件能够支持社区医养结合模式的构建，社区医养结合模式发展的前景如何？我们建议从以下四个方面进行思考。

（一）现有理论基础和政策的支持

社区医养结合服务的建立和推广，可以从众多学者提出的学术观点中得到理论支撑，此处列举三个典型的理论作为代表。

2015年，世界卫生组织（WHO）更新了"老龄化"的定义，指出老年人应该拥有健康的老年生活，不仅应维护老年人个人身体功能方面的健康，还应保障老年人周围环境的健康，此处的环境就涵盖了居住条件、人际关系、家庭关系、风俗习惯、社会政策、福利制度等，从而达到生物—心理—社会全方位健康的平衡状态。该"健康老龄化理论"引领了社区医养结合服务的构建方向，使其朝着老年人个体和社会整体需要的方向发展，以应对严峻的老龄化社会。养老服务与医疗服务的结合，能有效满足老年人对身心健康的需求，老年人不仅能得到日常生活上的照料，还能体验评估、预防、保健、诊疗、康复等多方位医疗服务，其老年健康生活获得有力保障。

"福利多元主义理论"又称为"混合福利经济"，倡导福利政策的经济供方应来自多种渠道，政府、社会、家庭都应积极参与其中。社区医养结合服务作为公益性产品，不以营利为目的，也就意味着在资金上面，政府应是重要的供给方。然而为减轻政府财政负担，应鼓励开发多方筹资渠道。社会力量可以成为资金的第二大重要来源。而作为社会福利服务的接受者，社区居家医养结合服务的享受者——社区老年人及其家庭，也应积极参与到筹资工作中来，在享受福利的同时，也为福利的发展和延续做出贡献，共同承担起"福利共建"的责任。

美国著名心理学家马斯洛提出，大多数人的需求呈现阶梯状，从最底层到最高层依次为生理需求、安全需求、社交需求、尊重需求和自我实现需求，一般情况下，只有满足了低层次的需求才渴望满足高层次的需求。该理论为社区医养结合平台的构建带来了启发。我们可以将老年人群的需求从低到高依次划分为生活照料需求、医疗照护需求、娱乐活动需求和精神慰藉需求，针对不同类型的老年人或同一位老年人的不同时期，提供针对性强的医养服务，也可为有需求的老年人提供定制化医养服务，以协调需求层次的差异，从而实现健康、科学的养老。

以社区为平台的医养结合服务不光拥有学术理论的支撑，还拥有深厚的政策基础。早在2000年印发的《关于加快实现社会福利社会化的意见》中，政府便指出了养老方式应以居家为基础、社区为依托、社会福利机构为补充，明确了养老行业的发展方向。2001年出台的《关于加强基础老龄工作的意见》进一步确立了以居家养老为理念的养老服务体系。之后直到2018年，仍有养老文件陆续出台，这些文件都一致肯定了"居家养老，社区依托"在养老模式中的主要地位。可见，社区居家养老在国家层面上得到了广泛的认可，经过多年的试点，仍然被证明是值得推崇的，而结合了医疗服务的社区居家养老，优化和健全了社区服务功能，更容易被社会接受。

（二）现有经济基础和财力的保障

从社会资金投入方面来讲，养老行业的定位、运转和建设与经济投入水平密切相关，老年福祉事业也受到经济的深刻制约。社区医养结合模式也不例外，维持其良好的运营需要大量可持续、可支配的资金支持。可喜的是，相比养老机构，社区养老平台因可利用一定程度现有资源参与建设和运行，往往需要投入更少的资金。在我国经济高速增长的背景下，无论是国家还是国民，经济水平都有了大幅提升，这就为社区医养结合模式的长期发展提供了有力保障。"银色浪潮"袭来，全国养老行业逐渐兴起，这势必离不开政府的财政支持。据测算，政府每年在养老服务业的投资需求量大约为 1000 亿元，主要支出方向是基本养老服务补贴和养老床位建设。未来老年人口的基数将持续扩大，政府对该行业的投资需求规模还将随之扩大。国家对养老行业的重视日益增加，面对投资需求的增长，政府投入于此的建设资金也将不断增加。与此同时，社会资本也被大力鼓励进入养老行业。"银发经济"的潜力巨大，将逐步吸引大量企业、组织、个体等的资金注入，从而缓解政府财政压力，同时使建设资金充足，有利于发展。

从个人资金投入方面来讲，养老服务价格的高低密切影响着老年人参与其中的意愿，价格过高会降低服务的可及性，而价格过低又会引发老年人及家属对服务实际效果的怀疑，只有将养老服务价格定在合理范围才能被广大群众接受。养老机构的收费普遍偏高，有的甚至高于老年人的实际经济承担范围。与养老机构相比，社区的养老服务收费标准要低得多。原因一方面是政府正大力推崇社区居家养老模式的构建，不但增加财政上的投入，还吸引社会力量的投资，并且以社区为平台建立医养结合服务，其公益性性质必将大于养老机构；另一方面，社区医养结合平台的建立，可充分利用现有的社区医疗、养老、人力等资源，节约建设和运营成本，从而降低服务价格。

从性价比方面来讲，社区医养结合平台同时融合了"医疗"与"养老"双重领域，即老年人在接受社区居家照护的同时还能享受到来自专业医疗团队的服务。旧观念里"医养结合"是指将医疗机构和养老机构单纯地拼接在一起，形式上有了联合的意思，但两者之间的服务却是断层的、不流畅的。现在越来越多的人提出，应发展"医养一体化"，形成针对老年人全周期的健康管理，落实评估、预防、照护、诊疗、康复等健康促进措施。社区医养结合平台未来应朝着"医养一体化"的方向探索，真正将"医疗便利"带给社区老年人。另外，社区医养结合平台还在一定程度上兼具家庭养老和机构养老的双重效果，缓解了老年人不愿离家（子女）太远与无法享受养老服务的矛盾。社区养老平台多以日间照料和上门服务为主，老年人无须离家居住，也无须担心无人照料、护理、娱乐等。在自己熟悉的环境中，老年人既可以得到来自家庭、家人的陪伴和关怀，还能获得来自社区养老平台提供的多方位服务。花费比养老机构低廉的价格，却能享受到多方面优于养老机构的待遇，社区医养结合服务的性价比较高。

（三）传统观念和社会文化的支持

从社区自身的特点来看，传统理论常常将"社区"描述为一种具有同质性、封闭性和聚丛性的集体形式，对地理空间、社会互动和共同性提出了一定要求。现代社会中，一提到"社区"，会让人联想到"包容、和谐、支持、亲切、完整、安全、愉悦"等词汇，总是给人留下美好的印象。确实，生活在熟悉的社区，能体验到浓厚的人情味，与家人团聚，与周围邻里建立起友好关系，能帮助老年人更好地实现情感交流。社区拥有同质性和聚丛性特点，说明同一社区里居住的人或是经济实力相当，或是教育文化背景相当，再或是兴致爱好相当，这就能方便老年人找到与自己志同道合的伙伴，抑或一起娱乐，抑或一起修心养身，不仅在心理层面能带给老年人愉悦，还能在社区形成若干团队，带动社区老年人共同健康养老。这是其他养老模式无法轻易实现的。

从养老文化来看，前面章节也提到，中国上千年的传统养老文化正在遭受现代社会意识形态和外来文化的冲击，子女与父母的"反哺"关系开始松散化，代际之间养老关系的约束力开始下降。随着老年人的家庭功能不断减弱，儿女的家庭功能不断增强，老年人真正的养老需求往往会被忽视和忽略，部分年轻人仅以自己认可的养老方式给予父母照顾，常见的形式便是单纯而便捷的"物质养老"，仅提供生活必要的经济支持和物品需要，没有日常生活的照护和精神、心灵上的慰藉。但是，传统养老文化遭受冲击并不意味着其彻底崩塌，只是在社会进步和更新的同时，养老文化发生了演变。"百善孝为先"，孝道作为由古至今传承下来的伦理体系，深植中华儿女心中，特别是在中年人群中，"尽孝""养老"的观念依旧深厚。受冲击最大的应属年轻一代群体，他们出现"反哺松散"的现象在一定程度上可归因于奔波事业、照顾孩子等而无暇养老。而由这些客观原因造成的"不规范养老"问题，可在社区养老模式中得到有效解决，不仅减轻了年轻一代人的养老压力，还能引导养老文化向健康的方向发展和完善。

养老方式若能根据老年人实际的内心意愿来选择,那是很好的状况。但现实生活中,仍有很大一部分老年人事与愿违,儿女通常根据自身经济状况、外界需要(如上班太忙)或自己意愿将老年人滞留家中不管或者送往养老机构养老,忽视老年人实际的感受和意愿,而老年人在这样的养老环境中并非过得自在和快乐。在四川省"五市"调研中,我们发现无论是60岁以上老年群体还是60岁以下中青年群体,居家养老的意愿都非常强烈,占比分别超过90%和80%。这清晰地说明了社会的变更也很难影响人们的"家庭观念"。依赖家庭,依赖亲近的环境,成了人们普遍的心理现象,类似于"社区"一词,"家庭"一词更能带给人"温暖、贴心、放松、心安、欢乐、团圆"的美好感觉。以社区为平台的医养结合模式刚好具有这样的优势,该模式主要以"日间照料"和"上门服务"为主要功能,能让老年人在自己家中、在自己熟悉的社区里,方便地享受到细致的养老和医疗服务,满足了老年人不愿离开家(儿女)的心愿,最大限度地遵从了老年人的内心养老意愿。

还有一个重要的社会支持环境值得探讨——分级诊疗。现如今,大医院人满为患,基层医疗机构门可罗雀的现象屡见不鲜,虽国家一直大力倡导分级诊疗的落实,但推行过程中仍困难重重。开展社区医养结合服务,利用基层医疗卫生机构为老年人提供"预防、保健、诊疗、康复、护理"等全周期医疗卫生服务,提高老年人的健康素养和健康意识,建立老年人的健康档案,有效跟踪和监测老年人的身体状况,做好健康管理工作,能在很大程度上缓解大型医疗机构的看诊、就诊压力,改善"看病难、看病贵"问题。另外,社区医养结合平台还能通过提供常见病诊疗、病情稳定后康复、出院后疗养、与上级医院建立"绿色通道"等服务,促进落实国家"基层首诊,双向转诊,急慢分治,上下联动"的号召。可见,将老年人群作为突破口,以社区医养结合模式为载体,可能成为推进分级诊疗实现的有效途径。

(四)"互联网+"等软硬资源的保障

首先,社区医养结合服务的提供离不开医疗卫生机构的加入,社区是基层的一部分,应率先考虑使用基层医疗卫生资源。在城市和城镇,应以社区或街道为中心,联合坐落在周围的社区卫生服务中心或社区卫生服务站共同为老年人提供服务,也可纳入私人诊所、私营医院等补充和丰富医疗卫生服务项目;在农村,应以村卫生室和乡镇卫生院为主,为农村老年人提供基本医疗和基本公共卫生服务。截至2018年底,全国60岁及以上老年人口达2.49亿,全国基层医疗卫生机构达94.6万个,每个基层医疗卫生机构能为大约263位老年人提供医疗卫生服务，再加上社会医疗力量，几乎可以杜绝"供不应求"的情况发生。身体健康、生活能自理的老年人，平日里需要最多的可能是预防和保健服务；患病或容易生病的老年人，可能最需要诊疗、保健和康复服务；而失能、失智老年人，则可能最需要护理、康复服务。以上列举的医疗卫生服务均属于基层医疗卫生机构的服务范畴，故能较好地满足社区老年人的日常医疗需求。除此之外，还应落实"双向转诊、上下联动"的制度，与上级医院建立良好的合作关系，定期邀请上级医生"下社区"看诊、巡诊，为社区老年人的健康保驾护航。

其次，社区医养结合服务的开展离不开充足、优质的养老服务人员。前面章节提到，目前能够提供社区照料、护理的专职人员非常稀缺，其实在整个养老行业，专职的养老护理员都呈现数量不足的现象。况且，现有的养老护理员大多缺乏专业资质，很多甚至毫无医学背景，受教育水平和自身素质也普遍不高。如何增强养老护理人才队伍的建设成为亟待解决的问题。近几年国家开始重视养老行业问题，多次下文倡导落实养老服务人员的培训和培养，涉及养老护理人员、康复医师、老年医学人才、心理咨询师等，并且积极推进养老服务人员的职业资格认定。同时还鼓励建立人才激励机制，包括制定就业优惠政策鼓励对口专业毕业生从事养老服务行业、提高养老服务人员工资福利待遇、推荐评优评先进等。另外，有学者提出可鼓励在校学生和社会志愿者积极加入养老行业，进入社区为老年人提供力所能及的照料，为老年人组织社区活动，丰富社区老年生活。

再有，"互联网+"技术能为社区医养结合服务锦上添花。互联网是如今时代飞速发展的重要产物，它在短时间内崛起，深深浸入了我们的生活，为各行各业和日常生活带来了"高效率"和"大便利"。不难想到，以社区为平台的医养结合服务同样需要互联网的支持和协助。运用信息化手段，能有效利用时间完成众多社区老年人健康档案的建立，如数据录入、处理、分析，以及后期追踪和监测等一系列工作，节省大量社区人力成本和时间成本。实现家中或社区中的远程医疗，能让社区老年人就近解决就医问题，特别是为失能、半失能老年人提供极大的医疗便利。此外，还可利用互联网建立便民服务网，实现健康咨询、叫餐、家政、一键呼救等服务在线操作，并可实时定位，精确为社区老年人提供日常服务。将"互联网+"技术融入社区，能在很大程度上使以社区为平台的医养结合服务智能化、先进化，方便老年生活，增强老年人的幸福感。

(五)社区是养老行业未来发展的重要平台

以社区为平台的医养结合服务是我国养老行业未来发展的重要形式,其基本思想主要体现在以下三个方面。

1. 倡导全生命周期医养结合服务新理念

近年来,医养结合作为一种新型养老服务模式被提出,而社区居家养老模式作为医养结合的一种实现方式,极大地丰富了我国现有养老模式的内涵。2010年,养老行业中开始涌现"9073"或"9064"养老服务体系的提法,即90%户籍老年人享受居家养老服务,7%或6%享受社区养老服务,3%或4%享受机构养老服务。然而现代年轻人工作日早出晚归,大部分时间花在了单位和通勤路上,工作日会有接近10小时的空白时段,家中老年人无人照护和陪伴。若家中还有失能、失智老年人,这样的行为将会带来巨大的安全隐患。让老年人在熟悉的环境里生活,充分发挥社区的养老功能,成了新的养老模式关注点。另外,老年人属于疾病的易感人群,需要预防、保健、诊疗、护理等周期性医疗服务,尤其是大比例已经失能、半失能、失智和长期身患慢性病的老年人,更离不开优质、高效的医疗服务。结合"医""养"的社区养老模式,有利于同时满足我国老年群体的医疗和养老需求,又有助于缓解社区医疗资源闲置而医院老年科"压床""占床"等医疗资源利用不合理的矛盾。总的来说,要应对好老龄化、失能、半失能、慢性病老年人快速增长的严峻挑战,必须考虑在政府主导下多部门统筹合作,整合养老和医疗资源,摆脱"医疗机构不养老,养老机构不看病"的窘迫局面;同时,让"医养"服务进社区,助力实现"家里面养老,家门口看病"的局面,改善老年人的生活水平与生活质量。

2. 弘扬中国社会重视家庭与亲情的传统文化

人自出生以后,便会接受来自家庭的呵护,未来漫长的时间里,一直需要在家庭里被抚养、教育和保护,在这个过程中,我们与父母、兄弟姐妹建立起了浓厚、深沉且长久的亲情。而中国人的家庭观念尤为强烈,溯其根源,可发现自古中国人便喜欢宗族群居的生活,习惯有亲人在身边,感受亲情的围绕,这样总能觉得安心。久而久之,"家庭""家族"便潜移默化地成了一家人生活的主要形式。养育与反哺是文明世界的自然规律与法则,它沉淀于中国的养老文化中,几千年来中华儿女也因此传承着尊老、敬老的优秀品质,让年迈的父母"老有所养,老有所乐"。这样的文化长久以来在国人思想上达成了共识,也表现为较为稳定的行为模式。中国的老年人更是受"养老文化""家庭观念"

的影响深重，再加上受外来文化冲击较小，思想较为保守，大多不愿意离开熟悉的家和亲人，更舍不得儿女，独自去陌生的环境养老。有调查显示，在需要别人照顾和帮忙料理家务时，多数老年人愿意选择家人与亲属，亲情带给老年人的情感支持是外界难以替代的。由此看来，发展以社区为平台的养老模式更符合当前我国国情和老年人的心理需求，因社区既能兼顾老年人的家庭与儿女，又能解决家人无暇、无力照顾老年人的问题，发展社区养老何乐而不为？此时，再将医疗融入社区，就能满足老年人的诊疗和照护需求，为社区老年人的健康增加有力保障，有利于缓解老龄化加剧所带来的一系列社会矛盾，具有促进我国养老服务体系健全和养老模式发展的现实意义。

3. 确立"公益性"性质的实惠性导向

众所周知，养老行业具有"公益性"性质，但单靠政府助资的养老机构所提供的服务项目非常有限。目前养老机构的发展参差不齐，一些由企业参与和运营的养老机构，因经济实力雄厚，能提供更为多样的养老服务和更为高档的养老环境，但相应的，这些机构的收费往往较为高昂，广大普通家庭难以长期承受。考虑到经济因素，若将社区医疗与养老资源有效利用起来，那将会让更多老年人享受到应有的健康养老服务。以社区为平台的养老服务，虽仍需要市场化的运营方式来维持自我生存，但其建设和运营成本低于养老机构，并且有社区居委会等作为政府性质的代表，对市场行为起到约束作用，将服务价格控制在合理范围。此外，可探寻每个社区所居住老年人的生活特点，如经济能力怎么样，身体状况怎么样，与亲属关系怎么样，一般同一社区居民很多方面具有极大的相似性，再根据每个社区老年人的特点配置针对性强的养老和医疗服务，合理统筹和分配社区资源，避免设备、设施、床位闲置或供不应求等不合理情况发生。这样一来，收费价格也自然会根据每个社区的特点进行调整，确保社区的每一位老年人都能享受到经济能力范围之内的养老和医疗服务。

第七章　以社区为平台的医养结合服务相关制度与政策

一、医养结合领域政策概况

由于老龄化的快速发展，强化养老服务体系建设是未来相当长时期内政府的重要工作，其中，推动医养结合又是我国推进养老服务体系建设的一项重点任务。从 2000 年以来，国家及各省市政府就持续发布健康养老服务相关政策。而以 2013 年国务院同时出台两份关于"医养结合"的指导性文件，即《关于加快发展养老服务业的若干意见》[①] 和《关于促进健康服务业发展的若干意见》[②] 为标志，国家及省市有关医养结合的相关政策随即密集出台。

截至 2018 年 9 月 30 日，通过政府官网收集到国家层面与医养结合领域相关的政策多项。选择密切相关的 22 项政策进行分析（见图 7-1），政策类型主要是以通知、意见、办法、决定的形式印发，占比分别为 45.45%、45.45%、4.55%和 4.55%。

发文单位设涉及部门很多，国家层面主要由民政部、国家发展和改革委员会、财政部、国务院、国务院办公厅、国家卫健委发文，联合发文占比为 45.45%。

---

① 国务院：《关于加快发展养老服务业的若干意见》，2013 年。
② 国务院：《关于促进健康服务业发展的若干意见》，2013 年。

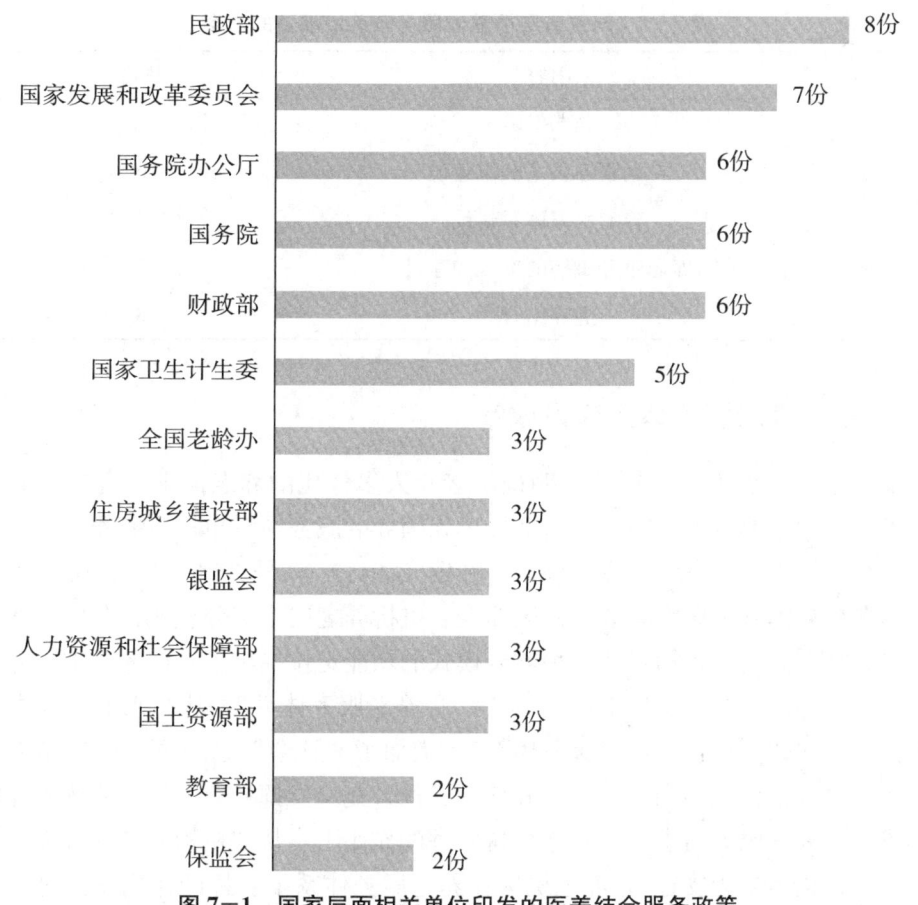

图 7-1 国家层面相关单位印发的医养结合服务政策

二、医养结合领域政策所涉内容

医养结合领域当前政策主要涉及以下多个方面：养老保障、养老服务人才队伍建设、养老服务体系建设、养老服务机构的准入和建设、医养结合、养老服务设施建设、社会资本引入、养老服务产业发展、养老改革试点、收费管理、政府购买服务和养老服务信息化建设等。其中涉及较多的前五项依次是养老保障、养老服务人才队伍建设、养老服务体系建设、养老服务机构的准入和建设、医养结合（见表7-1）。后面围绕医养结合领域部分政策内容进行详述。

表7-1 国家省层面养老服务政策所涉及的内容

序号	内容	数量
1	养老保障	11
2	养老服务人才队伍建设	9
3	养老服务体系建设	8
4	养老服务机构的准入和建设	7
5	医养结合	6

（一）养老服务体系建设政策

国办发〔2006〕6号文件①明确了老年人多样化的养老需求，且这些养老需求正在不断地增加，同时也明确提出我国养老服务体系包括居家养老、社区养老和机构养老的三大组成部分。国办发〔2011〕60号文件②再一次强调了我国养老服务体系由居家养老、社区养老、机构养老三个部分组成，分别对居家养老、社区养老、机构养老三种养老模式的功能定位提出了具体的要求，并做出相关阐述。同时该文件也提出了"社会养老服务体系"，从原来的"养老服务体系"转变为"社会养老服务体系"，增加了"社会"这个词，明确了养老服务需要社会公众共同参与来做好该项工作，充分发挥社会力量，要优先保障困难老年人的服务需求。在养老机构发挥的作用上，从"机构养老为补充"转变为"机构养老为支撑"，养老机构在养老服务体系中发挥的作用得到进一步肯定。但在国发〔2017〕13号文件，养老服务体系建设中"养老机构"的作用又回归到了机构为补充，并将医养结合融入养老服务体系建设过程中（见表7-2）。

表7-2 国家层面养老服务体系建设相关政策

发文时间	政策文件名称	关键点
2006年2月9日	《关于加快发展养老服务业意见的通知》（国办发〔2006〕6号）	逐步建立和完善以居家养老为基础、社区服务为依托、机构养老为补充的服务体系

---

① 国务院办公厅：《关于加快发展养老服务业意见的通知》，2006年。
② 国务院办公厅：《关于印发社会养老服务体系建设规划（2011—2015年）的通知》，2011年。

续表

发文时间	政策文件名称	关键点
2011年12月16日	《关于印发社会养老服务体系建设规划（2011—2015年）的通知》（国办发〔2011〕60号）	社会养老服务体系建设应以居家为基础、社区为依托、机构为支撑，着眼于老年人的实际需求，优先保障孤老优抚对象及低收入的高龄、独居、失能等困难老年人的服务需求，兼顾全体老年人改善和提高养老服务条件的要求
2013年9月6日	《关于加快发展养老服务业的若干意见》（国发〔2013〕35号）	到2020年，全面建成以居家为基础、社区为依托、机构为支撑的，功能完善、规模适度、覆盖城乡的养老服务体系
2014年7月30日	《关于做好养老服务业综合改革试点工作的通知》（民办发〔2014〕24号）	创造一批各具特色的典型经验和先进做法，出台一批可持续、可复制的政策措施，总结一批体制机制创新成果，为全国养老服务业发展提供经验
2015年11月18日	《关于推进医疗卫生与养老服务相结合指导意见的通知》（国办发〔2015〕84号）	把保障老年人基本健康养老需求放在首位，对有需求的失能、部分失能老年人，以机构为依托，做好康复护理服务，着力保障特殊困难老年人的健康养老服务需求；对多数老年人，以社区养老和居家养老为主，通过医养有机融合，确保人人享有基本健康养老服务
2015年2月3日	《关于鼓励民间资本参与养老服务业发展的实施意见》（民发〔2015〕33号）	鼓励民间资本参与居家养老和社区养老服务，鼓励民间资本在城镇社区举办或运营老年人日间照料中心、老年人活动中心等养老服务设施
2016年12月7日	《关于全面放开养老服务市场提升养老服务质量的若干意见》（国办发〔2016〕91号）	大力提升居家社区养老生活品质；推进居家社区养老服务全覆盖，提升农村养老服务能力和水平，提高老年人生活便捷化水平
2017年2月28日	《关于印发"十三五"国家老龄事业发展和养老体系建设规划的通知》（国发〔2017〕13号）	到2020年，居家为基础、社区为依托、机构为补充、医养相结合的养老服务体系更加健全

在养老服务体系建设过程中，通过梳理相关的政策文件，我们可以明确以下几点内容。第一，养老服务体系建设的相关政策文件的出台是一个不断完善、不断发展、反复修订的过程。第二，养老服务体系的建设主要依据老年群体呈现的多样化、多层次的需求，依据需求的变化而变化。第三，养老服务体系的建设需要全社会共同参与，充分发挥社会力量的作用。第四，养老服务体

系建设以居家为基础、社区为依托、机构为补充,并将医养结合融入养老服务体系建设中去。第五,在养老服务体系建设过程中注意要优先保障特殊困难老年人的服务需求。

(二)养老机构准入与建设政策

国办发〔2006〕6号文件提出政府要支持各类养老机构的发展。国办发〔2011〕60号文件再次明确了养老机构的功能定位,主要是针对失能和半失能的老年人,提供生活照料、康复护理、紧急求援服务。国发〔2013〕35号文件提出要降低社会力量举办养老机构的准入门槛,简化手续、规范程序,为社会力量举办养老机构提供便捷服务。除此之外,还明确了公办养老机构要为特殊困难老年人提供无偿或低收费养老服务,起到公办养老机构的托底作用。国办发〔2015〕84号文件提出将医疗服务与养老服务相结合,极大地满足了养老机构内老年人的医疗服务需求,同时强调养老机构提供的是"基本"医疗服务[①]。国办发〔2016〕91号文件提出要"全面放开养老服务市场",通过降低准入门槛、放宽外资准入、精简行政审批环节等形式进一步放宽准入条件,并对养老服务市场不断优化。国发〔2017〕13号文件指出要"全面提升养老机构服务质量"(见表7-3)。

表7-3 国家层面养老机构的准入与建设相关政策

发文时间	政策文件名称	关键点
2006年2月9日	《关于加快发展养老服务业意见的通知》(国办发〔2006〕6号)	政府和有关部门要采取积极措施,大力支持发展各类社会养老服务机构
2011年12月16日	《关于印发社会养老服务体系建设规划(2011—2015年)的通知》(国办发〔2011〕60号)	机构养老服务以设施建设为重点,通过设施建设,实现其基本养老服务功能。为失能、半失能的老年人提供专门服务,重点实现生活照料、康复护理、紧急求援功能

---

① 国务院办公厅:《关于推进医疗卫生与养老服务相结合指导意见的通知》,2015年。

续表

发文时间	政策文件名称	关键点
2013年9月6日	《关于加快发展养老服务业的若干意见》（国发〔2013〕35号）	支持社会力量举办养老机构。在资本金、场地、人员等方面，进一步降低社会力量举办养老机构的门槛，简化手续、规范程序、公开信息，行政许可和登记机关要核定其经营和活动范围，为社会力量举办养老机构提供便捷服务。公办养老机构要充分发挥托底作用，重点为"三无"老年人、低收入老年人、经济困难的失能半失能老年人提供无偿或低收费的供养、护理服务
2015年11月18日	《关于推进医疗卫生与养老服务相结合指导意见的通知》（国办发〔2015〕84号）	支持养老机构开展医疗服务，养老机构可根据服务需求和自身能力，按相关规定申请开办老年病医院、康复医院、护理院、中医医院、临终关怀机构等，也可内设医务室或护理站，提高养老机构提供基本医疗服务的能力
2016年11月20日	《关于进一步扩大旅游文化体育健康养老教育培训等领域消费的意见》（国办发〔2016〕85号）	抓紧落实全面放开养老服务市场、提升养老服务质量的政策性文件，全面清理、取消申办养老服务机构不合理的前置审批事项，进一步降低养老服务机构准入门槛，增加适合老年人吃住行等日常需要的优质产品和服务供给。支持整合改造闲置社会资源发展养老服务机构，将城镇中废弃工厂、事业单位改制后腾出的办公用房、转型中的公办培训中心和疗养院等，整合改造成养老服务设施
2016年12月7日	《关于全面放开养老服务市场提升养老服务质量的若干意见》（国办发〔2016〕91号）	全面放开养老服务市场。通过降低准入门槛、放宽外资准入、精简行政审批环节等形式进一步放宽准入条件，并对养老服务市场不断优化
2017年2月28日	《关于印发"十三五"国家老龄事业发展和养老体系建设规划的通知》（国发〔2017〕13号）	全面提升养老机构服务质量。加快建立全国统一的服务质量标准和评价体系，完善安全、服务、管理、设施等标准，加强养老机构服务质量监管。建立健全养老机构分类管理和养老服务评估制度，引入第三方评估，实行评估结果报告和社会公示

通过对养老机构的准入与建设政策的梳理，我们可以明确以下几点内容。第一，从养老机构的服务对象和服务内容来看，公立养老机构在养老服务的提供中具有重要作用。第二，老年人的基本医疗服务可以通过养老机构来提供。

第三，政府通过放宽养老机构的准入条件，全面开放养老服务市场，鼓励支持社会举办各种类型的养老机构，这有利于完善我国社会养老服务体系。第四，在全面开放养老服务市场的同时，要注重统筹各类养老机构的设立。第五，对养老机构的服务质量要进行监管，全面提升其服务质量。

（三）养老服务人才队伍建设政策

人才队伍建设是养老服务健康发展的关键，主要通过加快推进养老服务相关专业教育体系建设、提高养老服务相关专业教育教学质量、大力加强养老服务从业人员继续教育、积极引导学生从事养老服务业并完善组织保障等措施，培养一支数量充足、结构合理、质量较好的养老服务人才队伍。

1. 推进养老专业的学历教育和培训

国务院 2012 年印发的《服务业发展"十二五"规划》（国发〔2012〕62号）提出"以家政服务、养老护理和病患陪护服务等从业人员为重点，开展订单式培训、定向培训和在职培训；'十二五'时期，每年培训 100 万人"的目标。围绕此目标，国务院在 2013 年发布的《关于加快发展养老服务业的若干意见》（国发〔2013〕35 号）中提出了完善人才培养，教育、人力资源社会保障、民政部门要支持高等院校和中等职业学校增设养老服务相关专业和课程，扩大人才培养规模，加快培养老年医学、康复、护理、营养、心理和社会工作等方面的专门人才。充分发挥开放大学作用，开展继续教育和远程学历教育。依托院校和养老机构建立养老服务实训基地，加强老年护理人员专业培训，对符合条件的参加养老护理职业培训和职业技能鉴定的从业人员按规定给予相关补贴。为了进一步贯彻落实以上文件中提出的到 2020 年"全国机构养老、居家社区生活照料和护理等服务岗位将达到 1000 万个"的要求，同年 11 月，民政部决定在全国开展养老护理员远程培训工作，运用高科技信息化手段，开展养老护理员远程培训，以解决"工学矛盾"、降低培训成本、提高培训效率。该方式具有培训量大、便于操作、不受时空限制等优点。2014 年 6 月 10 日，《关于加快推进养老服务业人才培养的意见》（教职成〔2014〕5 号）提出"到2020 年，基本建立以职业教育为主体，应用型本科和研究生教育层次相互衔接，学历教育和职业培训并重的养老服务人才培养培训体系。培养一支数量充足、结构合理、质量较好的养老服务人才队伍，以适应和满足我国养老服务业发展需求"的目标①。教育部于 2015 年 2 月发布了《关于遴选全国职业院校养老服务类示范专业点的通知》（教职成厅〔2014〕50 号），要求通过开展职业院校养老服务类示范专业点遴选和建设工作，促进职业院校围绕本地区养老服务业发展需求，深化专业课程改革，强化师资队伍和实训基地建设，规范教学管理，创新人才培养模式，充分发挥示范引领作用，全面带动相关职业院校养老服务类专业点建设。对遴选条件和专业进行了具体的规定，其中遴选专业范围为高等职业学校老年服务与管理、护理（老年护理方向）、家政服务（老年服务方向）和社区康复（老年康复方向）等养老服务相关专业，中等职业学校老年人服务与管理、护理（老年护理方向）、家政服务与管理（老年服务方向）等养老服务相关专业②。于 2016 年 6 月确定了示范专业点名单，覆盖全国绝大多数地区。2017 年 11 月 15 日，国家卫生计生委办公厅在《关于印发"十三五"健康老龄化规划重点任务分工的通知》（国卫办家庭函〔2017〕1082号）中提出，将老年医学、康复、护理人才作为急需紧缺人才纳入卫生计生人员培训规划，加强专业技能培训。鼓励医养结合服务机构参与人才培养全过程，为学生实习和教师实践提供岗位。重点建设一批职业院校健康服务类与养老服务类示范专业点③。

2019 年 3 月 18 日，国家卫生健康委办公厅和国家中医药管理局办公室印发的《关于印发 2019 年深入落实进一步改善医疗服务行动计划重点工作方案的通知》（国卫办医函〔2019〕265 号）提出，要提高老年护理服务质量，建立老年护理服务体系，制定完善老年护理服务指南规范，加强老年护理从业人员培训，提升老年护理服务能力④。

2. 推行职业资格制度

国务院在 2013 年 9 发布的《国务院关于加快发展养老服务业的若干意见》（国发〔2013〕35 号）中提出，养老机构应当科学设置专业技术岗位，重点培养和引进医生、护士、康复医师、康复治疗师、社会工作者等具有执业或职业资格的专业技术人员。对在养老机构就业的专业技术人员，执行与医疗机构、

---

① 教育部等九部门：《关于加快推进养老服务业人才培养的意见》，2014 年。
② 教育部办公厅、民政部办公厅、国家卫生计生委办公厅：《关于遴选全国职业院校养老服务类示范专业点的通知》，2015 年。
③ 国家卫生计生委办公厅：《关于印发"十三五"健康老龄化规划重点任务分工的通知》，2017 年。
④ 国家卫生健康委办公厅、国家中医药管理局办公室：《关于印发 2019 年深入落实进一步改善医疗服务行动计划重点工作方案的通知》，2019 年。

福利机构相同的执业资格、注册考核政策。2017年11月15日，国家卫生计生委办公厅在《关于印发"十三五"健康老龄化规划重点任务分工的通知》（国卫办家庭函〔2017〕1082号）中提出大力推进养老护理从业人员职业技能鉴定工作。

3. 建立人才激励机制

国务院在2013年9发布的《关于加快发展养老服务业的若干意见》（国发〔2013〕35号）中提出，制定优惠政策，鼓励大专院校对口专业毕业生从事养老服务工作。在养老机构和社区开发公益性岗位，吸纳农村转移劳动力、城镇就业困难人员等从事养老服务。养老机构应当积极改善养老护理员工作条件，加强劳动保护和职业防护，依法缴纳养老保险费等社会保险费，提高职工工资福利待遇。2015年2月，《关于鼓励民间资本参与养老服务业发展的实施意见》（民发〔2015〕33号）提出，推进医养结合发展，扶持和发展护理型养老机构建设。要将养老机构内设医疗机构及其医护人员纳入卫生计生行政部门统一指导，在资格认定、职称评定、技术准入和推荐评优等方面，与其他医疗机构同等对待。加强对养老机构中医师、执业护士、管理人员等的培训，鼓励医师和执业护士到养老机构、医疗机构中提供服务[①]。2016年7月，《国家信息化发展战略纲要》提出提高就业和社会保障信息化水平；推进就业和养老、医疗等信息全国联网；建立就业创业信息服务体系，引导劳动力资源有序跨地区流动，促进充分就业[②]。2017年11月15日，国家卫生计生委办公厅在《关于印发"十三五"健康老龄化规划重点任务分工的通知》（国卫办家庭函〔2017〕1082号）中提出要采取积极措施保障护理人员的合法权益，合理确定并逐步提高其工资待遇（表7-4）。

[①] 民政部、发展和改革委员会、教育部、财政部、人力资源社会保障部、国土资源部、住房城乡建设部、国家卫生计生委、银监会、保监会：《关于鼓励民间资本参与养老服务业发展的实施意见》，2015年。

[②] 中共中央办公厅、国务院办公厅：《国家信息化发展战略纲要》，2016年。

表 7-4 国家层面养老服务人才队伍建设相关政策

发文时间	政策文件名称	关键点
2006 年 2 月 9 日	《加快发展养老服务业意见的通知》（国办发〔2006〕6 号）	有计划地在高等院校和中等职业学校增设养老服务相关专业和课程，改革教学内容和教学方法。加强岗位培训，提高养老服务从业人员职业道德、服务意识和业务技术水平
2011 年 12 月 16 日	《关于印发社会养老服务体系建设规划（2011—2015 年）的通知》（国办发〔2011〕60 号）	加强养老服务职业教育培训，有计划地在高等院校和中等职业学校增设养老服务相关专业和课程，开辟养老服务培训基地，加快培养老年医学、护理、营养和心理等方面的专业人才，提高养老服务从业人员的职业道德、业务技能和服务水平。推行养老护理员职业资格考试认证制度，五年内全面实现持证上岗
2013 年 9 月 6 日	《关于加快发展养老服务业的若干意见》（国发〔2013〕35 号）	教育、人力资源社会保障、民政部门要支持高等院校和中等职业学校增设养老服务相关专业和课程，扩大人才培养规模，加快培养老年医学、康复、护理、营养、心理和社会工作等方面的专门人才，制定优惠政策，鼓励大专院校对口专业毕业生从事养老服务工作
2014 年 6 月 10 日	《关于加快推进养老服务人才培养意见》（教职成〔2014〕5 号）	培养一支数量充足、结构合理、质量较好的养老服务人才队伍，以适应和满足我国养老服务业发展需求
2014 年 8 月 26 日	《关于做好政府购买养老服务工作的通知》（财社〔2014〕105 号）	在购买养老服务人员培养方面，主要包括为养老护理人员购买职业培训、职业教育和继续教育等
2015 年 2 月 3 日	《关于鼓励民间资本参与养老服务业发展的实施意见》（民发〔2015〕33 号）	加强养老护理人员培训，对符合条件参加养老照护职业培训和职业技能鉴定的从业人员，按规定给予补贴
2015 年 11 月 18 日	《推进医疗卫生与养老服务相结合指导意见的通知》（国办发〔2015〕84 号）	加强专业技能培训，大力推进养老护理员等职业技能鉴定工作
2016 年 12 月 7 日	《关于全面放开养老服务市场提升养老服务质量的若干意见》（国办发〔2016〕91 号）	推动普通高校和职业院校开发养老服务和老年教育课程，为社区、老年教育机构及养老服务机构等提供教学资源及服务

续表

发文时间	政策文件名称	关键点
2017年2月28日	《关于印发"十三五"国家老龄事业发展和养老体系建设规划的通知》（国发〔2017〕13号）	加快培养老年医学、康复、护理、营养、心理和社会工作、经营管理、康复辅具配置等人才。实施养老护理人员培养培训计划，"十三五"时期力争使全国养老机构护理人员都得到至少一次专业培训。建立以品德、能力和业绩为导向的职称评价和技能等级评价制度，拓宽养老服务专业人员职业发展空间

除此之外，2011年《关于建立全科医生制度的指导意见》标志着全科医生制度的正式确立；同年，国家进一步加强乡村医生队伍建设，2016年，《关于推进家庭医生签约服务的指导意见》提出，调动家庭医生开展签约服务的积极性，优先覆盖包含老年人在内的重点人群。

以上政策的实行在一定程度上缓解了养老队伍不足的问题。

4. 养老护理员及养老服务标准化建设

行业标准和市场规范是养老行业管理的准则与依据，是推进养老服务工作的重要内容之一。2007年，《养老护理员国家职业技能标准》对养老护理员的分级及服务要求进行了规定，并于2011年进行了修订。2014年1月26日，民政部等部门发布了《关于加强养老服务标准化工作的指导意见》（民发〔2014〕17号），提出到2020年，基本建成涵盖养老服务基础通用标准，机构、居家、社区养老服务标准、管理标准和支撑保障标准，以及老年人产品用品标准，国家、行业、地方和企业标准相衔接，覆盖全面、重点突出、结构合理的养老服务标准体系；基本形成规范运转的养老服务标准化建设工作格局；标准制定、实施和监管水平明显提升；标准化试点示范工作和专业人才队伍建设逐步完善，行业标准化意识和规范化意识显著增强，安全、便利、诚信的养老服务消费市场环境基本形成。主要任务为加快健全养老服务标准体系，加紧完善包括养老服务基础通用标准、服务技能标准、服务机构管理标准、居家养老服务标准、社区养老服务标准、老年产品用品标准等在内的养老服务标准体系。在社区养老服务方面，加紧制定社区养老服务基本规范、社区老年人日间照料中心服务基本规范等。积极研究制定居家养老服务标准。在养老服务专业人才建设方面，加紧制定养老服务从业人员基本要求、养老服务人员职业培训规范等。健全规范养老服务市场秩序。要建立养老机构服务协议制度，明确养老机构与老年人或者其代理人的权利义务关系，规范服务行为和收费行为。推进标准化试点工作①。2015 年 7 月，养老护理员下设失智老年人照护员工种，列入《中华人民共和国职业分类大典》（2015 年版）：4-10-01-05 养老护理员，从事老年人生活照料、护理服务工作的人员。主要工作任务有照料老年人的饮食、清洁、睡眠和排泄等日常生活；采取安全保护措施，预防意外伤害；进行用药、观察、消毒、冷热应用等，做好相关记录；协助开展急救，进行常见病、危重病和临终护理；进行健康教育和康复护理。

5. 重视社会力量，鼓励志愿者服务

除了专业人才队伍的建设外，还可通过发挥红十字、老年协会及其他志愿者服务的作用来增加养老服务队伍的规模，在一定程度上缓解人员不足问题。早在 2002 年，《共青团中央 全国老龄工作委员会办公室关于实施"志愿者为老服务金晖行动"的意见》（中青联发〔2002〕22 号）就提出了"积极推动在已有的社区老年福利服务设施、场所建立为老服务站；探索志愿服务时间储蓄制度；形成志愿者为老服务接力机制"。2012 年 1 月，全国老龄办发布的《关于加强基层老年协会建设的意见》（全国老龄办发〔2012〕1 号）指出，城乡社区基层老年协会是老年人自我管理、自我教育、自我服务的老年群众组织；并提出"'十二五'期间，全国成立老年协会的城镇社区争取达到 95%以上，农村社区（村）达到 80%以上"的目标。2015 年 5 月 6 日，《关于进一步加强基层老年协会建设的意见》（全国老龄办发〔2015〕23 号）在提高覆盖率、做好登记管理、加强设施建设、加大扶持力度、鼓励社会力量参与、开展业务培训、优化发展环境、加强组织领导等方面提出了具体要求，旨在帮助城乡社区老年协会解决登记难、没有法律地位、缺乏经费、发展不规范等问题，重在激发老年群众组织的活力，充分发挥其在养老服务、社区治理中的作用②。

2017 年 1 月 5 日，中国红十字会总会、民政部、全国老龄工作委员会办公室等部门联合发布的《关于红十字会参与养老服务工作的指导意见》提出要参与养老服务人员知识技能培训和医养结合服务、参与开展红十字养老志愿服务。到 2018 年，在 5 个省份 10 个城市开展红十字会参与养老服务工作试点，参与养老服务人员知识技能培训和医养结合服务，参与开展红十字的养老志愿服务，参与兴办公益性养老机构，参与开展对老年人的公益援助项目。探索参与养老服务方式、内容、保障、考核、监督等工作机制。到 2020 年，出台较

---

① 民政部、国家标准化管理委员会、商务部、国家质量监督检验检疫总局、全国老龄工作委员会办公室：《关于加强养老服务标准化工作的指导意见》，2014 年。

② 全国老龄办、民政部：《关于进一步加强城乡社区老年协会建设的通知》，2015 年。

完善的红十字参与养老服务政策，建立稳定的工作队伍和志愿者队伍，初步建立红十字会参与养老服务的培训网络和志愿服务体系[①]。

除了依靠专业人才队伍和社会力量外，老年人自身及其亲属也在以社区为平台的医养结合服务提供中起重要作用。2017 年 6 月 6 日，国务院办公厅发布《关于制定和实施老年人照顾服务项目的意见》（国办发〔2017〕52 号），鼓励相关职业院校和培训机构每年面向老年人及其亲属开设一定学时的老年人护理、保健课程或开展专项技能培训。2018 年 12 月 29 日，《中华人民共和国老年人权益保障法》（2018 年修订）发布，禁止对老年人实施家庭暴力。

（四）医养结合领域具体政策

随着人口老龄化的加剧和失能、半失能老年人的数量不断增加，老年人对医疗和养老的需求越来越大，医养结合为新时代养老服务行业的发展指明了方向，具有深远的历史意义。国办发〔2011〕60 号文件提出要"鼓励在老年养护机构中内设医疗机构"。国发〔2013〕35 号文件正式将"医疗卫生与养老服务相结合"作为加快发展养老服务的重要任务之一，在养老服务发展过程中具有里程碑的意义，是我国医养结合政策制定的指导性政策，也是医养结合政策的原点。国办发〔2015〕84 号文件鼓励采取不同方式推进医疗卫生与养老服务相结合（见表 7-5）。除此之外，还在完善投融资和财税价格政策、加强规划布局和用地保障、探索建立多层次长期照护保障体系等方面提出了具体的要求。通过对医养结合政策的梳理，我们可以发现医养结合相关政策的提出对我国养老服务发展具有里程碑的作用。目前医养结合主要通过以下几种方式开展：第一，医疗机构与养老机构建立合作机制；第二，养老机构开展医疗服务；第三，医疗机构提供健康养老服务；第四，兴办医养结合机构。在促进医养结合的同时，国家和四川省也出台相关的扶持政策，以支持和鼓励医疗和养老相融合。

表 7-5 国家层面医养结合相关政策

发文时间	政策文件名称	关键点
2011 年 12 月 16 日	《关于印发社会养老服务体系建设规划（2011—2015 年）的通知》（国办发〔2011〕60 号）	鼓励在老年养护机构中内设医疗机构

---

① 中国红十字会总会、民政部、全国老龄工作委员会办公室：《关于红十字会参与养老服务工作的指导意见》，2017 年。

续表

发文时间	政策文件名称	关键点
2013年9月6日	《关于加快发展养老服务业的若干意见》（国发〔2013〕35号）	各地要促进医疗卫生资源进入养老机构、社区和居民家庭，探索医疗机构与养老机构合作新模式
2015年11月18日	《关于推进医疗卫生与养老服务相结合指导意见的通知》（国办发〔2015〕84号）	推进医疗卫生与养老服务相结合的重点任务：建立健全医疗卫生机构与养老机构合作机制，支持养老机构开展医疗服务，推动医疗卫生服务延伸至社区、家庭，鼓励社会力量兴办医养结合机构，鼓励医疗卫生机构与养老服务融合发展
2015年2月3日	《关于鼓励民间资本参与养老服务业发展的实施意见》（民发〔2015〕33号）	支持有条件的养老机构内设医疗机构或与医疗卫生机构签订协议，为老年人提供优质便捷的医疗卫生服务
2016年12月7日	《关于全面放开养老服务市场提升养老服务质量的若干意见》（国办发〔2016〕91号）	建立医疗卫生机构设置审批绿色通道，支持养老机构开办老年病院、康复院、医务室等医疗卫生机构，将符合条件的养老机构内设医疗卫生机构按规定纳入城乡基本医疗保险定点范围
2017年2月28日	《关于印发"十三五"国家老龄事业发展和养老体系建设规划的通知》（国发〔2017〕13号）	深入开展医养结合试点，建立健全医疗卫生机构与养老机构合作机制，建立养老机构内设医疗机构与合作医院间双向转诊绿色通道，为老年人提供治疗期住院、康复期护理、稳定期生活照料以及临终关怀一体化服务

（五）医养结合社会保障政策

发达国家在人口老龄化高峰到来的前 20~30 年已建立了相对完善的社会养老保障政策。据预测，我国在生育高峰出生的老年人将于 2020 年陆续进入老年阶段，那时我国将逐步达到人口老龄化高峰。我国养老保障政策大致可分为三个阶段：国家—企业养老保险制度（1949—1991）、国家—社会养老保障制度（1991—2009）、统筹城乡发展的社会养老保障制度改革（2009 年至今）[①]。近年来，我国养老保障体系的公平性得到了一定程度的改善。我国也

---

① 汤兆云：《新中国成立以来我国养老保险制度的改革探索与发展方向》，《科学社会主义》，2014 年第 6 期，第 109~112 页。

在不断完善覆盖城乡居民的基本养老保险制度，改革事业单位工作人员养老保险制度，探索建立多层次长期照护保障体系，加快发展商业养老保险等方面出台了相关政策，为构建多层次的养老保险体系起到了一定的作用（见表7-6）。

表7-6 国家层面养老保障相关政策

发文时间	政策文件名称	关键点
2011年12月16日	《关于印发社会养老服务体系建设规划（2011—2015年）的通知》（国办发〔2011〕60号）	有条件的地方，可以探索实施老年护理补贴、护理保险，增强老年人对护理照料的支付能力。支持建立老年人意外伤害保险制度，构建养老服务行业风险合理分担机制
2013年9月6日	《关于加快发展养老服务业的若干意见》（国发〔2013〕35号）	鼓励老年人投保健康保险、长期护理保险、意外伤害保险等人身保险产品，鼓励和引导商业保险公司开展相关业务
2014年2月21日	《关于建立统一的城乡居民基本养老保险制度的意见》（国发〔2014〕8号）	全面推进和不断完善覆盖全体城乡居民的基本养老保险制度，充分发挥社会保险对保障人民基本生活、调节社会收入分配、促进城乡经济社会协调发展的重要作用
2015年1月3日	《关于机关事业单位工作人员养老保险制度改革的决定》（国发〔2015〕2号）	改革现行机关事业单位工作人员退休保障制度，逐步建立独立于机关事业单位之外、资金来源多渠道、保障方式多层次、管理服务社会化的养老保险体系
2015年8月17日	《关于印发基本养老保险基金投资管理办法的通知》（国发〔2015〕48号）	为了规范基本养老保险基金投资管理行为，保护基金委托人及相关当事人的合法权益，根据社会保险法、劳动法、证券投资基金法、信托法、合同法等法律法规和国务院有关规定，制定本办法
2015年11月18日	《关于推进医疗卫生与养老服务相结合指导意见的通知》（国办发〔2015〕84号）	进一步开发包括长期商业护理保险在内的多种老年护理保险产品，鼓励有条件的地方探索建立长期护理保险制度，积极探索多元化的保险筹资模式
2016年11月20日	《关于进一步扩大旅游文化体育健康养老教育培训等领域消费的意见》（国办发〔2016〕85号）	探索建立适合国情的长期护理保险制度政策框架，重点解决重度失能人员的基本生活照料和与基本生活密切相关的医疗护理等所需费用

续表

发文时间	政策文件名称	关键点
2016年12月7日	《关于全面放开养老服务市场提升养老服务质量的若干意见》（国办发〔2016〕91号）	规范和引导商业银行、保险公司等金融机构开发适合老年人的理财、保险产品，满足老年人金融服务需求，鼓励金融机构建设老年人无障碍设施，开辟服务绿色通道
2017年2月28日	《关于印发"十三五"国家老龄事业发展和养老体系建设规划的通知》（国发〔2017〕13号）	完善社会统筹与个人账户相结合的基本养老保险制度，构建包括职业年金、企业年金，以及个人储蓄性养老保险和商业保险的多层次养老保险体系
2017年6月29日	《关于加快发展商业养老保险的若干意见》（国办发〔2017〕59号）	丰富商业养老保险产品供给，为个人和家庭提供个性化、差异化养老保障；鼓励商业保险机构投资养老服务产业；支持商业保险机构为养老机构提供风险保障服务；建立完善老年人综合养老保障计划
2018年5月30日	《关于建立企业职工基本养老保险基金中央调剂制度的通知》（国发〔2018〕18号）	均衡地区间企业职工基本养老保险基金负担，实现基本养老保险制度可持续发展，国务院决定建立养老保险基金中央调剂制度，自2018年7月1日起实施

1. 形成比较健全的养老保险法律法规体系

这几年陆续颁布的一系列与养老保障有关的法律法规，标志着中国养老保险制度逐步健全。2018年12月修订了2010年颁布的中国第一部社会保险法《中华人民共和国社会保险法》，对基本养老保险等做出了系统而明确的法律规定，明确了城镇企业职工、城镇居民、农村居民、公务员的养老保险在责任承担、缴费和领取、管理运作等若干方面的内容。它是新中国成立以来第一部社会保险制度的综合性法律，对于养老保险是一部具有支架性作用的法律。2018年12月修订了1996年颁布的中国第一部老年法《中华人民共和国老年人权益保障法》，其中提出国家通过基本养老保险制度保障老年人的基本生活，国家逐步开展长期护理保障工作，保障老年人的护理需求等具体规定，这是从老年人权益的角度对养老保险制度做出规定，特别是对于经济困难、生活不能自理等弱势老年群体在法律上提出明确的保障政策，也对养老金发放、提高等做出规定。2019年政府工作报告提出要推进多层次养老保障体系建设；继续提高退休人员基本养老金；落实退役军人待遇保障，完善退役士兵基本养老、基本医疗保险接续政策。

在这两部基本法律的基础上，为推动养老保险体系的多元化发展、完善养老年人员的针对性保障和提高养老保险的制度公平性,政府出台了一系列具有指导意义的制度与政策,在养老保险的制度设计和发展方向上予以了指导。2017年2月28日,《关于印发"十三五"国家老龄事业发展和养老体系建设规划的通知》(国发〔2017〕13号)提出,要使多支柱、全覆盖、更加公平、更可持续的社会保障体系更加完善。城镇职工和城乡居民基本养老保险参保率达到90%,基本医疗保险参保率稳定在95%以上,社会保险、社会福利、社会救助等社会保障制度和公益慈善事业有效衔接,老年人的基本生活、基本医疗、基本照护等需求得到切实保障。完善养老保险制度。制定实施完善和改革基本养老保险制度总体方案。完善社会统筹与个人账户相结合的基本养老保险制度,构建包括职业年金、企业年金,以及个人储蓄性养老保险和商业保险的多层次养老保险体系。推进个人税收递延型商业养老保险试点。建立基本养老金合理调整机制,适当提高退休人员基本养老金标准。加快健全社会保障管理体制和经办服务体系。建立更加便捷的养老保险转移接续机制。

养老保障制度改革内容包括"将新型农村合作养老保险和城镇居民养老保险两项制度合并实施,在全国范围内建立统一的城乡居民基本养老保险";机关事业单位工作人员实行社会统筹与个人账户相结合的基本养老保险制度;依托商业保险机构专业优势和市场机制作用,扩大商业养老保险产品供给;建立养老保险基金中央调剂制度,并探索建立适合国情的长期护理保险制度政策框架等。这些法律法规和政策的颁布实施表明我国的养老保险体系已经取得明显进步。

2. 建立统一的城乡居民基本养老保险和与企业职工统一的机关事业单位基本养老保险制度

尽管我国不同地区的农村养老保障水平各不相同,但总体上的保障水平都是比较低的。60岁以上大多数能领取的养老金水平在400元以下,这样的保障水平对于维持一个人的正常生活而言是很困难的,只能作为养老的一个补充。因此,提高农村社会养老保障水平,缩小与城镇居民的养老保障差距,是今后农村养老保险制度发展的必然方向。2014年2月21日,《关于建立统一的城乡居民基本养老保险制度的意见》(国发〔2014〕8号),提出,坚持和完善社会统筹与个人账户相结合的制度模式,巩固和拓宽个人缴费、集体补助、政府补贴相结合的资金筹集渠道,完善基础养老金和个人账户养老金相结合的待遇支付政策,强化长缴多得、多缴多得等激励机制,建立基础养老金正常调整机制;还规定了"城乡居保"的参保范围、领取条件、制度衔接、基金管理和运营等内容,并计划到"十二五"末,在全国基本实现"新农保"和"城居保"制度合并实施①。此后,全国城乡居民基本养老保险基础养老金最低标准也开始渐进式调整。2015 年基础养老金由原来的 55 元/月提高到 70 元/月,2018 年又提高至每人每月 88 元。国务院有关部门还相继制定了城乡居民基本养老保险与职工基本养老保险制度的衔接办法。

机关事业单位的人员一直处在养老保险制度的边缘地带,这成为我国养老事业持续发展的"短板"和"漏洞"②。2015 年 1 月 3 日,国务院颁布了《关于机关事业单位工作人员养老保险制度改革的决定》(国发〔2015〕2 号),提出改革现行机关事业单位工作人员退休保障制度,逐步建立独立于机关事业单位之外、资金来源多渠道、保障方式多层次、管理服务社会化的养老保险体系。实行社会统筹与个人账户相结合的基本养老保险制度,改革基本养老金计发办法,建立职业年金制度,建立健全确保养老金发放的筹资机制③。这标志着以增进公平性为主要目标的机关事业单位新的养老保险制度框架形成,养老保险"双轨制"问题从制度和机制上得到有效化解,解决了因机关事业单位人员与企业职工退休待遇差距大而引发的社会公平性问题。

3. 建立养老保险基金中央调剂制度

由于对基金缺乏科学化的管理投资,存在养老基金被挪用、地区间发展不平衡等情况。2018 年 5 月 30 日,国务院出台《关于建立企业职工基本养老保险基金中央调剂制度的通知》(国发〔2018〕18 号),提出在现行企业职工基本养老保险省级统筹的基础上,建立中央调剂基金,对各省(区、市)养老保险基金进行适度调剂,确保基本养老金按时足额发放。为了确保各省(区、市)可以按时并且足额发放养老金,决定建立养老金保险基金中央调剂制度,作为实现养老保险全国统筹的第一步④。

4. 扩大商业养老保险产品供给

商业养老保险是商业保险机构提供的,以养老风险保障、养老资金管理等为主要内容的保险产品和服务,是养老保障体系的重要组成部分。发展商业养老保险,对于健全多层次养老保障体系,促进养老服务业多层次、多样化发展,应对人口老龄化趋势和就业形态新变化,进一步保障和改善民生,促进社

---

① 国务院:《关于建立统一的城乡居民基本养老保险制度的意见》,2014 年。
② 赵定东、林敏:《身份"差异化"下城市养老保险演变时间轴及其问题》,《杭州师范大学学报(社会科学版)》,2019 年第 2 期,第 129~136 页。
③ 国务院:《关于机关事业单位工作人员养老保险制度改革的决定》,2015 年。
④ 国务院:《关于建立企业职工基本养老保险基金中央调剂制度的通知》,2018 年。

会和谐稳定等具有重要意义①。

2013年，中国保监会印发《养老保障管理业务管理暂行办法》（保监发〔2013〕43号），提出规范养老保险公司养老保障管理业务经营行为，保护养老保障管理业务活动当事人的合法权益，促进保险业积极参与构建养老保障体系，推动养老保障管理业务健康发展②。2016年，中国保监会又印发了《关于强化〈养老保障管理业务管理办法〉执行有关问题的通知》（保监寿险〔2016〕99号）。2016年11月15日，中国保监会印发的《关于进一步加强养老保障管理业务监管有关问题的通知》（保监寿险〔2016〕230号）提出，为进一步加强新形势下的养老保障管理业务监管，防范业务风险，保护消费者合法权益，推动养老保障管理业务持续健康发展，对开展养老保障管理业务的养老保险公司和养老金管理公司注册资本和净资产、在投资组合说明书中明确投资组合的开放频率以及不动产类资产、其他金融资产等另类资产的投资比例、各类投资组合债券正回购的资金余额、养老保障管理产品进行规定③。

2014年8月，《关于加快发展现代保险服务业的若干意见》（国发〔2014〕29号）提出把商业保险建成社会保障体系的重要支柱，充分发挥商业保险对基本养老保险的补充作用，建议通过"创新养老保险产品服务，支持符合条件的保险机构投资养老服务产业，促进保险服务业与养老服务业融合发展；发展多样化健康保险服务。加强养老产业和健康服务业用地保障，鼓励符合条件的保险机构等投资兴办养老产业和健康服务业机构"等方式实现④。为了规范基本养老保险基金投资管理行为，保护基金委托人及相关当事人的合法权益，根据社会保险法、劳动法、证券投资基金法、信托法、合同法等法律法规和国务院有关规定，国务院制定了《基本养老保险基金投资管理办法》（国发〔2015〕48号）。本办法所称基本养老保险基金（以下简称养老基金），包括企业职工、机关事业单位工作人员和城乡居民养老基金。养老基金投资应当坚持市场化、多元化、专业化的原则，确保资产安全，实现保值增值⑤。2017年7月，《关于加快发展商业养老保险的若干意见》（国办发〔2017〕59号文）提出了"到2020年，基本建立运营安全稳健、产品形态多样、服务领域较广、专业能力较强、持续适度盈利、经营诚信规范的商业养老保险体系，商业养老保险成为

---

① 国务院办公厅：《关于加快发展商业养老保险的若干意见》，2017年。
② 中国保监会：《养老保障管理业务管理办法》，2015年。
③ 中国保监会：《关于进一步加强养老保障管理业务监管有关问题的通知》，2016年。
④ 国务院：《关于加快发展现代保险服务业的若干意见》，2014年。
⑤ 国务院：《基本养老保险基金投资管理办法》，2015年。

个人和家庭商业养老保障计划的主要承担者、企业发起的商业养老保障计划的重要提供者、社会养老保障市场化运作的积极参与者、养老服务业健康发展的有力促进者、金融安全和经济增长的稳定支持者"的目标。该意见明确了从四个方面部署推动商业养老保险发展。一是创新商业养老保险产品和服务。二是促进养老服务业健康发展。鼓励商业保险机构投资养老服务产业,为养老机构提供风险保障服务,建立完善老年人综合养老保障计划。三是推进商业养老保险资金安全稳健运营。坚持风险可控、商业可持续原则,发挥商业养老保险资金长期投资优势,稳步有序参与国家重大战略建设实施,参与重大项目和民生工程建设,促进商业养老保险资金与资本市场协调发展,审慎开展境外投资业务。四是提升管理服务水平。加强制度建设,提升服务质量,发展专业机构,强化监督管理,充分发挥商业养老保险在健全养老保障体系、推动养老服务业发展、促进经济提质增效升级等方面的生力军作用[①]。

为全面反映保险养老社区投资、运营等情况,满足保险监管部门对保险机构投资养老社区业务的监管需求,2014 年,保监会制定了《保险养老社区统计制度》,并于次年 11 月制定了《养老年金保险业务统计制度》(保监发〔2015〕108 号)。该制度的统计内容主要是各人身保险公司开展的养老年金保险业务。根据《人身保险公司保险条款和保险费率管理办法》(保监会令 2011 年第 3 号),养老年金保险是指以养老保障为目的的年金保险。养老年金保险应当符合两个条件:一是保险合同约定给付被保险人生存保险金的年龄不得小于国家规定的退休年龄,二是相邻两次给付的时间间隔不得超过一年。

5. 探索长期护理保险制度

2016 年 6 月,人力资源社会保障部办公厅发布《关于开展长期护理保险制度试点的指导意见》(人社厅发〔2016〕80 号),试点覆盖 14 个省(区、市)。探索建立以社会互助共济方式筹集资金,为长期失能人员的基本生活照料和与基本生活密切相关的医疗护理提供资金或服务保障的社会保险制度。引导社会力量、社会组织参与长期护理服务,积极鼓励和支持长期护理服务机构和平台建设,促进长期护理服务产业发展。充分利用促进就业创业扶持政策和资金,鼓励各类人员到长期护理服务领域就业创业,对其中符合条件的,按规定落实相关补贴政策。加强护理服务从业人员队伍建设,加大护理服务从业人员职业培训力度,按规定落实职业培训补贴政策。逐步探索建立长期护理专业

---

① 国务院办公厅:《关于加快发展商业养老保险的若干意见》,2017 年。

人才培养机制。充分运用费用支付政策对护理需求和服务供给资源配置的调节作用,引导保障对象优先利用居家和社区护理服务,鼓励机构服务向社区和家庭延伸,鼓励护理保障对象的亲属、邻居和社会志愿者提供护理服务①。同年11月,国务院办公厅在《关于进一步扩大旅游文化体育健康养老教育培训等领域消费的意见》(国办发〔2016〕85号)中也提到探索建立适合国情的长期护理保险制度政策框架,重点解决重度失能人员的基本生活照料和与基本生活密切相关的医疗护理等所需费用②。2017年2月28日,《关于印发"十三五"国家老龄事业发展和养老体系建设规划的通知》(国发〔2017〕13号)提出探索建立长期护理保险制度。开展长期护理保险试点的地区要统筹施策,做好长期护理保险与重度残疾人护理补贴、经济困难失能老年人护理补贴等福利性护理补贴项目的整合衔接,提高资源配置效率效益。鼓励商业保险公司开发适销对路的长期护理保险产品和服务,满足老年人多样化、多层次长期护理保障需求③。

除上述已经提到的内容外,与医养结合服务保障相关的政策还包括养老服务收费管理政策、医保政策、针对特殊困难老年人政策,以及鼓励公益慈善组织支持养老服务政策等。

医疗保险方面,2014年11月,《关于创新重点领域投融资机制鼓励社会投资的指导意见》(国发〔2014〕60号)提出"将符合条件的各类医疗机构纳入医疗保险定点范围"④。为了推进医养结合发展,2015年2月印发的《关于鼓励民间资本参与养老服务业发展的实施意见》(民发〔2015〕33号)提到"养老机构内设医疗机构符合职工基本医疗保险、城镇居民基本医疗保险和新型农村合作医疗定点医疗机构条件的,要按规定申请纳入定点范围。在定点医疗机构发生的符合规定的医疗康复项目费用,可按规定纳入基本医疗保险支付范围"。同年11月,《关于推进医疗卫生与养老服务相结合指导意见的通知》(国办发〔2015〕84号)提出"提高基层医疗卫生机构为居家老年人提供上门服务的能力,规范为居家老年人提供的医疗和护理服务项目,将符合规定的医疗费用纳入医保支付范围"。2017年2月,《关于印发"十三五"国家老龄事业发展和养老体系建设规划的通知》(国发〔2017〕13号)提出,为使多支

---

① 人力资源社会保障部办公厅:《关于开展长期护理保险制度试点的指导意见》,2016年。
② 国务院办公厅:《关于进一步扩大旅游文化体育健康养老教育培训等领域消费的意见》,2016年。
③ 国务院:《关于印发"十三五"国家老龄事业发展和养老体系建设规划的通知》,2017年。
④ 国务院:《关于创新重点领域投融资机制鼓励社会投资的指导意见》,2014年。

柱、全覆盖、更加公平、更可持续的社会保障体系更加完善，基本医疗保险参保率须稳定在95%以上，并健全医疗保险制度。健全稳定可持续筹资和报销比例调整机制，完善缴费参保政策。加快推进基本医疗保险全国联网和异地就医结算，实现跨省异地安置退休人员住院费用直接结算。鼓励有条件的地方研究将基本治疗性康复辅助器具按规定逐步纳入基本医疗保险支付范围。巩固完善城乡居民大病保险。鼓励发展补充医疗保险和商业健康保险、老年人意外伤害保险。以使老年人的基本生活、基本医疗、基本照护等需求得到切实保障。

2016年印发的《关于开展老年人意外伤害保险工作的指导意见》（全国老龄办发〔2016〕32号）对老年人意外伤害保险做出了具体规定：开展老年人意外伤害保险工作坚持政府引导、市场运作、体现公益、投保自愿的原则，60周岁及以上老年人均可成为被保险人。开展老年人意外伤害保险工作，逐步建立和完善政府支持、社会捐助、个人自费投保相结合的老年人意外伤害保险制度，形成政府、社会、家庭和个人应对风险合力，有利于缓解社会保障压力，提高老年人及其家庭抗风险能力，减少因老年人意外伤害引发的矛盾和纠纷，促进社会和谐稳定[①]。

在收费管理方面，国发〔2013〕35号文件提出要提供价格合理的各类养老服务和产品。发改价格〔2015〕129号文件提出建立市场形成价格为主的养老机构服务收费管理机制。在医保方面，国发〔2013〕35号文件提出，对于养老机构内设的医疗机构符合医保定点条件的，可申请纳入定点范围。国发〔2017〕13号文件提出加快推进基本医疗保险全国联网和异地就医结算。

在针对特殊困难老年人方面，国办发〔2006〕6号文件提出对特殊困难老年人提供无偿或低收费服务。财社〔2014〕105号文件提出优先保障经济困难的孤寡、失能、高龄老年人的服务需求。国发〔2017〕13号文件提出在全国范围内基本建成针对经济困难的高龄、失能老年人的补贴制度。

在公益慈善方面，国办发〔2016〕91号文件提出鼓励志愿服务者对特殊困难老年人提供服务。国发〔2017〕13号文件提出鼓励面向老年人开展多种形式的公益慈善活动。

---

① 全国老龄办、民政部、财政部、保监会：《关于开展老年人意外伤害保险工作的指导意见》，2016年。

（六）激发社会多方助力医养结合服务

1. 老年金融政策

2012年11月6日,《关于贯彻落实〈支持社会养老服务体系建设规划合作协议〉共同推进社会养老服务体系建设的意见》(民发〔2012〕209号)提出,按照"以居家为基础、社区为依托、机构为支撑"的原则,积极支持"敬老爱老助老工程"建设,重点支持政府和社会力量兴办各类养老机构和社区日间照料场所,通过支持新建、改扩建和购置,提升社会养老服务设施水平[①]。仅靠财政资金难以满足建设需求,资金缺口很大,且由于社会养老服务体系建设周期长、资金需求大,迫切需要开发性金融的中长期资金支持。应全面开展规划合作,批量化培育策划项目,测算投融资需求,探索符合实际需求的融资模式,为信贷资金投入打通渠道。推动养老服务投融资平台建设。开展中长期贷款,提供综合金融服务。民政部门积极协助国家开发银行加强资金监管、完善开发性金融支持社会养老服务体系建设的保障措施。重点支持以社区为平台的养老服务设施建设项目、居家养老服务网络建设项目、养老机构建设项目、养老服务人才培训基地建设项目、养老产业相关项目。2015年4月14日,《关于开发性金融支持社会养老服务体系建设的实施意见》(民发〔2015〕78号)提出,申请国家开发银行贷款支持的养老项目,应通过民政部门推荐或认可。同年12月,《关于印发推进普惠金融发展规划(2016—2020年)的通知》(国发〔2015〕74号)提出,普惠金融是指立足机会平等要求和商业可持续原则,以可负担的成本为有金融服务需求的社会各阶层和群体提供适当、有效的金融服务。小微企业、农民、城镇低收入人群、贫困人群和残疾人、老年人等特殊群体是当前我国普惠金融重点服务对象。还提出了"健全多元化广覆盖的机构体系、创新金融产品和服务手段、加快推进金融基础设施建设、完善普惠金融法律法规体系、发挥政府引导和激励作用、加强普惠金融教育与金融消费者权益保护、组织保障和推进实施"等实现方案。2016年3月,《关于金融支持养老服务业加快发展的指导意见》(银发〔2016〕65号)提到了"大力完善促进居民养老和养老服务业发展的多层次金融组织体系,积极创新适合养老服务业特点的信贷产品和服务,支持拓宽有利于养老服务业发展的多元化融资渠

[①] 民政部、国家开发银行:《关于贯彻落实〈支持社会养老服务体系建设规划合作协议〉共同推进社会养老服务体系建设的意见》,2012年。

道,着力提高居民养老领域的金融服务能力和水平"的目标①。

2017年3月印发的《关于进一步激发社会领域投资活力的意见》(国办发〔2017〕21号)提出以下意见:扎实有效放宽行业准入,进一步扩大投融资渠道,积极支持相关领域符合条件的企业发行公司债券、非金融企业债务融资工具和资产证券化产品,并探索发行股债结合型产品进行融资,满足日常运营资金需求。发挥政府资金引导作用,推进银行业金融机构在依法合规、风险可控、商业可持续的前提下,创新开发有利于社会领域企业发展的金融产品,合理确定还贷周期和贷款利率。出台实施商业银行押品管理指引,明确抵押品类别、管理、估值、抵质押率等政策。支持社会领域企业用股权进行质押贷款。鼓励搭建社会领域相关产业融资、担保、信息综合服务平台,完善金融中介服务体系,利用财政性资金提供贴息、补助或奖励。探索允许营利性的养老、教育社会领域机构以有偿取得的土地、设施等财产进行抵押融资。发挥行业协会、开发区、孵化器的沟通桥梁作用,加强与资本市场对接,引导企业有效利用主板、中小板、创业板、新三板、区域性股权交易市场等多层次资本市场②。

2. 民间资本和民间投资政策

为了充分发挥市场在资源配置中的决定性作用和更好地发挥政府作用,促进社会力量更多地参与发展养老服务,2012年7月24日,《关于鼓励和引导民间资本进入养老服务领域的实施意见》(民发〔2012〕129号)提出,鼓励民间资本参与居家和社区养老服务,落实民间资本参与养老服务优惠政策,加大对民间资本进入养老服务领域的资金支持(各级民政部门福利彩票公益金每年留存部分要按不低于50%的比例用于社会养老服务体系建设)。2014年11月,《关于创新重点领域投融资机制鼓励社会投资的指导意见》(国发〔2014〕60号)提出要鼓励社会资本加大社会事业投资力度。通过独资、合资、合作、联营、租赁等途径,采取特许经营、公建民营、民办公助等方式,鼓励社会资本参与医疗、养老、教育、体育健身、文化设施建设。2015年2月,《关于鼓励民间资本参与养老服务业发展的实施意见》(民发〔2015〕33号)提出,鼓励民间资本参与养老服务业发展,方式有鼓励民间资本参与居家和社区养老服务,包括鼓励民间资本在城镇社区举办或运营老年人日间照料中心、老年人活

---

① 中国人民银行、民政部、银监会、证监会、保监会:《关于金融支持养老服务业加快发展的指导意见》,2016年。

② 国务院办公厅:《关于进一步激发社会领域投资活力的意见》,2017年。

动中心等养老服务设施，为有需求的老年人，特别是高龄、空巢、独居、生活困难的老年人，提供集中就餐、托养、助浴、健康、休闲和上门照护等服务，并协助做好老年人信息登记、身体状况评估等工作。通过政府购买服务、协调指导、评估认证等方式，鼓励民间资本举办家政服务企业、居家养老服务专业机构或企业，上门为居家老年人提供助餐、助浴、助洁、助急、助医等定制服务。推进养老服务信息化建设，逐步实现对老年人信息的动态管理。鼓励民间资本参与机构养老服务，支持民间资本参与养老产业发展，鼓励民间资本参与老年公寓和居住区养老服务设施建设以及既有住宅适老化改造。扶持发展龙头企业，特别要发展居家养老服务企业。引导和规范商业银行、保险公司、证券公司等金融机构开发适合老年人的理财、信贷、保险等产品。推进医养结合发展，扶持和发展护理型养老机构，促进医疗卫生资源进入社区和居民家庭，加强居家和社区养老服务设施与基层医疗卫生机构的合作。鼓励金融机构加快金融产品和服务方式创新，加大对民间资本进入养老服务领域的金融支持。

国务院关于促进非公有制经济和民间投资健康发展的相关文件，已明确对各类市场主体实施公平准入等原则和一系列政策措施。但民营企业普遍反映，在市场准入条件、资源要素配置、政府管理服务等方面，仍难以享受与国有企业同等的待遇。2016年7月，《关于进一步做好民间投资有关工作的通知》（国办发明电〔2016〕12号）中除了提出"继续深化简政放权、放管结合、优化服务改革"外，还强调要"努力营造一视同仁的公平竞争市场环境"。各省（区、市）人民政府、各有关部门要对照国家政策要求，坚持一视同仁，抓紧建立市场准入负面清单制度，在基础设施和公用事业等重点领域去除各类显性或隐性门槛，在医疗、养老、教育等民生领域出台有效举措，促进公平竞争。紧接着，国家发展和改革委员会办公厅印发的《关于印发〈各地促进民间投资典型经验和做法〉的通知》（发改办投资〔2016〕1722号），将民间投资的典型经验印发给各地，供参考借鉴。同年10月，《促进民间投资健康发展若干政策措施》提到促进民间投资参与公平竞争的方式主要包括：进一步放开民间投资市场准入，市场准入对各类投资主体要一视同仁，鼓励民间投资进入。在医疗、养老、教育等民生领域完善已有的配套政策，出台实质性措施。重点解决民办养老机构在设立许可、土地使用、医保对接、金融支持、人才培养等方面的难题，民营医院在职称晋升、政府补贴、土地使用等方面的突出困难。大力推广政府和社会资本合作（PPP）模式，研究出台相关行业、领域的PPP实施细则。加快推动相关立法工作，明确适用范围、条件和程序，去除不合理门槛，保障各方的合法权益。抓紧建立市场准入负面清单制度。加快推动投资项目在线审批监管平台建设。加快修订政府核准的投资项目目录①。

3. 政府购买服务和 PPP 政策

在推进公共服务体系和制度建设的过程中，提供公共服务的主体和方式趋于多元，形成了政府主导、社会参与和公办民办并举的公共服务供给模式。但质量效率不高、发展不平衡、规模不足等问题比较突出。公共服务的职能要优化，公共服务的供给要创新，构建层次分明、方式多样的供给体系，以更好地提供方便、快捷、优质、高效的服务。

2013 年，国务院发布的《关于政府向社会力量购买服务的指导意见》（国办发〔2013〕96 号）对政府向社会力量购买服务进行了定义：通过发挥市场机制作用，把政府直接向社会公众提供的一部分公共服务事项，按照一定的方式和程序，交由具备条件的社会力量承担，并由政府根据服务数量和质量向其支付费用。目标任务包括"十二五"时期，政府向社会力量购买服务工作在各地逐步推开，统一有效的购买服务平台和机制初步形成，相关制度法规建设取得明显进展。到 2020 年，在全国基本建立比较完善的政府向社会力量购买服务制度，形成与经济社会发展相适应、高效合理的公共服务资源配置体系和供给体系，公共服务水平和质量显著提高。过程中，须扎实推进政府向社会力量购买服务工作。加强组织领导，健全工作机制。政府向社会力量购买服务所需资金在既有财政预算安排中统筹考虑，加强政府向社会力量购买服务的绩效管理，严格绩效评价机制。严格监督管理，做好宣传引导。2014 年，针对养老服务发布了《关于做好政府购买养老服务工作的通知》（财社〔2014〕105 号）：以老年人基本养老服务需求为导向，将政府购买服务与满足老年人基本养老服务需求相结合，重点安排与老年人生活照料、康复护理等密切相关的项目，优先保障经济困难的孤寡、失能、高龄老年人的服务需求，加大对基层和农村养老服务的支持，并逐步拓展政府购买养老服务的领域和范围。并提出了"到 2020 年，基本建立比较完善的政府购买养老服务制度，促进形成与经济社会发展相适应、高效合理的养老服务资源配置机制和供给机制，支持和参与养老服务的社会氛围更加浓厚，养老服务水平和质量显著提高，推动建成功能完善、规模适度、覆盖城乡的养老服务体系"的目标。

2014 年 11 月，《关于创新重点领域投融资机制鼓励社会投资的指导意见》（国发〔2014〕60 号）首次提到"建立健全政府和社会资本合作（PPP）机

---

① 国家发展和改革委员会：《促进民间投资健康发展若干政策措施》，2016 年。

制"。次年5月,《关于在公共服务领域推广政府和社会资本合作模式指导意见的通知》(国办发〔2015〕42号)明确了政府和社会资本合作模式的定义,即政府采取竞争性方式择优选择具有投资、运营管理能力的社会资本,双方按照平等协商原则订立合同,明确责权利关系,由社会资本提供公共服务,政府依据公共服务绩效评价结果向社会资本支付相应对价,保证社会资本获得合理收益。为了规范推进政府和社会资本合作项目实施,各地区、各部门要按照简政放权、放管结合、优化服务的要求,简化行政审批程序,推进立法工作,进一步完善制度,规范流程,加强监管,多措并举,在财税、价格、土地、金融等方面加大支持力度,保证社会资本和公众共同受益,通过资本市场和开发性、政策性金融等多元融资渠道,吸引社会资本参与公共产品和公共服务项目的投资、运营管理,提高公共产品和公共服务供给能力与效率。6月,财政部发布了《关于进一步做好政府和社会资本合作项目示范工作的通知》(财金〔2015〕57号),地方各级财政部门要在养老、医疗、卫生等公共服务领域,筛选征集适宜采用PPP模式的项目,加快建立项目库。2016年6月,《关于组织开展第三批政府和社会资本合作示范项目申报筛选工作的通知》(财金函〔2016〕47号)制定了项目评审工作的相关要求及标准。同年7月,《关于深化投融资体制改革的意见》(中发〔2016〕18号)提到鼓励政府和社会资本合作时,要合理把握价格、土地、金融等方面的政策支持力度,稳定项目预期收益。要发挥工程咨询、金融、财务、法律等方面专业机构的作用,提高项目决策的科学性、项目管理的专业性和项目实施的有效性。2017年6月,针对养老服务发布了《关于制定和实施老年人照顾服务项目的意见》(国办发〔2017〕52号)[1]。

为加强城市养老院建设,持续扩大普惠养老服务有效供给,充分发挥中央预算内投资示范带动作用和地方政府引导作用,进一步激发社会资本参与养老服务积极性,推动养老产业高质量发展,2019年2月,国家发展和改革委员会、民政部、国家卫生健康委共同制定了《城企联动普惠养老专项行动实施方案(试行)》。文件中提到的支持医养结合的方式包括"加强社区、家庭的健康管理服务,支持养老机构开展医疗服务,加强养老机构和医疗机构的合作,鼓励医疗卫生机构与养老服务融合发展,鼓励兴办医养结合机构"等,重点建设

---

[1] 国务院办公厅:《关于制定和实施老年人照顾服务项目的意见》,2017年。

"养老服务骨干网,即老年人家门口的社区小型、嵌入式的服务设施"[1]。

(七)社区日间照料中心建设相关政策

2010年发布,2011年开始实施的《社区老年人日间照料中心建设标准》(建标143—2010)明确了社区老年人日间照料中心的定义,即为以生活不能完全自理、日常生活需要一定照料的半失能老年人为主的日托老年人提供膳食供应、个人照顾、保健康复、娱乐和交通接送等日间服务的设施[2]。社区老年人日间照料中心建设应满足日托老年人在生活照料、保健康复、精神慰藉等方面的基本需求,做到规模适宜、功能完善、安全卫生、运行经济。此标准的内容包括房屋建筑及设备、场地和基本装备。除对建筑规模及面积指标(规定建设规模应以社区居住人口数量为主要依据,兼顾服务半径确定)的规定外,还包括选址及规划布局、建筑标准及有关设施、建设内容及项目构成。

2016年发布,2017年开始实施的《社区老年人日间照料中心服务基本要求》(GB/T 33168—2016)规定了社区老年人日间照料中心服务的总则、基本服务和适宜服务。其中基本服务包括就餐服务,精神文化、休闲娱乐服务,午间休息服务,协助如厕服务;适宜服务包括个人照护服务、助餐服务、教育咨询服务、心理慰藉服务、保健康复服务等[3]。同样在2016年发布,2017年开始实施的《社区老年人日间照料中心设施设备配置》(GB/T 33169—2016)规定了社区老年人日间照料中心设施设备配置的原则、基本要求、基本配置和适宜配置。其中基本配置包括接待区、文化娱乐区、休息区、就餐区、卫生间、办公区,适宜配置包括保健康复区、心理疏导区、备餐区、浴室、理发区、洗衣区、交通设施、室外活动场地[4]。

2016年底国家发展和改革委员会发布的《"十三五"社会服务兜底工程实施方案》(发改社会〔2016〕2848号)提出,对于社区日间照料中心建设项目,2016年中央投资予以适当补助,2017—2020年由各地自行筹措资金解决。社区日间照料中心建设要求和补助标准:建设规模控制在750~1600平方米,平均总投资按200万元测算。中央预算内投资原则上按照东、中、西部地区(含享受中、西部政策地区)分别不超过床均建设投资或平均总投资的

---

[1] 国家发展和改革委员会、民政部、国家卫生健康委:《城企联动普惠养老专项行动实施方案(试行)》,2019年。
[2] 民政部:《社区老年人日间照料中心建设标准》,2010年。
[3] 民政部:《社区老年人日间照料中心服务基本要求》,2017年。
[4] 民政部:《社区老年人日间照料中心设施设备配置》,2017年。

30%、60%和80%的比例进行补助（设备包等定额补助项目除外），对特殊困难地区给予特别补助。2019年1月，《关于修订印发〈"十三五"社会服务兜底工程实施方案〉的通知》（发改社会〔2019〕193号）提出，对特困人员供养服务设施（敬老院）、光荣院、社会福利项目等切块下达中央预算内投资计划项目，参照"十三五"既定建设任务目标调整更新[①]。

（八）信息化技术支持社区医养结合服务相关政策

面临老年人口日益增加、养老资源相对短缺、城乡发展不平衡等客观矛盾，信息化健康养老服务体系的建设要以解决当前体制机制和传统环境下养老服务的突出难题为核心，利用信息化手段有效整合孤立、分散的养老服务资源，强化多部门联合监管和协同服务，鼓励市场参与，创新服务模式，拓宽服务渠道，构建方便快捷、公平普惠、优质高效的养老服务信息体系，全面提升养老服务能力。

2013年8月8日，《国务院关于促进信息消费扩大内需的若干意见》（国发〔2013〕32号）提出加快实施"信息惠民"工程，提升公共服务均等普惠水平。推进养老机构、社区、家政、医疗护理机构协同信息服务。同年10月，民政部发布的《关于推进社区公共服务综合信息平台建设的指导意见》（民发〔2013〕170号）提出重点任务之一为加强社区公共服务综合信息平台运行管理。有条件的地区，可以在社区公共服务综合信息平台的基础上，进一步拓展服务领域和功能，优先发展针对老年人、未成年人、残疾人、困难群体的系统应用。广泛吸纳社区社会组织、社区服务企业信息资源，促进社区公共服务、便民利民服务、志愿互助服务的有机融合和系统集成。完善社区服务信息推送机制，主动及时地为社区居民提供各类公共服务信息和生活服务信息。加强多种网络接入手段间的结合和转换，大力发展各类信息服务载体和信息服务终端，为社区居民提供"一网式""一线式"的综合服务。以上文件的发布为建立以社区为平台的医养结合服务信息平台奠定了基础。

为推进互联网、物联网等信息技术在养老服务和社区服务领域的广泛应用，更好地满足养老服务和社区服务需求，2014年1月9日，《关于加快实施信息惠民工程有关工作的通知》（发改高技〔2014〕46号）提出，医疗、养老、社区服务、家庭服务等均被纳入信息惠民工程实施的重点领域，重点任务

---

① 国家发展和改革委员会、民政部、中国残联：《关于修订印发〈"十三五"社会服务兜底工程实施方案〉的通知》，2019年。

之一为养老服务信息惠民行动计划。由民政部牵头会同国家卫生计生委、人力资源和社会保障部、工业和信息化部等部门组织实施，建立养老服务机构、医疗护理机构等网络互联、信息共享的服务机制，重点推进养老服务机构信息化建设，推广远程健康监测，拓展养老机构专业化服务的惠及面，推进养老、保健、医疗服务一体化发展。先期在 200 个养老服务机构开展试点，大幅提升养老信息服务水平。同年 10 月，民政部以养老服务为切入点，为优先支持居家和社区养老服务项目，吸纳社区志愿服务和商业服务资源，增强社区服务群众能力，推进社区服务信息化建设，针对性地发布了《关于开展养老服务和社区服务信息惠民工程试点工作的通知》（民函〔2014〕325 号）。为实现创新养老服务和社区服务信息共享应用的管理机制和政策环境，建立养老机构示范服务信息网络，提升养老机构信息化服务水平，推进医疗卫生服务与机构养老服务融合发展。深化社区服务信息化建设应用，加快社区服务信息化建设，完善社区服务信息化功能应用，计划通过开展试点工作，推动 200 个养老机构实现养老信息化管理服务，450 个社区实现以居家社区养老服务为重点的社区信息一体化服务，总结试点经验，使养老信息服务水平大幅提升，社区养老服务能力显著增强，"资源共享、协同服务、便民利民、安全可控"的社区服务信息化发展格局更加完善，社区公共服务、志愿服务和便民利民服务衔接配套的社区服务信息化体系更加健全。

2014 年 6 月 16 日，《关于组织开展面向养老机构的远程医疗政策试点工作的通知》（发改高技〔2014〕1358 号）提出，重点在远程医疗的操作规范、责任认定、激励机制、收费标准和医疗费用报销等方面，研究制定适用于面向养老机构远程医疗服务的相关政策、机制、法规和标准，探索市场化的服务模式和运营机制，在局部地区构建有利于面向养老机构开展远程医疗应用的整体环境，验证完善各类政策，建立面向养老机构远程医疗发展的长效机制，提高养老机构健康管理服务水平，探索养老机构与医疗机构的合作机制，推动医养结合发展。紧接着，民政部发布《关于开展国家智能养老物联网应用示范工程的通知》（民办函〔2014〕222 号），提出探索依托养老机构对周边社区老年人开展服务新模式。依托养老机构建设养老机构物联网信息管理系统，对周边社区老年人提供信息采集、医疗救助、健康体检等服务，探索对周边社区老年人开展养老服务、医疗服务新模式。加快建立智能养老服务物联网技术标准体系。民政部组织 7 家养老机构，研究制定数据采集传输技术标准、业务数据交换标准等，推动建立智能养老物联网技术应用标准体系，指导和规范智能养老物联网技术应用和建设。2015 年 7 月，国务院发布的《国务院关于积极推进"互联网+"行动的指导意见》（国发〔2015〕40号）提出，充分发挥互联网的高效、便捷优势，提高资源利用效率，降低服务消费成本，加快发展智慧健康养老产业。包括支持智能健康产品创新和应用，推广全面量化健康生活新方式。鼓励健康服务机构利用云计算、大数据等技术搭建公共信息平台，提供长期跟踪、预测预警的个性化健康管理服务。发展第三方在线健康市场调查、咨询评价、预防管理等应用服务，提升规范化和专业化运营水平。依托现有互联网资源和社会力量，以社区为基础，搭建养老信息服务网络平台，提供护理看护、健康管理、康复照料等居家养老服务。鼓励养老服务机构应用基于移动互联网的便携式体检、紧急呼叫监控等设备，提高养老服务水平。同年9月，《关于印发促进大数据发展行动纲要的通知》（国发〔2015〕50号）提出主要任务之一为加快民生服务普惠化，在城乡建设、人居环境、健康医疗、社会救助、养老服务、社会保障等领域开展大数据应用示范，推动传统公共服务数据与互联网、移动互联网、可穿戴设备等数据的汇聚整合，开发各类便民应用，优化公共资源配置，提升公共服务水平。很快地，民政部确定首批养老服务和社区服务信息惠民工程试点单位和地区。2016年6月，《关于促进和规范健康医疗大数据应用发展的指导意见》（国办发〔2016〕47号）提出重点任务之一为培训健康医疗大数据应用新业态，不断推进健康医疗与养生、养老、家政等服务业协同发展，发展居家健康信息服务，规范网上药店和医药物流第三方配送等服务，推动健康养老等产业发展。2017年1月，《关于促进移动互联网健康有序发展的意见》提出构建一体化在线服务平台，重点推动基于移动互联网的医疗、养老等便民服务，依托移动互联网广泛覆盖和精准定位等优势加快向街道、社区、农村等延伸，促进基本公共服务均等化。

2017年2月，《智慧健康养老产业发展行动计划（2017—2020年）》（工信部联电子〔2017〕25号）提出，到2020年，基本形成覆盖全生命周期的智慧健康养老产业体系，健康管理、居家养老等智慧健康养老服务基本普及，智慧健康养老服务质量效率显著提升；智慧健康养老产业发展环境不断完善，制定50项智慧健康养老产品和服务标准，信息安全保障能力大幅提升[①]（见表7—7）。为了实现此目标，国家卫生计生委办公厅2017年11月发布的《关于印发"十三五"健康老龄化规划重点任务分工的通知》（国卫办家庭函〔2017〕1082号）也提到了开展智慧健康养老示范项目，并明确了信息化智慧健康养老服务

[①] 工业和信息化部、民政部、国家卫生计生委：《智慧健康养老产业发展行动计划（2017—2020年）》，2017年。

体系的概念,为基于互联网、物联网、大数据及多媒体影像技术等网络信息技术,运用可穿戴设备等移动信息采集终端,实现老年健康状态信息的动态监测,将老年慢性病健康管理和以社区为平台的养老服务相结合,依托社区养老服务机构和基层医疗卫生服务机构,建设"健康管理+养老服务"的信息化智能健康养老服务体系。"十三五"期间,在 6 个城市开展智慧健康养老服务的试点工作。次年 9 月,公布了第二批智慧健康养老应用试点示范名单。同时,工业和信息化部办公厅、民政部办公厅、国家卫生健康委员会办公厅等部门联合发布的《关于开展第二批智慧健康养老应用试点示范的通知》(工信厅联电子〔2018〕63 号)对智慧健康养老应用试点示范内容做出了规定:一是支持建设一批示范企业,包括能够提供成熟的智慧健康养老产品、服务、系统平台或整体解决方案的企业。二是支持建设一批示范街道(乡镇),包括应用多类智慧健康养老产品,利用信息化、智能化等技术手段,为辖区内居民提供智慧健康养老服务的街道或乡镇。三是支持建设一批示范基地,包括推广智慧健康养老产品和服务、形成产业集聚效应和示范带动作用的地级或县级行政区[①]。

表 7-7　与信息化健康养老服务体系建设相关的重要制度与政策汇总

发文时间	政策文件名称	相关内容
2013 年 10 月	《关于推进社区公共服务综合信息平台建设的指导意见》(民发〔2013〕170 号)	有条件的地区,可以在社区公共服务综合信息平台的基础上,进一步拓展服务领域和功能,优先发展针对老年人、未成年人、残疾人、困难群体的系统应用
2014 年 1 月	《关于加快实施信息惠民工程有关工作的通知》(发改高技〔2014〕46 号)	医疗、养老、社区服务、家庭服务等均被纳入信息惠民工程实施的重点领域,重点任务之一为养老服务信息惠民行动计划。建立养老服务机构、医疗护理机构等网络互联、信息共享的服务机制
2014 年 10 月	《关于开展养老服务和社区服务信息惠民工程试点工作的通知》(民函〔2014〕325 号)	以养老服务为切入点,为优先支持居家和社区养老服务项目,吸纳社区志愿服务和商业服务资源,增强社区服务群众能力,推进社区服务信息化建设
2014 年 6 月	《关于组织开展面向养老机构的远程医疗政策试点工作的通知》(发改高技〔2014〕1358 号)	重点在远程医疗的操作规范、责任认定、激励机制、收费标准和医疗费用报销等方面,探索市场化的服务模式和运营机制

---

① 工业和信息化部办公厅、民政部办公厅、国家卫生健康委员会办公厅:《关于开展第二批智慧健康养老应用试点示范的通知》,2018 年。

续表

发文时间	政策文件名称	相关内容
2017年1月	《关于促进移动互联网健康有序发展的意见》	构建一体化在线服务平台,重点推动基于移动互联网的医疗、养老等便民服务,依托移动互联网广泛覆盖和精准定位等优势加快向街道、社区、农村等延伸
2017年2月	《智慧健康养老产业发展行动计划(2017—2020年)》(工信部联电子〔2017〕25号)	到2020年,基本形成覆盖全生命周期的智慧健康养老产业体系,健康管理、居家养老等智慧健康养老服务基本普及,智慧健康养老服务质量效率显著提升;智慧健康养老产业发展环境不断完善

(九)评估和监管体系等其他政策

评估和监管体系的建立对养老服务体系的持续发展有着重要作用。2012年6月,民政部发布的《社会养老服务发展监测指标体系》(民发〔2012〕92号)提出,从人口数据、福利补贴、服务保障(包括城乡社区居民养老服务机构、日间照料场所、城市/农村日间照料场所覆盖率、养老机构、公办养老机构等)、资金保障、队伍建设五方面建立监测指标体系。次年7月发布的《关于推进养老服务评估工作的指导意见》(民发〔2013〕127号)提出,探索建立评估组织模式,完善评估指标体系、评估流程,探索评估结果综合利用机制和监督机制。为准确、及时、全面地反映养老服务业发展的规模、水平、行业结构等基本情况,探索建立统一的养老服务业统计调查体系,民政部、国家工商行政管理总局、国家统计局共同研究决定开展养老服务业统计工作〔2014年12月8日,发布《关于开展养老服务业统计工作的通知》(民发〔2014〕251号)〕,统计内容包括机构养老、社区养老、居家养老、综合养老等四个方面,统计对象包括从事养老服务业生产经营或业务活动的企事业单位、社会组织和个体工商户。2017年8月,国家卫生计生委发布了《老年人不良风险评估》,包括9项推荐性卫生行业标准,其中与老年人护理有关的为老年人营养不良风险评估、人群维生素A缺乏筛查方法、肿瘤患者主观整体营养评估、老年人膳食指导、慢性肾脏病患者膳食指导、脑卒中患者膳食指导、恶性肿瘤患者膳食指导、高尿酸血症与痛风患者膳食指导。以上行业标准的设立为养老服务的规范提供了指南和评估依据。

三、现有社区医养结合相关政策存在的问题

（一）政策设计系统性有待强化，社区医养结合法治保障低位运行

以社区为平台的医养结合养老服务是一个复杂的系统工程，服务内容涵盖生活照料、家政服务、康复护理、医疗保健、精神慰藉等，涉及多项法律制度。

近年来，虽然国家及各省市密集出台医养结合的相关政策文件，但从已经出台的文件看，目前的政策还缺乏一定的系统性，原则性思路及规定较多，可操作性不强。首先，政策指导思想不够明确。医养结合涉及健康服务及养老，对于医养结合养老机构而言，通常提供的主要是基本医疗服务。按照目前我国基本医疗服务体系发展的基本原则，基本医疗服务应该坚持公益性原则，无论是相关服务的提供、筹资还是管理监督方面，政府都应该承担主要责任，非营利性医养结合机构应该是发展的主体。但在国家及各省市的相关政策文件中，医养结合产业的性质模糊，政策指导思想不明，医养结合到底应该是一项福利事业还是一项有利可图的产业，抑或是非营利性福利事业与营利性新兴产业的结合，还有待明确。当前我国医养结合事业的发展尚处在起步阶段，如果主要依靠社会和市场投入并提供服务，在我国老龄化程度日益加剧，但尚未形成私人投资非营利性机构的土壤，且主要医疗资源掌握在公立医疗机构手中的情况下，一定时期内要建立起能够为大多数老年人提供公益性医养结合服务的健康养老体系会非常困难。其次，目前的政策设计思路虽然强调坚持政府引导的基本原则，但具体工作主要涉及政府在制度建设、规划和政策制定及监管等方面的职责，政策支持手段也不够明确，并未过多强调政府在服务提供、筹资以及监督协调机制构建等方面的责任，相关政策缺乏统筹考虑的系统性。

医养结合领域关系复杂、牵涉多方利益，当前我国医养结合养老服务领域在行政法规层面的缺位，导致健康养老法治保障的低位运行，充斥着不少未经立法程序检验的部门规范性文件，制度连续性和可预测性难以形成。

（二）筹资及支付模式有待更新，财政支持方向有待明确

大部分文献研究及现场调研的结果都将目前的筹资及支付模式视为最突出的政策缺陷。在现有的政策体系中，目前医养结合服务的筹资来源包括社会、

单位和个人三方筹资，筹资方式几乎都是单一的社会保险体系，但在支付方式上，按照现有医保制度的规定，只有很少量的医疗服务内容为医保覆盖，绝大部分服务项目，包括长期照护等，仍主要依靠个人支付，致使部分需要长期照护的老年人为解决费用难题，超期住院，长期押床，低效占用卫生资源。未来随着老龄化程度的进一步加深，按照现行的筹资及支付模式，目前已面临较大压力的医疗保险基金，将很难在老年人长期照护、预防保健、康复理疗、心理咨询等医养结合服务方面提供更多支持。

在医养结合服务现有的筹资结构中，政府角色不明确，财政支持力度不够。目前虽出台有养老业、健康服务业的支持政策，但界定为对医养结合业务及机构的财政支持并不多，初期财政支持总额、财政支持的增长水平及可持续性等相关政策也欠缺，致使医养结合服务的筹资问题难以解决。从课题组访谈的情况看，几乎所有的业内人士都提到应该加强对医养结合服务的财政专项支持力度。由于缺乏直接的财政支持，除少数公立机构收费较为合理外，社会化机构的收费普遍和老年人口较低的平均收入水平不相适应。且医养结合机构由于医疗、护理服务要求更高，收费本就比一般养老机构更贵，导致医养结合机构更多地关注老年人是否有支付能力而不是依据其失能和健康程度来决定是否容纳，越是有需求的老年人越得不到相应的服务。另外，现有财政支持对象主要在供方，有限的财政资金主要投向了公立的医养结合机构，这些机构虽然收费比私立机构低，但对于我国相当部分失能、患病、高龄老年人而言，仍然无力支付机构的入住费用而得不到足够的医疗和照顾服务，且这些机构的床位更容易为掌握更多资源的部分老年人口占用。这种对供方的财政支持方式与直接支持需方的财政支持方式相比，资源的配置效率更低。

（三）顶层设计有待加强，低效率的多头管理模式有待修正

目前，国家还缺乏统一的医养结合发展总体规划与详细规划，医养结合养老服务资源与医疗卫生资源有效衔接率不高，医养资源整合经验不足。顶层设计不足导致医养结合流于形式，层次较低，难以满足老年人的需要。各地发展各自为政，医养结合普遍成为房地产开发的名目之一，缺乏实质内容。因此目前各地区、城乡之间医养结合服务的发展极不平衡，养老床位"短缺"与"闲置"共存矛盾突出。主要体现在：城市中心区域配置标准、管理规范，具备一定医疗服务能力的养老机构床位严重不足，普遍存在需入住的老年人排队等候现象，床位"一床难求"；而偏远农村和乡镇养老院层次比较低，缺乏医疗服务能力的民办养老机构床位"闲置"。

从目前出台的一系列涉及医养结合的政策看，基本都属于多部门联合签发。医养结合机构的日常运营要接受卫生、民政、公安等多个部门的管理，其中卫生和民政部门是主要管理部门，在政策推行过程中需要多部门协调。目前并无专门的医养结合机构管理办法。按照我国1999年颁布的《社会福利机构管理办法》，对于一般养老机构，民政部是审批单位，但要以卫生和消防的审批文件作为前置审批要件，日常运行中卫生部门以餐饮业和旅店业的标准来要求，消防部门用人员密集场所来认定养老机构，居家养老服务由老龄办主管，一旦涉及医养结合，卫生部门还要对机构的医疗资质进行认定，医保报销由社保部门管理。日常管理中有的地方按照养老机构的管理标准，有的地方按照医疗机构的管理标准，因而造成医养结合机构在政府管理部门归属上较为混乱。互惠互利、优势互补的局面很难形成，尤其在目前各单位分而治之的格局下，医疗和养老资源相互阻隔。民政、卫生、社保的多头介入影响管理效果，不利于医养结合养老体系建设，这种"多头管理"或"多头不管"的局面使得推动社区医养结合未能形成整体合力。在落实优惠政策、应对突发事件、制定管理标准上容易出现相互推诿或意见不合的情况，老年人的医养问题得不到有效保障，影响政策效率。

（四）服务主体责任不明确，机构转变有待推动

我国以社区为平台的医养结合养老服务由全国老龄工作委员会统筹管理，养老业务涉及的主管部门有民政、消防、食药监局等，医疗保障涉及卫生、人社等多个主管部门，医疗报销又涉及医保部门。在建设以社区为平台的养老服务的过程中，这些部门互相协调合作，各司其职，虽然可以齐头并进，互相支持，但很多业务在开展过程中依然存在权力交叉、职责不明的现象。政府部门仍处在多头管理的状态，部分分割管理阻碍了医疗和养老服务的有效结合。在发展以社区为平台的医养结合养老服务的过程中，涉及多个行政部门的统筹协调，所以我们要建立统一的行政管理及协调机制。努力消除行政部门间条块分割，加强民政、卫生、老龄、医保、人社等部门的合作和联系，以保证以社区为平台的养老服务模式的健康有序发展。在规范医养结合养老服务的过程中，我们不能简单地按照某单一行政部门的规范标准来实施。在以社区为平台的医养结合养老服务模式运行框架内，我们要清晰划分、明确各部门的各自的具体职能范围、考核细则、管理规范、审批标准等。卫生部门的职责就是建立医疗服务供给机制，加强相关配套设施，完善卫生资源服务布局。民政部门就应该从养老资源配置、专业人才培养、政策制定、建立监督管理体系等方面保障以

社区为平台的医养结合服务模式。老龄委等部门就应该负责维护老年人的健康养老的合法权益等方面的工作。政府要做好宏观调控，明确各部门具体的权责范围，打破行政壁垒，多角度给予政策支持，强化部门间的协调合作，促进以社区为平台的养老服务运行模式的健康发展。

能提供一定水平的医疗服务是医养结合养老机构和传统养老机构的最大区别，也是医养结合业吸引客户和资源、拓展市场的关键。目前，相关的政策文件中，医养结合服务到底应该由谁来提供、服务对象如何分层、服务内容如何界定、服务流程如何构建等都规定得过于粗放，距离满足社会对医养结合服务的需求还有较大差距。

在目前公立医疗机构占有主要医疗资源，特别是优质医疗资源的情况下，没有明确的激励机制来推动部分公立医疗机构向医养结合机构转变，没有为部分公立医疗机构转变为医养结合机构提供政策通道，包括性质转变认定、人事管理制度、财政补偿、医疗及养老保障资金支持、相关法律地位的界定。现有的公立医疗机构，特别是运营状况良好的公立医疗机构缺乏转变为医养结合机构的积极性，或者这些机构即使调整了其业务方向，也很难解决面临的资金、老年病员来源、人事管理、医保报销等实际问题，较难获得市场认同，缺乏生存能力。除由医养结合机构本身提供的医疗服务外，针对老年人口的某些较为复杂的医疗服务只能由专业的医疗服务机构提供，因此，如何在养老机构和掌握优质医疗资源的专业医疗机构间搭建技术支持平台及顺畅的转诊通道也是一个亟待解决的问题。目前虽有一些政策规定，但相关条文缺乏具体的操作性条款，很多养老机构和医疗机构的合作基本流于形式，产生的实际效果有限。

（五）行业标准有待完善，评估监督机制有待明确

近年来，国家出台了一系列医养结合相关文件，但主要属于产业发展指导性、方向性文件，医养结合产业发展还缺乏相关的行政法规。从对医养结合产业的实地调研所反映的情况看，市场管理手段不足，基本通过行政命令对资源进行调配，对行业进行管理。作为不同于传统养老机构和单纯医疗服务机构的组织，加之目前我国养老业服务标准不健全，医养结合的服务标准体系还未建立起来，相关的服务承诺、服务公约、服务规范等也比较缺乏。同时，由于医养结合的多头管理模式，有关医养结合机构及其服务的监管主体、监督机制及监管方式也不够明确，目前仅是民政、卫生计生、食品药品监管、工商、公安等行政主管部门及执法部门按照原有的行业划分及机构性质分别进行监管和执法，其医疗服务、养老服务的开展，服务质量及服务行为的监控，收费标准的

制定，乃至于医养结合行业的统计监测都还缺乏具体的规定。

当前面临的最大问题，是如何清晰地界定医养结合后的服务标准，哪些服务属于养，哪些服务又属于医。医养结合服务是为老年人提供包括医疗和养老在内的全面而综合的养老服务，涉及整合医疗资源和养老资源，而如何理清"医"和"养"的界限及关系就成了整合医养资源的关键所在。对于以社区为平台养老的老年人来说，社区卫生服务中心是社区医养结合模式中的重要一环，为老年人提供基本医疗保健、康复护理、体格检查和慢病管理等医疗服务。社区卫生服务中心的基本工作是为辖区内居民提供基本医疗和基本公共卫生服务，但并未制定专门的服务标准满足老年群体的医养结合服务需求。除此之外，医养结合服务中的护理服务还需进一步划分为生活照护和医疗护理。对应不同护理等级，应以老年人的生活自理能力及需求为标准，进一步评估划分。此外，对医养结合机构中护理人员的资质等级尚未做出明确划分，护工与护士的职责交叉重复，界限不清，部分护工甚至不具有生活护理资质就去做医疗护理的工作，而护士又需要兼顾生活护理的任务，造成医养结合服务中护理质量参差不齐，资源浪费严重，监管更是无从下手。

根据老年人的生活自理能力，或者失能的等级进行医养结合服务标准的划分，比如划分出轻、中、重三个等级的失能老年人。对于轻度失能的老年人，仅需要保证充足的生活照护服务即可；而对于重度失能的老年人，则要区别对待，根据具体身体情况进行评估。所以仅仅按人头实行"一刀切"的统一的资源分配是有失公允的，不利于医养结合养老服务的具体落实和长期健康发展。因此，按照不同失能等级，为老年人提供不同等级的护理服务和资金支持，将会大大优化医养结合服务资源的配置，避免不必要的分配不公和资源浪费现象。

（六）专业人员的准入标准有待规范，志愿服务体系尚需健全

建立和完善以社区为平台的医养结合养老服务模式，就必须保障基层要有充足的医疗和养老资源的储备，这是顺利开展医养结合养老服务的物质基础。《养老机构设立许可办法》对人员准入只进行原则规定，未明确制定细则。除了体现医养结合机构服务质量的硬条件如居住环境、床位条件等很重要外，对服务人员的水平等软条件也要足够重视。对医养机构不同岗位人员应制定准入标准细则，持证上岗，加强管理；形成有效的奖惩制度，对于出现严重事故要严肃追究责任；保证医养产业的健康发展。

人才总量缺乏，结构不合理，质量不高，且缺少养老资源的投入，进一步

造成床位空置、床位入住率低、病床周转率低的尴尬局面，阻碍了医养结合服务的整体建设。

医养结合机构既不同于传统的养老机构，也不同于单纯的医疗机构。医养结合机构的从业人员，除了具备老年医学、姑息医学、慢病防治等医学专业背景的医务人员外，还需要大量具备基本医学常识及技能的护理人员。从现场调研反映的情况看，目前医养结合机构普遍存在人力资源瓶颈。除一些退休医务工作者外，年富力强的专业医学院校毕业学生普遍不愿去养老机构，即使是由专业医疗机构转变为医养结合服务机构的部分专业人员也不愿长期从事相关工作，人才流失率较高，致使医养结合机构缺乏相关医学人才，难以保证提供完善的相关医疗服务。对于护理人员，更是存在社会认同度低、待遇低与工作量大的问题，员工流动率居高不下，人力资源成为制约医养结合服务发展的重要瓶颈。目前的政策规定主要强调加强相关人员的培养及职业资格培训，但成体系的人才培养模式还没有建立起来，在一些具体的人事政策上也缺乏明确的规定。如对于医养结合机构的医务人员，是完全参照医疗机构医务人员的人事管理方式，还是应该有自身的特殊性？公立医养结合机构的人事分配制度应该如何制定？志愿者及社工群体的医护培训如何开展？原有的护工群体如何纳入职业资格管理？政策亟待完善及细化。

由于老年群体多元化、多层次的养老服务需求，在加强专业队伍建设的同时，应充分发挥志愿者团队在养老服务中的重要作用。目前的养老事业志愿者服务，大多鼓励专业社会工作者、社区工作者、志愿服务者为老年人提供关爱保护和心理疏导、咨询等服务，大多是一种临时性的观念和做法，而不是一种长期性制度安排，而且缺少政府部门的实质性支持，志愿者服务在养老这个领域未能发挥出巨大的作用，长期性、制度性的养老事业志愿者服务团队有待进一步发展。

（七）城乡二元结构明显，家庭衔接政策有待完善

目前，城乡二元结构、农村经济社会发展相对滞后等，使得农村人口老龄化形势比城市更严峻，且农村老年人健康养老问题与城镇老年人相比更为艰难，但农村健康养老保障却远远落后于城市，农村大部分老年人依然是依靠家庭养老的传统养老模式维持生活。总体来看，我国老年人保障覆盖率超过了95%，但在农村地区保障力度仍显薄弱。在城乡二元结构的背景下，养老立法也存在相应的阻碍，农村养老立法工作有所滞后。相关研究表明，农村养老法制保障存在的不足主要表现在以下几个方面：农村养老保障基本法欠缺、农村

养老资源保障法制欠缺、农村养老保障现行法律政策低效、农村养老保障失效补救法制欠缺、农村养老执法不严且缺乏惩罚制度等。

社区养老服务是居家养老的重要支撑，具有社区日间照料和居家养老支持两类功能，主要面向家庭日间暂时无人或无力照护的社区老年人提供服务[①]。已经出台的健康养老服务相关政策文件，着重强调的是如何引入民间资本参与机构建设、如何降低准入门槛，重点关注养老床位数，发展社区养老服务体系的政策还较少。目前，社区医养结合相关机构的经费来源十分有限，与社区养老机构的综合性服务职能形成鲜明对比[②]，社区健康养老机构的发展需要更多依靠财政支持，其综合性功能的发挥缺乏良好的政策保障。此外，缺乏专项费用用于老年人的长期照护保险，同时医保费用尚未覆盖居家养老和社区养老模式，上门服务与家庭衔接等相关政策尚需完善，进一步阻碍了社区医养结合模式的运行和发展。

（八）保障体系功能分层有待明晰，资源利用率有待提高

从仅提供基本健康管理服务的一般性社区养老机构到能够提供全面的高水平医疗服务的高等级医疗机构，社会存在多样化、多层次的医养结合服务需求。而目前相关政策的规定中，医养保障体系功能分层不清，医养结合机构定位不清，养老保障服务系统其他环节的功能不明确。业内人士普遍提到应该完善医养服务评估体系，包括对老年人不同生理与心理状况的分级评估以及对医养结合服务机构的评估，并实现与之相配套的医养服务保障体系功能分层。

在发达国家较为完善的养老体系中，针对不同生理及精神状况老年人的医养服务保障体系，其功能有明确的划分。首先，对老年人生理及精神状态的评估有专业团队及标准，其次，不同层次机构之间有顺畅的转移机制。根据失能、患病或大病康复期的老年人的身体状况，提供不同层次的医养结合服务。当老年人身体状况改善时，转至居家或社区养老，有效利用资源，减少医养结合机构负担。但是，由于我国既缺乏对不同医养结合服务机构的分级定位，也没有专门对老年人生理及精神状态进行等级评估的标准及专业团队，不同层次机构之间的转移机制也不顺畅，因此一些进入了具备较好医疗服务条件机构的老年人，身体好转后也不愿意离开，担心一旦离开未来无法找到合适的养老机

[①] 郑伟厚、刘晓桐：《我国保险公司布局养老产业的现状分析及优化建议》，《南方金融》，2019年第3期，第72～79页。

[②] 张洋：《我国社会养老服务体系完善研究》，东北师范大学，2016年，第141～143页。

构。一些老年人把医院,甚至是高等级医院的病房当成养老处所,滞留在这些机构中不愿搬出。部分医养结合机构又基于经济利益考量而接受老年人滞留,造成入住对象流动率过低,宝贵的养老医疗资源被低效占用。

四、完善社区医养结合领域政策的总体思路

健康养老服务政策的出台主要基于我国人口老龄化加速发展,老年群体养老服务需求呈现丰富性、多层次、递进性、多样性的特点,家庭养老功能不断弱化。从政策发布时间和数量上看,2013年后出台的健康养老的政策相对较多。从出台的政策类型上看,主要有通知、意见、办法、决定。从发文单位上看,国家层面主要有民政部、国家发展和改革委员会、财政部、国务院、国务院办公厅、国家卫健委发文,省级层面主要有民政厅、人民政府、财政厅、国土资源厅、发展和改革委员会、卫健委等。

从政策的具体内容分析,国家在2006年提出加快发展养老服务业,此后围绕以居家养老为基础、社区服务为依托、机构养老为补充的服务体系建设,制定相应的规划和政策保障措施。随着老年人口和失能、半失能人口增加,老年人对医疗和养老的需求越来越大,国家于2011年提出鼓励老年养护机构中内设医疗机构,2013年提出促进医疗卫生资源进入养老机构、社区和居民家庭,随后在医养结合方面制定了一系列政策,提出要建成以居家为基础、社区为依托、机构为补充、医养相结合的养老服务体系。

(一)政府主导,市场驱动

在制定相关政策时,首先应坚持政府主导、市场驱动的原则,明确划分政府和市场的边界。一方面更好地发挥政府在规划引领、政策引导、财税管理、制度建设及行业监管等方面的作用,为医养结合事业营造良好发展环境;另一方面要注重充分发挥市场在资源配置中的决定性作用,完善市场体系,增加市场供给,满足多元需求,提高医养结合服务行业的整体质量和效率。

(二)统筹兼顾,突出重点

在制定相关政策时,应该统筹兼顾,突出重点。政策内容既要考虑到医养结合事业发展的各个方面,又要重点关注目前医养结合事业发展中的关键问题,尤其要针对目前政策体系中存在的问题加以完善。同时,鉴于目前医养结合服务的多头管理模式短期内难以破除,在完善政策体系的过程中,需要更加

注重政策的系统性及协调性，提高政策效率。

（三）改革创新，规范引领

医养结合是新兴产业，因此在制定相关政策时，要开拓思维，改革创新。进一步破除体制机制障碍，深化养老改革及医药卫生体制改革，推动制度创新、管理创新和技术创新，充分激发资源潜力，有效释放社会活力。充分尊重行业发展特点，探讨行业发展趋势，体现政策的规范引领作用，保持政策的前瞻性及灵活性。

在此期间，政策主要围绕养老服务体系建设提出从完善养老保障制度、加强养老年人才队伍的培养、支持社会资本进入养老行业、政府购买服务、养老服务信息化建设等方面来保障医养结合养老服务的发展。

第八章 国外社区养老服务相关经验及启示

一、国外社区养老服务的相关经验

(一) 美国的社区养老服务经验

1. 美国的社区养老与养老地产

在美国,社区作为一个平台和结合点,成功地整合了家庭、社区组织、志愿者、各类营利与非营利组织的力量[①],致力于为老年人提供持续性的服务,包括生活照料、住房改造和医学护理等,提供了一种性价比较高的养老服务,减轻了老年人及其家庭的经济负担,提升了老年人的生活质量。美国社区养老服务模式的特点主要表现在:一是强调养老服务的公平性和承受能力,加强服务住房的联系;二是为弥补政府的力量缺失,鼓励民营非营利组织参与社区养老服务的提供[②];三是确立社会支持的养老价值观,相比其他国家,地方政府的政策可以因地制宜,较为灵活。

美国拥有雄厚的经济实力,多数老年人经济情况也比较宽裕,居住的社区主要有两种:一种是集合式老年住宅,主要提供集体式生活和公共服务,缺乏医疗护理;另一种是护理型老年住宅,这种社区较注重老年人的自我隐私,同时社区根据不同级别提供对应的护理服务,老年人得到更贴心舒适的照顾。美国养老社区与当地民族文化有很大关系,养老社区主要在地广人稀、环境优美的地带。社区更有健全的配套设施:基本健身设施、娱乐活动设施、医疗服务

---

① 王承慧:《美国社区养老模式的探索与启示》,《现代城市研究》,2012年第8期,第35~44页。
② 宋晓宇、范迪:《社区居家医养结合发展:美国经验及上海借鉴》,《科学发展》,2018年第8期,第109~114页。

设施等。在美国,社区家庭护理服务有几种做法:

(1) 白天为老年人服务的"托老中心",设施较为齐全,属于日托制,设有阅览室、健康室和活动室等,老年人可以一起读书、做活动,并提供三餐。

(2) 服务全面的"退休之家"。"退休之家"的设施包括起居室、紧急呼叫系统和医务室,可以提供医疗服务、餐饮服务、打扫房间服务等,属于全托制。

(3) "互助养老",让老年人一起相处,互相帮助。

(4) 提供上门服务,根据该国政府的一个福利家庭养老金计划,政府资助金钱,并派遣专业人士为有需求的老年人服务[①]。在美国上门为老年人提供服务的人员称为家庭保健护士,除能提供日常照料服务外,还具有一定的专业护理服务能力。

根据美国老年社区协会的划分,根据服务的类型和护理的水平,养老社区可分为六种类型,即活跃老年社区、老年公寓、独立生活社区、协助生活社区、专业医疗护理养老院和持续护理退休社区(CCRC)[②];按照其功能性,可以分为四类,即生活自理型社区、生活协助型社区、特殊护理社区、持续护理退休社区(见图8-1)。在美国,老年社区与医院和专业护理组织密切合作。例如,CCRC为老年人提供三种服务:护理生活服务、辅助生活服务和独立生活服务。而入住者可以根据健康状况自由选择,社区的房屋有高中低档之别,能够满足不同年龄、财力老年人的需求[③],老年人在选择房屋时可以根据自身经济条件,在无陪护型、陪护型、特护型等不同的类型间进行权衡。CCRC的特点是涵盖老年人生活的各个方面,享受的服务包括介助、护理、自我保健和治疗,同时考虑到食物、穿衣、住房、护理、自我实现和社会生活的需求。CCRC的建筑风格及建筑构架都是从满足老年人需求为中心出发设计的,避免了老年人因健康状况恶化而更换居住地。其强调为老年人提供全生命周期的服务,即从独立生活到必要时的辅助生活和护理,老年人可以只在熟悉的楼层间或建筑物间走动,不需要重新适应陌生地区。

---

① 穆光宗:《美国社区养老模式借鉴》,《人民论坛》,2012年第22期,第52~53页。
② 丁静:《福利多元主义理论视角下的农村养老服务供给研究》,辽宁大学,2014年,第3页。
③ 谢芳:《美国的退休社区与"居家援助式"养老模式》,《社会》,2004年第12期,第35~38页。

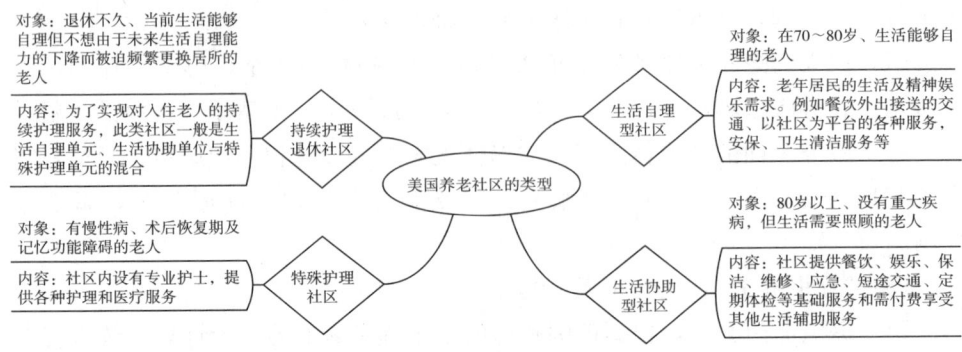

图 8-1 美国养老社区的类型

美国养老地产模式与社区养老存在一定的交叉关系，与老年人熟悉的居住社区存在三种关系：第一种是养护院，基本不存在社区关系支持，进入以医疗看护为主的机构养老阶段；第二种是在新的地区建立新的社区关系，即搬入相对封闭的养老居所，同时获得护理服务；第三种是原社区或附近的养老金房地产，原社区没有断开连接，但它提供的服务主要面向养老居所住户。

值得注意的是，近年来，美国养老地产业强调多代际的共居，同时在社区中由不同收入的居民，从原有的封闭开发向强调社区共享的方向发展。与此同时，由于商业养老地产以利润为导向，主要针对中高收入的老年人，房价和服务费相对较高。我们应认识到这种针对中高收入的老年人的模式存在其局限性，难以推广到大多数人群，因此政府和学术界现在主要倡导的是商业养老地产，这种模式针对的是中等收入老年人，例如生活协助型社区。在美国，低收入老年人可以获得政府的住房和医疗保健补贴，中等收入老年人的养老逐渐受到关注，考虑到中等收入老年人的负担能力，推出了生活协助型社区。中等收入老年人对生活协助型社区的需求较高，注重与大型社区的互动。目前美国的趋势是加强生活协助型社区与更广泛社区之间的互动。

在美国，政府并不直接参与养老服务的供应和组织工作，主要通过各种各样的资助计划参与调控，地方政府根据地方情况也可制订资助计划。大多数项目的重点是支持组织对各类服务进行整合，还有部分项目注重可持续人力资源的供给。由于政策种类较多，政府提倡增强信息服务，帮助老年人进行选择。这就需要有高服务组织水平的机构进行承接，要求其可以整合资源，并提供合适的服务给老年人，这在整个政策体系中具有重要作用。在美国，这些机构多是非营利组织，其利润主要来自其服务业务的供应链，这与营利性机构的利润来源截然不同。显然非营利组织必须具有更大的作用才可以保证社区护理服务的可负担性，让更多的老年人在社区得到合适的服务。这些非营利性的社区养老服务机构在美国社区养老中具有支柱作用。政府对这些机构的态度是有竞争的支持。因此，这些机构必须具有良好的组织结构、信用基础，并证明其具有很好的运作能力。在具有良好的声誉和服务的前提下，政府才会提供支持，这些机构才能与其他服务提供商建立合同关系①。

2. PACE 与医养结合

PACE 发源于 20 世纪 70 年代旧金山的华人居住区，PACE 是一个综合性健康服务的管理型照护系统，2017 年运营机构中的非营利组织占比达 93%。该计划的目的在于为那些符合养老院标准的老年人提供全面的康复、急症和慢性护理服务。PACE 提供一站式服务的主体机构是成人日间健康中心（Adult Day Health Center，ADHC），为患有慢性病或急性期之后的老年人提供护理、营养咨询、体检、物理及心理治疗、临终关怀等综合服务。为提高老年人生活质量，避免住院，ADHC 白天为老年人提供治疗服务，晚上用车接送老年人回家，通过 24 小时持续监护，密切监测老年人健康状态的变化，及时采取措施。PACE 搭建了跨学科管理团队（Interdisciplinary Team，IDT），IDT 由以医生为决策者的多种职业的成员组成，包括保健医生、护理医师、治疗师、护士、社工、护工和司机等。服务者长期与老年人保持联系，监测其在身体及心理方面的变化，小组成员保持有效的沟通，给老年人有效的帮助。该团队可以有效地管理老年人的健康状态，延缓或阻止转变成慢性或急性的病症，关键是可降低住院率，提高生命质量。IDT 成功的关键在于充分地发挥团队优势，为老年参与者制订兼具创新性和灵活性的医疗保健计划，居住于 PACE 社区的老年人，可以与和他们签约的 IDT 团队成员长期交流，根据其健康状态的变化，及时调整服务方案。该计划对参加者的要求是，经过专业评估，能在社区生活并在家接受照护的 55 岁以上人群。但实际上，美国参加该计划的多为高龄老年人，年龄在 80 岁以上，并患有多种急/慢性疾病，据统计，约一半的参加者曾被诊断为痴呆。老年人只要参加了 PACE，除非其自愿退出，不论健康状态如何变化都可以一直享受服务。服务内容主要包括康复性服务、医疗性

---

① 黄淑娴、杨芷玥、黄翰等：《美国社区居家养老典型模式对我国医养结合养老服务发展的启示》，《劳动保障世界》，2017 年第 17 期，第 13~14 页。

服务、社会支持性服务和紧急救助服务四大类（图 8—2）①②。每类服务有各自的定位，例如康复性服务，目的是恢复、维持老年人的日常功能状态，既包括身体和认知功能，也包括减少抑郁等社会支持服务。专业人士通常会对家庭环境进行检查，以改善可能增加事故的环境因素，例如在浴室内放置防滑椅子和扶手、将台阶改为斜坡等。此外，司机的服务也是 PACE 的重要组成部分。PACE 将提供全天候护理中心活动和医疗交通服务。

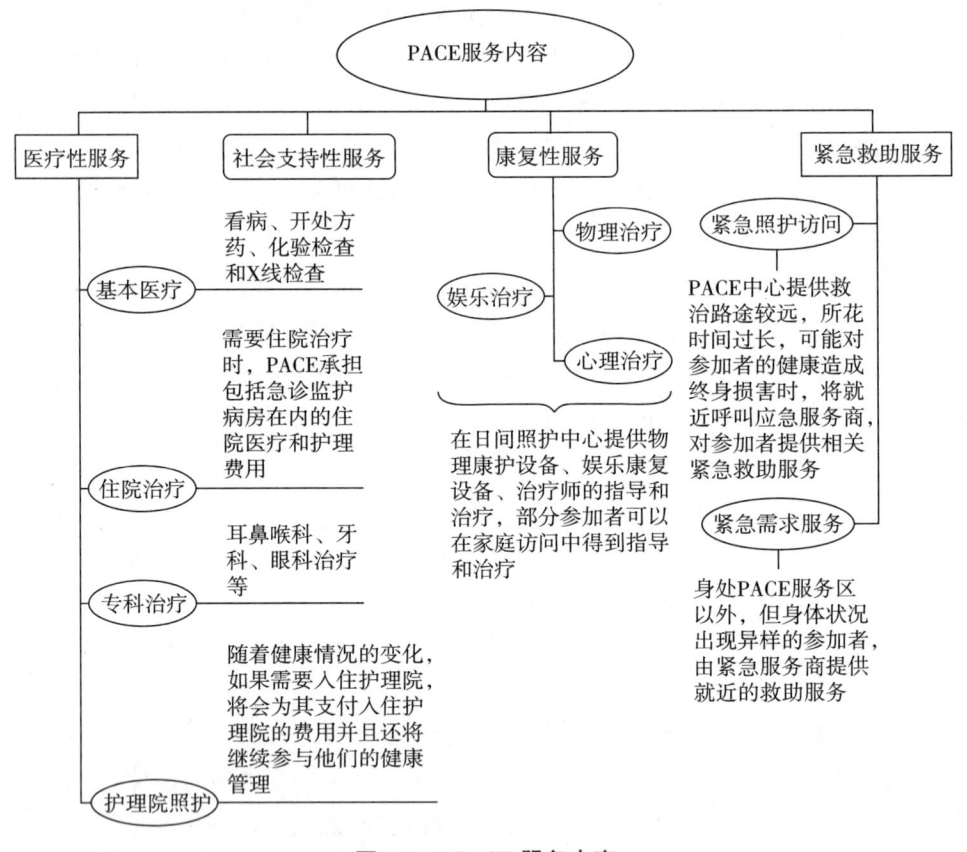

图 8—2 PACE 服务内容

一般而言，在参与 PACE 后，IDT 团队将对老年人的健康状态进行评估，考虑其需要，制订个体化的保健方案。其特色在于，该方案并不是不变的，每

---

① 李昂、张婧懿、郭倩等：《美国 PACE 模式及其对我国医养结合的启示》，《中国医院管理》，2017 年第 10 期，第 94~96 页。
② 宋晓宇、范迪：《社区居家医养结合发展：美国经验及上海借鉴》，《科学发展》，2018 年第 8 期，第 108~113 页。

一年，同一 IDT 团队成员都会对老年人的健康状态进行综合评估，及时调整方案。整个过程是动态的，随老年人的生命周期改变而改变，所需要的费用也随之改变。制订服务计划后，服务的提供主要地点在日间照护中心，平均 3 次，可以根据个体需要增减。就支付而言，主要由美国两大公共医疗保障计划———美国医疗保险（Medicare）和美国医疗补助（Medicaid）予以支付。

据美国权威评估机构显示，PACE 可以减少对上门服务和全托制机构服务的需求，并在延长生命质量年、预防急/慢性疾病、维持日常活动功能方面起到重要作用。同时因为其减少了住院的次数，也变相地节省了医疗支出。参与该计划的老年人自评健康状况显著较优，总体上降低了 Medicare 计划 16%～38%的费用，降低了 Medicaid 计划 5%～15%的费用。PACE 的优势在于其跨学科团队实实在在地整合了各学科的资源，这样就可以更全面地了解老年人的身体健康状况，并且由于团队与老年人绑定，长期接触在沟通上更显优势。同时，PACE 并不是一个封闭的体系，民营机构可以在与中心签订协议后参与进来提供服务，这样就引入了市场竞争的活水，可以评估这些机构的质量，优胜劣汰，最终实现优化公共服务供给和促进老年产业发展的双重目标。

（二）新加坡家庭养老服务经验

1. 提倡以社区为支撑的居家养老服务相关政策

新加坡是进入老龄化社会最快的国家之一，其 65 岁及以上人口占比从 7%上升到 14%所用时间为 19 年，快于法国的 115 年、美国的 69 年、中国的 26 年。作为亚洲地区六大受儒家文化影响的国家之一，自成立以来新加坡始终在推广儒家的孝道文化，而在 20 世纪 80 年代的儒学推广运动中，在社会上建立起了家庭对老年人养老提供保障的观念，并出台相应的法规保障和政策激励措施。在政策、法律和法规方面，新加坡政府于 1994 年颁布了《奉养父母法》，随后颁布了一系列法律法规，如《赡养父母法》《老年人院法令》。为确保严格执行相关法律，减少主观判断，新加坡建立了严格的老龄化工作监督和问责制度[①]，量化各项指标，确保政策和法律的实施。

新加坡有 84 个选区，社区以选区为基础。作为家庭护理的支持平台，每个社区都有公民咨询委员会、市政委员会和居民委员会，共同承担社区养老任务。客观原因是新加坡作为城市国家，从顶层设计到基层的落实较容易实现，

---

① 朱凤梅：《新加坡养老保障体系：制度安排、政府角色及启示》，《社会政策研究》，2018 年第 1 期，第 26～46 页。

在社区议员们的积极推动下[①]，社区工作能够比较好地实现上层意图。强调家庭是赡养老年人的责任主体，社区则支持和协助家庭履行这一责任，使绝大部分老年人在家里或者社区享受到优质的养老服务，即就地养老服务。为鼓励家庭养老[②]，新加坡政府出台了一系列福利政策，例如通过津贴计划减轻赡养老年人家庭的经济负担，若子女与父母共同居住则可以领取到住房津贴和"三代同堂花红"等。同时政府出资在社区建设基础设施，如托老所等，主要是为了减轻子女赡养老年人的负担，免除他们的后顾之忧。这些举措充分体现了政府对社区弥补家庭保障不足，帮助子女更好地照顾父母的定位，符合儒家文化对孝道作为立国之本的重视。除了政府的力量之外，在社区平台上，宗教组织、宗乡团体和会馆、民间组织参与的养老机构等都有发挥作用，而这正体现了新加坡社会保障制度强调的"多方的援手"作用，因此，政府建立公平的制度环境，吸引并为各种各样的民间组织如企业、志愿者组织等提供保障，不但减少了政府负担，还确确实实地使民众做出了回报社会的行动[③]，体现新加坡文化推崇的自助和自力更生，激励国民在年轻时努力工作。

2. 新加坡社区居家医养结合养老服务的发展

经过多年的努力建设，新加坡成功地构建了以社区居家养老为主体的养老服务体系，体现了其一直提倡的"家庭为根，社会为本"的社会价值观。近年来，受西方"整合照料"理念的影响，新加坡政府开始尝试综合居家养老服务。在社区养老服务和综合居家养老服务中，服务提供机构包括居家养老服务机构（Home Care）、日间照料中心（Day Care）和入住式养老服务中心（Stay-in Care）。居家护理服务主要提供送餐、个性化护理、康复、医疗和临终关怀等服务。社会照护中心包括老年人日间活动中心、日间康复中心、阿尔茨海默氏症日间护理中心和老年人日间护理中心。入住式养老服务中心包括养老院、庇护所和社区之家、入住式临终关怀中心和社区医院。

新加坡的老年人根据国家标准大致被分为四类：一是在身体和精神上基本健康，能独立生活的老年人；二是行动能力受损，但还能半行走的老年人；三是丧失独立行走能力需要坐轮椅或卧床不起的老年人；四是患病非常依赖照护

---

① Teo Peggy: Health care for older persons in Singapore, Journal of aging & social policy, 2004, 16（1）: 43~67.

② Tong R: Long-term care for the elderly worldwide: whose responsibility is it? International journal of feminist approaches to bioethics, 2009, 2（2）: 5~30.

③ 周薇、黄道光:《解读新加坡老年社会福利：基于中央公积金制度之外的思考》,《东南亚研究》, 2015年第5期，第10~15页。

的老年人。新加坡不鼓励老年人入住养老院,第一类老年人无法申请入住养老院,即使是第二类老年人的数量也受到严格的限制。入住养老院必须满足一定的条件:一是因病导致身心残疾、半失能,使用轮椅或卧床不起,需要日常护理;二是需要如厕或走路方面的协助等;三是尝试过其他方式无法提供适宜的服务。

在新加坡,初级保健服务由家庭医生运营的门诊提供,目前新加坡有大约1500所家庭医生诊所,提供了新加坡80%的初级医疗卫生保健服务,为在社区家中养老的老年人提供健康管理服务、"急性"医疗服务(针对呼吸道感染、跌倒、腹泻等)、"慢性"医疗服务(针对需要长期随访的糖尿病、高血压等)。为提高家庭医生在初级医疗保健和养老方面的作用,政府出台了多项政策措施,其中也包括政府购买服务的方式。例如为降低居民购买家庭医生服务负担,政府在2012年实施了社保援助计划(Community Health Assistant Scheme,CHAS),该补贴帮助了许多中低收入家庭获得家庭医生服务。

值得注意的是,新加坡的社区医院近年来正逐渐成为社区机构养老最主要的服务提供者,社区医院的运营者主要是非营利机构团体,主要服务于那些从急性医院出院,但仍然需要住院治疗康复的患者,并对他们提供透析服务、伤口护理、亚急性痴呆护理等医疗和康复服务。并且,其一般可提供门诊服务,所有社区医院都设置有日间康复中心,为需要的患者提供服务;部分社区医院为了使患者更好地重返家庭社区生活,设置有模拟房间。服务特色在于社区医院的服务人员通常以团队协作的方式工作(团队成员包括医生、康复治疗师、药剂师、护士等),因此他们也可以提供居家医疗、护理服务。

新加坡慢性病在疾病谱中占比越来越大,带来了老年照料模式的思维转变。在新加坡,恶性肿瘤、慢性退行性疾病和代谢性疾病的患病率在老年群体中越来越高,促使照护组织在照护供给方式上转变,以社区为平台的医养结合服务不断发展。

3. 新加坡养老服务标准化经验

新加坡老龄产业标准化委员会(Silver Industry Standards Committee,SISC)隶属于新加坡标准化委员会,旨在提高老年人的晚年生活质量,确保政策落实不走样。SISC关注的领域包括老年人医疗服务和养老服务、营养、家庭和社区的宜居性等。为了保障养老服务提供的质量,SISC参与制定了《疗养院服务标准》(*Enhanced Nursing Home Standards*)和《社会照护中心服务指南》（Guidelines for Centre-based Care）等一系列标准指南①。

社会照护中心包括日间活动中心、日间康复中心等，其在老年人居家养老服务提供上起着重要的作用。以《社会照护中心服务指南》为例，其内容主要包括：①照护服务的提供，包括服务的可及性、服务的评估计划考核、服务输送、照护者的参与和支持、协调服务、交通服务和转院等。②安全，包括卫生防疫、服药管理、预防跌倒和受伤、食品安全、环境和便利设施设备、消防安全、保障措施的使用限制和事故处理报告等。③保障老年人的尊严，包括老年人的参与和独立决策、尊严隐私和老年人的反馈意见处理等。④组织管理，包括人员配备、人员资质和培训、员工权利、志愿者管理、机构治理、财务管理、持续改进和风险管理。

居家养老是新加坡政府一直以来倡导的养老方式，为了保证提供高质量的各类居家养老服务，2013年，新加坡成立居家养老服务标准化工作组，制定了包括整体照护质量、老年人被告知权等的《居家养老服务指南》。此外，为确保服务标准的落实，新加坡卫生部联合整合性照护服务局（Agency for Intergrated Care，AIC）制定实施了很多措施，为工作人员和监管人员提供很多的培训课程，提高其服务能力。

（三）德国社区居家养老服务经验

1. 德国社区居家养老模式及其文化背景

2014年底，德国60岁及以上的老年人2220万，超过总人口的27%；65岁及以上的老年人占比21%；75岁及以上的占比11%。德国联邦统计局预计，60岁及以上的老年人到2030年将达35%，2050年将达38%②。德国《基本法》并未规定子女赡养父母的义务，政府和社会是养老责任的主要承担者，相比于个人自主性较低的机构养老，能够自主决定自己生活的社区居家养老仍是德国老年人的理想选择，为满足老年人尽量不离开熟悉环境，提高自主性的需求，德国正探索一条由居家养老和社区养老提供绝大部分服务的养老服务体系。

居家型养老：根据老年人的健康状况有不同的模式可以自主选择。一是传

---

① 陈天红：《新加坡养老服务标准化及其启示》，《中国质量万里行》，2016年第7期，第56~57页。

② 徐玲：《从文化角度解读德国的创新养老模式》，《安徽文学（下半月）》，2018年第4期，第87~88页。

统居家养老，老年人仍然居住在自己家中，与社区诊所或流动护理机构签订合同，接受健康状况评估和护理咨询后，享受居家照护。优点是最大限度地保留生活自主，适合于生活能力较强的老年人，其不用离开熟悉的生活环境，提供的服务既包括专业的护理服务，也包括紧急呼叫和定期的上门门诊服务等。二是共居养老，又被称为"抱团养老"，由小型的老年组织或相熟的朋友发起，十几个人合租一套公寓，其中生活起居室每个人独立，其他厨房、浴室和客厅花园等公用，可以带自己的家具。老年人们的自理能力不同，可相互照料，剩下仍然需要提供的服务，协商后签订合同由其他机构提供部分专业护理服务或家务协助。优点是可减少机构护理可能存在的过度服务提供，减少费用，老年人们可以聊天解闷、聚会活动，增加了精神慰藉，适合那些喜欢集体互助的老年人。三是合居援助，老年人给年轻人、大学生提供住房，只收水电费，免收租金，租房者为老年人提供一些商定的服务，如逛街聊天、家务卫生等。与年轻人的生活沟通，可提升老年人的心理生活质量，加深与社会的联系，减轻社会孤立感。

在德国，社区养老则是指选择居住到那些经过适老化住宅改造，临近医疗机构和养老机构社区的养老模式，更适宜老年人居住，同时老年人能够接受全方位的医疗照护服务。一是养老社区。为享受更加全面的养老服务和医疗保障，老年人可以选择入住专门的养老社区，通常由政府或房地产企业和其他福利机构开发，设计之初就定位于养老服务，小区内经过适老化改造，运营团队有丰富的经验，提供护理、急救、餐饮、清洁等全面的服务。除了老年人的个人空间外，小区有专门的公共区域，用于举办活动和交流沟通。优点是老年人能保持生活自立很长一段时间。其中较为高端的养老公寓环境和设施配套更加完善舒适，比如健身房、咖啡馆、图书馆、花园等，生活舒适，不但像养老机构一样提供全天护理服务，还和家庭医生签约，可以提供健康管理、急救和常见病治疗等服务。二是多代居模式。近年来，可以促进代际交流沟通的多代居公寓正越来越流行，表现出其优越性，目前已经在30多个城市建成项目。其最主要的特点是不同年龄段的人生活在一起，这种多代混居、拟家庭的生活状态无疑对缓解老年人的社会隔离状况有很大的效果，住户都拥有各自独立的居住空间，但咖啡厅、活动中心、厨房、健身房等公共区域大家共享，由于大多是新建的项目，很多项目在设计之初就有住户参与，硬件设施和配套相对完善。三是半入院式服务。当老年人的健康状况恶化后，即使是社区也难以提供老年人的生活需求，和传统的机构养老不同的是，这种新的服务模式不需要将重心转移到养老院，这些护理需求高却不愿进养老院的老年人可以在护理需求细致划分后，选择白天或夜间进入养老院接受照料①。

德国养老模式背后体现的是其对养老责任的理解，赡养老年人在德国更多的是社会责任，形成了一种非血缘式的社会互助关系，政府提供制度的支持和鼓励，服务模式中大学生、邻居、其他老年人都参与到服务的提供这一方来，增大了服务供方的力量。在德国，老年人的自立自主性越来越受到重视，在社区中，养老机构在小区适老化改造上以及为社区老年人提供必要的辅助服务，可以看到一种相互依存的关系，同时也保存了老年人的尊严，使其保留更大的自主性。为了让老年人的生活更加丰富多彩，无论是养老社区还是高级公寓都会举办多种多样的文娱活动，有利于身心愉悦，丰富老年人的精神文化。无论是多代居、共居援助还是养老社区，都努力形成一种家的氛围，这种互动、向上、积极的老龄环境可满足老年人对家的渴望。

2. 德国的照护制度

长期照护制度在德国发挥着重大的作用，不但减轻了财政压力，也减轻了被照护者的家庭经济负担，是德国应对老年人养老照护问题的一大法宝。

在德国的长期照护保险中有一条重要原则叫"照护保险因循医疗保险"，即法定医疗保险的投保人必须参加法定长期照护保险。当然自愿投保人可以选择私人照护保险。值得一提的是，德国照护给付对象的年龄不受限制，可以包括一般人、精神障碍患者和失智者等。

按照《长期照护保险法》规定，老年人需要符合"照护需求性"才能享受照护。根据家庭服务的个人护理需求的频率，老年人的失能程度可以分为四个等级：0级、Ⅰ级、Ⅱ级和Ⅲ级。护理需求达不到Ⅰ级，有一般护理需求，被认为护理水平代表0级。Ⅰ级代表基本失能。Ⅱ级代表严重失能，每天需要3次服务，每周需要数次家庭护理，整体护理服务时间总量为3小时。Ⅲ级代表严重失能。严重程度超过Ⅲ级时，则被认为是"特别严重的情况"。

以老年人需求和身体失能状况为导向，德国开发出了多种多样的照护模式，包括居家、日间和养老院等模式，德国的长期护理强调"家庭护理优先"和"预防和康复优先"。自2008年7月1日起，根据《照护持续发展法》，德国大幅修改了护理保险的数量和范围。支付范围包括居家照护给付、部分机构式照护、全机构式照护给付及照顾者给付等。支付有三种方式：现金支付、实

---

① 卢求：《德国养老体系与设施建设研究》，《住区》，2016年第1期，第18~27页。

物支付、混合支付①。老年人也有权选择不同的支付方式。在家庭护理中，老年人每天享受家庭护理助理提供的护理，包括身体活动（如穿衣服、站立等）、身体护理（如洗澡、清洁尿液）、营养摄入、烹饪、打扫房子等，照顾日常生活。

考虑到居家照护的局限性，有时无法对照护对象提供服务，此时，可以申请专业照护机构进行协助，照护基金提供往返的交通费用和日间夜间照护产生的相关费用。全机构式照护是指当部分机构式照护也无法有效满足照护需求时，可以申请全机构式照护服务（一般需经健康保险医事服务处审核，当老年人的照护等级为Ⅲ级时，则不需要进行审查）。全机构式照护计划包括生活护理和医疗护理，基金以全额支付的形式支付护理机构相关服务费。

与此相对应，在养老设施的改造上包括养老院建设、社区护理系统和房屋适老化的改造等。其中，住宅楼的老化改造包括新住宅楼的无障碍设计、无障碍房屋、旧楼的适应性及社区公共部分的无障碍设计。而社区护理服务系统由大型医疗保险机构提供监督和质量保证，社区老年人共享服务网点和急救站。

德国护理制度的特色之一是对家人照护的鼓励政策，老年人可以选择由亲人护理，并领取护理金。但前提是，照顾者必须经由专业机构评估其照护的质量达到标准，并接受经常性的回访。亲人护理者因工作或身体原因在最多四周的时间里可以由流动护理机构提供居家护理服务，老年人需与流动护理机构签订协议，保险公司与护理机构直接结算费用。亲人护理者白天需要工作无法照料老年人时，也可以将老年人送到日间照料中心，费用直接由保险公司结算。因此，德国的老年人选择居家由家人护理，导致其对保险公司费用支出大幅度减少，与送老年人去机构（如养老院）相比能省掉一大笔开支，有益于维护老年人与子女的亲情，而对子女们来说也能从保险公司获得收入补贴。

德国护理制度的另外一大特色是"储蓄时间"计划，德国人如果通过该计划获得社区养老及居家养老中的上门护理时间，在需要提供这些服务时，可以在不脱离原有社区人际关系的同时，免费地享受到上门护理服务。根据规定，年满18岁的公民可以通过在正规机构提供各种无偿护理服务来实施该计划。当将来他们需要时，可以提取他们为他人服务的时间并免费使用它们。有大量德国年轻人自愿开展"储蓄时间"计划，增加服务供给量，使老年人服务有大量志愿者参与，大大减轻了专业养老机构的压力。

---

① 陈雷：《德国养老长期照护政策：目标、资金及给付服务内涵》，《中国民政》，2016年第17期，第36~37页。

(四)英国社区养老服务经验

英国作为最早倡导福利政策的国家,在养老方面也较其他国家先行,贫困老年人不仅有住房补贴,而且老年人居住的社区地理位置优越,有健全的配套设施、专业的医疗服务和护理人员、健康的餐饮服务和休闲活动等。在此政策下,老年人的物质需求和精神需求能同时得到满足,快乐舒适地安度晚年。

1. 英国社区长期照护与评估

据统计,截至 2016 年,英国 65 岁以上和 85 岁以上老年人口分别占总人口的 18% 和 24%。根据相关预测,到 2040 年,英国 65 岁及以上老年人可达总人口的 24.2%,85 岁及以上高龄老年人数将翻一番,可达 340 万人[①],即不到三个劳动年龄人口要抚养一个老年人。90% 的老年人居家和在社区养老,机构养老比例为 10%。

据有关部门统计,英国目前的养老服务中 95% 都在社区进行,通过将长期住院的老年人转移到社区照护,极大地缓解了医疗保健服务的资金压力,保证了服务的可持续性。"提供适当水平的支持,使老年人能够实现最大限度的自主权,通过集体住所和临时住所为老年人提供临时护理和日托,并提供家庭护理服务"是英国社区护理的概念[②]。

社区长期照护的服务项目主要有:①居家照护(Home Care),服务对象主要是那些居家但身体活动有些不太方便的老年人。综合老年人的身体、经济和需求现况,为老年人提供上门服务,例如洗澡、穿衣、打扫卫生、洗衣服、购物、送餐上门和服药等服务。②社区内医疗服务,在英国的全民免费医疗服务体系的"初级医疗卫生"中,每个老年人都有一位全科医生(General Practitioner, GP)。GP 根据其与国家医疗服务体系(NHS)中的家庭健康服务局建立的契约,承担社区内健康服务工作,负责在老年人病重或有特殊需要时进行住院等转诊服务。③社区支持服务,主要包括日间留院、日托中心、日间活动中心和孱弱老年公寓。日间留院主要为老年人提供康复和护理服务。在日托中心,一周有几天接受日托,老年人需要晚上回家。这里值得提到的是"中间照护"(Intermediate Care)的概念,即减少住院支出,为老年人提供在

---

① 柴化敏:《英国养老服务体系:经验和发展》,《社会政策研究》,2018 年第 3 期,第 79~96 页。
② 陈旸、康健、连菲:《英国养老设施医养结合模式分析及经验借鉴》,《建筑学报》,2016 年第 11 期,第 84~88 页。

医院和居家照护之间的缓冲期,在家庭照护和住院照护之间架起了一道桥梁。日间照护中心的功能包括在白天向老年人提供餐饮服务、娱乐服务,提供身体与心理功能康复服务和为老年人照护者提供喘息服务。日间活动中心主要为老年人提供社交活动,有利于维护老年人的社会机能,服务内容一般是组织老年人游戏、唱歌、聊天和旅行等[①]。孱弱老年人公寓是专门为孱弱和意识不清的老年人提供服务的,目的是通过提供支持性服务,帮助老年人尽可能多地留在社区。其他支持服务包括团体假期旅行活动,志愿者运送老年人、帮助老年人探亲等交通活动,帮助老年人了解相关的国家补贴、住房补贴和其他政策咨询服务,为老年人在水暖维修和其他住房安全方面服务,为老年人提供职业和物理治疗服务。

英国家庭照护对减轻政府财政压力、降低照护的社会成本起到了很大的作用,政府采取了很多措施。例如,英格兰 2014 年发布的《医疗法案》和苏格兰发布的《照护者权益章程》提出了家庭照护者有权利要求当地政府在照护方面给予支持。具体措施包括照护者津贴、喘息服务、支持服务、照护者工作支持等。照护者津贴在全英国都是适用的,补偿了照护老年人所用时间本来可以赚取的收入,其计算方式主要根据 2010 年通过的全民保障照护者补助(National Insurance Career's Credits)。家庭照护的津贴需要满足家庭照护者月收入低于 100 英镑、被照护者是重度失能、家庭照护者必须年满 16 周岁和每周照护时间超过 35 小时等条件。在家庭照护者因为生病或其他原因无法提供照护时可以采用日托照护或短期临时照护等喘息服务。同时为了支持照护者,也为被照护者提供上门的康复护理、健康管理等服务项目。为了帮助家庭照护者一边工作一边照顾老年人,为其提供工作支持,以便其能继续获得培训和新的知识。

在英国,地方政府有专门负责评估和监察的机构,对提供的养老服务进行监督管理,如英格兰的照护质量委员会和苏格兰的社会服务监察会等[②]。地方政府有义务在老年人需要照护时为其提供个人需求评估,专业照护评估团队对老年人的实际需要进行评估,这就有效地避免了不同机构的重复评估,减少了资源浪费。2014 年英格兰颁布的《照护法案》在全国统一了评估标准及评估流程,但各个地方的评估标准根据地方政府的财政水平各有差异,存在"需要

---

① 郑少卿:《英国社区养老模式对我国的启示》,《商场现代化》,2012 年第 20 期,第 394~395 页。

② 柴化敏:《英国养老服务体系:经验和发展》,《社会政策研究》,2018 年第 3 期,第 79~96 页。

相同,待遇不同"现象。

照护服务需求评估等级包括轻、中、重和极重四级①。轻度是指老年人无法承担一到两项个人日常活动、家庭角色或社会角色。中度是指无法继续部分工作、教育、学习,无法承担家庭或社会角色。重度是指无法承担大部分个人照护、日常活动和家庭社会角色。极重度的老年人则是指可能存在受严重虐待或疏忽的情况。同时,评估过程是一个综合的考量过程,除了个人的健康安全状态,还有社交家庭关系等社会支持力等。

2. 英国医养结合实施进程

英国"整合照料"(integrated care)这一理念的提出,主要针对的是英国国内过去老年医疗健康照护和社会照护两大体系之间沟通不畅造成的资源浪费问题,提供的是资源整合的方法,目的是消除两大体系间的隔阂,提高资源利用效率,以被照护者为中心整合利用现有的各项资源,实现高质量的护理服务。这是从老年人的生活到医疗到死亡的整合照料的概念。虽然整合照料基于社区,但它不仅限于传统的社区层面。整合照料是应对人口老龄化和残疾挑战的战略。整合服务和服务系统之间的协调性对于改善老年人护理的服务体验及其有效性具有重要意义。

消除服务的碎片化是近些年改革的一个重要目标,以地方政府为主导,通过健康与福利委员会整合社区卫生服务、医院服务、社会保健与公共卫生服务等,有机地结合地方各个利益相关方的资源,优化服务路径,以提供更多的家庭服务、社区康复和辅助服务,减轻慢性病的负担,减少急诊和住院,发展初级卫生保健和社区卫生服务,节约卫生资源,提高人群健康水平。英国医疗体制和养老体制的整合实践表明,医疗和养老的整合可以采取目标取向②或是经费取向,也就是说,强调将费用合并,各个机构间合作达成目标,增进各个不同专业的人员之间的了解,而不一定要经由机构体制相互结合。

目前照护整合服务被视为提高健康和福利的重要基石,是卫生战略规划的一部分。英国的老年护理服务得到健全的法律和制度的支持,并拥有相对成熟的社会医疗服务和安全系统,包括医疗服务系统和社会服务监督系统。英国的医疗照护服务体系由国家医疗服务体系(NHS)与地方政府社会服务体系

---

① 柴化敏:《英国养老服务体系:经验和发展》,《社会政策研究》,2018年第3期,第79~96页。

② 柴化敏:《英国养老服务体系:经验和发展》,《社会政策研究》,2018年第3期,第79~96页。

(SSD）共同组成。NHS提供医疗相关服务（见图8-3），如初级保健、专业护理和家庭护理①。SSD负责为当地养老资源分配、管理和提供各种社会福利，例如家务协助、食品配送服务和日托。为更好地满足老年人的医疗和护理需求，各级医疗机构与当地养老机构合作，提供远程护理和长期护理等。

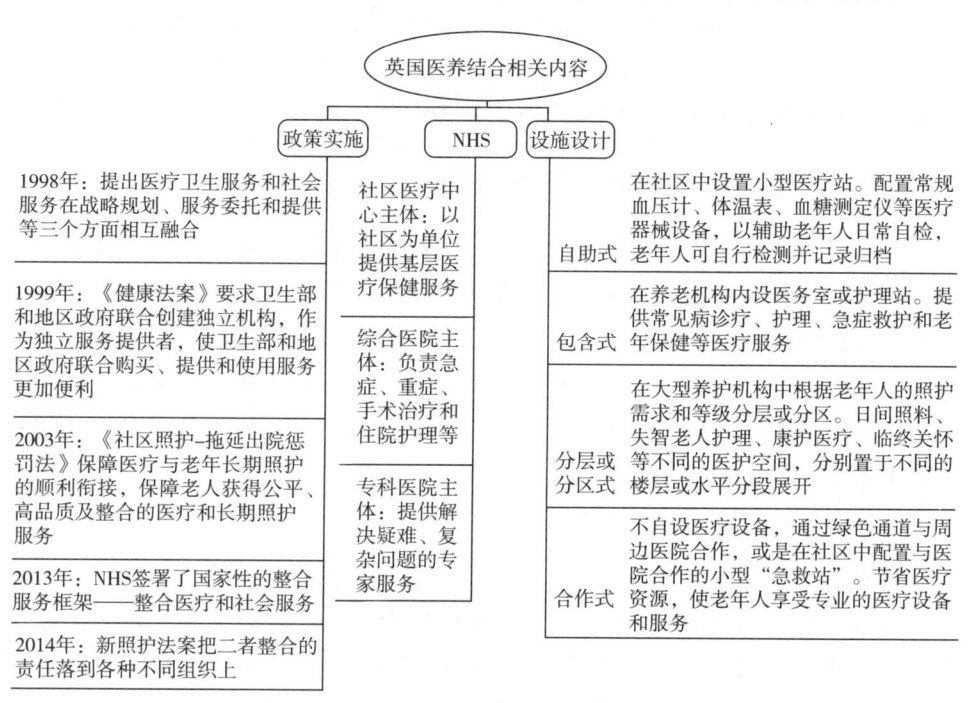

图8-3 英国医养结合相关内容

英国医养结合设施中医疗单元的配置大体有自助式、包含式、分层或分区式和合作式4种类型。根据英国的经验，小型"急救站"可以减少每次遇到紧急情况时被送往医院的老年人数，每年节省20亿英镑。

Joseph Rowntree Foundation 于1993年提出的"终身家园"的设计理念是英国医疗保健与社区相结合概念的起源。医养社区主要为老年人提供一体化的居住及综合养护服务，如医养社区在老年人拥有独立生活空间的前提下，根据老年人日常生活状态和自理情况，提供与其自身健康变化相适的应变性、连续性服务②，将老年人的独立生活、辅助生活及专业护理生活整合在一个生活

---

① 郭丽君：《"医养结合"养老服务体系》，科学出版社，2019年，第49页。
② 王晓亮、徐聪艺、李桂文：《"持续照护"老人社区的适宜性设计》，《华中建筑》，2011年第8期，第179~182页。

区域内。社区型医养模式在空间设计和养护设计两方面表现了其弹性化的设计理念。医养社区内布局具有弹性，医疗照护方面也具有相对灵活性，为不同生命周期的老年人提供舒适、性价比很高的服务。基于专业评估，身体机能、自理能力较强的老年人主要以普通居住区为主；生理机能衰退、自理能力下降的老年人，将其调整安排在辅助生活住宅或专业护理机构，以获得持续性关怀照护服务①。英国打破体制障碍，整合机构和社会资源，以及通过基层医疗从一般医院或专科医院转移和协调医疗模式的做法值得借鉴。

（五）日本社区居家养老服务经验

日本因为老龄化程度较严重，在养老方面也有很多独特之处值得我们学习。日本养老非常注重亲缘关系，老年人和子女住处较近以便互相照料，且在社区设置日间照料中心、咨询中心，提供上门服务等。为失能、自理能力差的老年人开办养老院、福利院等，倡导个人在社区为老年人提供服务，在老年人互相认识的情况下，有利于老年人彼此交流、诉说情感，同时为国家养老问题的解决增添了一份力量。

1. 日本的社区居家养老

日本养老事业的两大目标是"让老年人尽可能有尊严地生活"和"老龄化问题由全社会共同面对"。日本社会各界都认识到，如果只靠政府是无法满足全社会逐年增长的老年人养老服务需求的，应当吸引不同社会主体参与到社区养老服务体系中，发挥它们的作用，以有效减轻政府负担①。

目前日本的社区养老组织形式主要有政府主导型、政府资助民间组织型、民间志愿者协会型、企业组织型四种。政府主导型的服务主体是政府人员、服务人员和民政人员，政府资助民间组织型的服务主体是社会福利协会等，民间志愿者协会型的服务主体是大学生、家庭主妇和健康老年人，企业组织型提供企业式养老服务等。

服务模式主要有居家型（居家养老）、地域密集型（社区养老）两类。在居家型服务中老年人能在家中接受 24 小时随时呼叫的介护服务，其在日本是最受欢迎的养老服务模式。日本政府也非常鼓励居家养老服务模式，大部分能够独立或半独立生活的老年人是不需要介护人员 24 小时贴身服务的，可避免过度护理，让老年人有机会运动，以锻炼他们的自理能力，延缓身体机能的衰

---

① 史娜、徐海峰：《日本社区养老服务模式的经验与启示》，《兰州教育学院学报》，2018 年第 10 期，第 91~92 页，第 95 页。

退。在这种养老服务模式中护理者不再是老年人家属,而是专业的护理人员,提供沐浴、看护、日托、痴呆老年生活护理、康复训练、居家疗养指导等多项针对老年人身体健康状况设定的细化服务(见表8-1)。

表8-1　日本居家护理支援事业的种类和工作

类型	细分	适用	服务内容
登门访问型	上门护理	在家生活者	有直接身体接触的工作(如排便、清洁等)和打扫、洗衣等家务
	上门清洁	在家生活者	帮助清洁身体并缓解身体疲劳,起到放松身心的作用
	上门医疗康复指导	在家居住的患者	通过进行康复训练和治疗,预防其他并发症,使需求者尽量恢复日常活动能,减轻家人的负担
	居家疗养管理指导	患有一种以上慢性病	从预防到治疗,针对所患疾病给出各种指导和建议
赴养老机构看护及康复	赴养老机构看护	在家养老的老年人白天去养老机构	进行清洁、饮食等方面的照顾和生活建议,以及机能恢复训练
	赴养老机构医疗康复指导	在家养老的老年人白天去养老机构	在医生指导下,看护师或者理学疗法士根据老年人身心的症状进行指导
	短期入住养老机构,接受生活护理	老年人为了能在家生活,选择短期进入特别养老院或养老机构	包括家务、聊天、身体上的援助和日常娱乐等休闲活动等各项服务
	短期入住养老机构,接受疗养护理	通过入院疗养,控制原有疾病,并通过专业的医学管理获得必要的医疗护理	包括医疗护理、日常生活的护理,需求者出院后,机构提供在家适用的护理方法
	入住特定养老机构,接受生活护理	包括家务、聊天、身体上的援助、机能训练等各项服务	

地域密集型服务主要是帮助老年人在熟悉的生活社区养老的服务模式。近年来，日本政府鼓励在社区开设小规模多功能的社区养老服务机构，致力于为社区居民提供多层次、多种类的介护服务，这逐渐成为政府主推的模式。日本社区养老服务中心的功能主要包括教育功能、医疗功能和居住功能。教育功能，即鼓励老年人增进交流沟通，参加文化娱乐活动，保证老年人生活质量。医疗功能，即以高水平医疗设施、专业性医疗人员、健全的跟踪制度，确保老年人日常安全。居住功能，即优美的环境、齐全的设施、充足的活动空间等，满足老年人日常生活需要等。

2. 日本的介护制度与医养结合思维

介护不等同于中文意思的护理，护理是医疗行为，而介护则是生活行为，一种对护理初期阶段的辅助。在日语中，"介护"主要包括身体护理和家庭服务等内容，具有"照顾"和"护理"的双重意义[①]。广义的"介护"包括照顾老年人的日常生活，对残疾人以及从医疗方面对患者的照顾。狭义的"介护"指的是帮助患有阿尔茨海默病或身体残疾、卧床不起者和智障者，帮助他们做家务，并启发他们独立活动。

介护思维、介护服务与我国的医养结合养老服务模式理念是十分相近的。首先，介护服务帮助老年人评判自身健康状况，使其从心理上信任服务人员并接受服务人员提供的健康管理；其次，服务人员帮助老年人进行科学的锻炼，开发身体剩余机能，帮助老年人尽可能地维持身体健康水平；最后，给老年人提供心理调适和精神慰藉服务。

介护思维与医养结合养老服务模式中的"医"不单单是对已出现临床症状的老年人进行对症治疗，还包含老年人的健康状态、亚健康状态、疾病潜伏期、病后康养期、临终期等全生命周期的心理治疗和照护[②]。"养"也不是让老年人被动地接受照护，也不仅仅是做好生活照护，而是要让老年人主动参与到护理过程中。

介护保险中将服务对象分为第一被保险者和第二被保险者两类。介护保险费中的50%由国家负担，40%则依靠各地上缴的介护保险承担，使用者只需

---

① 王元元：《日本"介护"模式对医养结合养老服务的启示》，《中国人口报》，2018年4月23日第3版。

② 王元元：《论日本介护理念对我国医养结合型养老服务模式建设的启示》，《锦州医科大学学报（社会科学版）》，2018年第1期，第38~40页。

支付10%①。第二被保险者是指居住在日本的40~65岁者（包括外国人），当他们需要护理时（限定15种疾病）可以提出申请，通过则可以享受介护保险制度提供的服务。而第一被保险者不问原因，需要介护时，保险权自然产生。值得一提的是，介护有严格的程序限制，根据身体状况的鉴定结果细分为需要支援级与介护1~5级共6个等级。

介护保险制度实施之后，扩大了居家服务模式的服务范围。例如访问看护提供的服务主要是身体护理、家务谈心、开导劝解、告知生活方面的护理常识以及各种可以获得援助的制度等②。通过看护人员的照料，老年人能够独立生活并预防二次复发。

日本介护人员的工作理念，主要是鼓励老年人多参加社会活动，不要孤立于社会③，对半失能的老年人要使其充分地利用残余的身体功能，对完全失能的老年人提供生活的照顾和专业的医学护理服务。日本介护福祉方面的人才主要包括介护福祉士、家庭介护员和看护师等。①介护福祉士的资格通过国家资格登陆获得，提供身体护理和心理的、社会的、日常生活中广泛的援助。②家庭介护员，进入指定的研修班学习期满，将证明书上交相关部门，服务内容包括上门访问在家生活的残疾人或老年人，帮助其日常生活活动。③看护师，服务内容主要是"疗养上的照顾"和"诊疗的辅助"，其中"诊疗的辅助"需要按照医生的指示完成。

二、对我国社区平台医养结合体系建设的启示

（一）国外医养结合服务的理念

国外的各种养老服务理念与我国医养结合理念的内涵是一致的。欧洲兴起的"整合照料""长期照护"和日本的"介护"理念包含了为老年人提供其在晚年的各个生命阶段所需要的各项医疗、保健、康复和生活照料等服务。

从本质上来讲，"整合照料"的提出是为了解决长期以来不同的医疗保健

---

① 陈露明：《漳州市城市居家养老服务研究基于多中心治理理论视角》，《华侨大学》，2014年，第37页。
② 于潇、赵毅博：《日本介护保险制度下的老年护理服务介绍》，《人口学刊》，2014年第3期，第25~32页。
③ 王元元：《论日本介护理念对我国医养结合型养老服务模式建设的启示》，《锦州医科大学学报（社会科学版）》，2018年第1期，第38~40页。

服务和社会服务体系之间以及各个利益相关群体之间服务提供的碎片化问题，打通不同服务体系之间的沟壑，这与我国"医养结合"提出的背景是一致的。而"长期照护"则强调的是老年人随着其年龄不断增长和健康状况不断恶化，其失能程度不断加深，痴呆或其他身体残疾的老年人需要不同程度的特殊养老照护。其致力于建立一个完整的、连续性的、可支付的，涵盖老年人各种养老需要的养老服务体系，使失能程度加深、健康状况恶化的老年人得到及时的评估，并按照一定标准尽量满足老年人新出现的照护需求。"介护"的概念有些类似于美国的家庭保健士，主要为老年人提供生活上的照料，但也懂得医疗保健康复的知识，能够指导老年人用药，帮助其恢复身体机能。其概念是介于生活护理与医疗保健护理之间的，或者理解为它们两者的结合。

综上，无论是"整合照料""长期照护"还是"介护"，其实都涉及医疗保健服务和生活护理服务的整合，通过各个服务体系的结合，致力于动态地为老年人提供全生命周期的各项服务。其可为我国医养结合服务发展提供参考和经验。

（二）养老观念和责任的差异

不同的国家对养老服务责任主体的理解是不同的。在欧洲国家，如德国和英国，法律没有规定子女有赡养的责任，没有强制要求，养老服务责任主体是社会。相反，在亚洲国家，特别是儒家文化的辐射圈内，家庭养老是广泛认可的主流观念，子女若不能尽孝赡养父母，就会遭到社会主流价值的贬低，还可能受到法律的惩罚，例如，新加坡就有《奉养父母法》《赡养父母法》等一系列法律政策的强制要求。

当然，无论是在亚洲国家还是欧洲国家，老年人们的首要选择都是居家养老，如英国的老年人90%都选择居家养老和以社区为平台的居家养老，只有10%的老年人选择机构养老。与此同时，无论是否主张家庭是养老责任的主体，无论是亚洲的新加坡还是欧洲的英国、德国都出台了一系列的家庭养老支持福利，鼓励老年人的子女接受正规的照护训练后能为父母提供力所能及的服务，认为这有助于减轻养老服务供给压力，维护家庭和谐，这些家庭养老支持政策在后文还要继续讨论。

值得注意的是，近年来，新加坡的养老模式逐渐受到国内学者的重视，无论是其家庭养老完善的支撑政策，还是其从急诊服务到社区居家服务的连续性服务，对完善我国养老服务体系都有重大的理论意义。但需要提到的是，新加坡毕竟是城市国家，以子女为赡养老年人的主要责任人，鼓励子女与父母同住是有可行性的。我国幅员辽阔，子女为了个人发展多居住于大城市中，与父母的地理空间距离的限制可能影响有效赡养。

（三）家庭医生的重要地位

家庭医生制度在我国已经全面铺开，2019年李克强总理在政府工作报告中也提到"加快建立远程医疗服务体系，加强基层医护人员培养，提升分级诊疗和家庭医生签约服务质量"。家庭医生在初级医疗保健服务中具有重大作用。在以社区为平台的居家养老模式中，家庭医生扮演更加重要的角色。

家庭医生制度为初级卫生保健服务的实施提供重要保障，与分级诊疗的推进密切相关。家庭医生立足于社区，在为社区老年人提供医疗保健康复服务上先天就比其他服务提供者更有优势，居民年轻时享受社区家庭医生提供的医疗服务，年老后，服务逐渐转向健康管理、大病康复等服务项目。家庭医生能够更多地得到老年人的信任，同时也了解老年人的身体健康档案，可为其提供更加适合的医疗保健服务。

（四）社区多元化的服务提供者

国外的社区养老服务提供者众多，相互之间还有市场竞争，不但降低了成本，提高了服务质量，还提高了服务的可支付性。例如在新加坡，强调以社区为平台的"多方援手"的重要性，政府主要力量在于提供制度保障。充分发挥社区、企业、各类社会团体以及志愿组织等民间组织的作用，这种多支柱的、责任分担的社会福利、救济与服务制度，一方面确实减轻了政府的财政负担；另一方面也唤起和提升了社会公众回报社会的意识和行动，体现了新加坡文化推崇的自助和自力更生，激励国民在年轻时努力工作。

相比之下，在美国，政府并不直接参与养老服务的供应、组织和操作，政府干预表现为复杂的、涉及多方面的资助计划。资助政策主要通过组织机构来具体实施和操作，因各类政策较多，政府提倡增强信息服务，帮助老年人减少选择的困难，这需要高水平的机构操作，其必须能够很好地承接政府的政策体系，并整合其他社会资源，将合适的服务提供给老年人，起着承上启下、协调资源的作用。在美国，这些机构大多属于非营利组织，以保证社区护理服务的可负担性，使大多数社区养老的老年人能够得到相应的服务。政府对这些非营利组织的态度是有竞争的支持，因此这些机构必须具有良好的组织结构、信用基础，并证明其运作能力以获得政府的资助。只有良好的声誉和服务背景，机构才能获得支持并与其他的服务提供商建立合同关系。

我国社区养老服务参与主体相对较为单一，服务资金来源主要靠政府财政拨款，社区养老服务有待提质增量。然而，养老服务归根到底与全体居民密切相关，要尽力满足全体居民的养老服务需求，需要社会各方力量的参与。同时，也必须认识到养老服务的公益性质，需以非营利性机构为主，为社会提供高质量和可支付的养老服务。

（五）社区居家养老的支持政策

国外老年人的社区居家养老首先是面向居住于社区的家庭，在社区层面上以提供各种各样的服务支持，有的在家庭层面上以提供补贴的方式支持家庭养老。德国的老年人们普遍不愿意入住养老院，德国机构养老的定位则是作为社区居家养老的辅助支撑，无论是小区的适老化改造、机构入驻养老社区还是其他的社会服务都是为了让老年人更加自立自主，更有尊严地决定自己的生活，老年人可以选择由亲人护理，并领取护理金。

第九章 以社区为平台的医养结合养老服务模式的构建

在前面分析探讨的基础上，本研究建议重点发展以社区为平台、综合型医养服务为基础、覆盖家庭和机构的医养结合新模式，即以社区为平台的综合型医养结合服务模式。其旨在通过整合社区资源，强化社区卫生服务中心的医疗康复功能和社区养老机构的养老功能，为选择社区养老和居家养老的老年人群提供所需的医养服务。

一、发展以社区为平台的综合型医养结合模式的原则

以社区为平台的综合型医养结合模式不是完全新建一种模式，而是在现有医药卫生资源和养老资源的基础上科学合理地整合资源，其原则包括：

（1）规范管理，法制为先。完善的法律法规以及政策体系是社区居家医养结合服务模式构建的保障，也是各医养结合政策和方案能顺利落实的制度保障。目前医养结合方面，行政部门存在多头管理的问题，各级政府部门各行其是，责任主体不明确。所以在社区居家医养结合服务的探索阶段，首先要从立法、政策层面开展工作，制定、完善行业规范以限定社区医养服务范围和服务标准。制定一套健全科学的养老法律保障体系，有助于规范医养结合服务行业的服务质量，也是社区居家养老服务模式能够顺利推广和发展的法律支撑。

（2）兼顾公平与效率。医养结合服务作为一项社会福利政策，带有公共产品和服务的属性。所有老年人都有享受健康养老的权利，保证医养服务的公平性，是构建社区居家医养结合养老模式的前提。所以设计医养结合运行模式时，在制定养老政策阶段就应该充分考虑其公平性原则，确保不同收入人群人人享有基本养老服务的公平权利。同时在整合养老资源和医疗资源的过程中，要统筹协调，合理运用，鼓励社会力量积极参与，优化资源配置，提高利用效率。

（3）重点建设，适度普惠。医养结合养老服务作为一项适度普惠性社会福利，政府和社会需要充分考虑当地具体的经济水平和社会状况，向其居民提供涵盖其生活最主要方面的社会福利。随着我国老龄化进程的加快，高龄、失能、半失能的老年人数量越来越多，老年人又具有易患病、常患病的特点，自然对医养服务的需求量越来越大，且不同自理能力的老年人也对医养结合服务提出了更加个性化和多样化的需求。现有的经济水平下，注定是不能全面彻底满足老年人所有的健康养老需求的。所以建立医养结合养老服务模式就需要在充分考虑当地社会经济发展水平的情况下，建立与之相匹配的养老服务体系，在保证医养服务质量的前提下，适度满足老年人健康养老的需求，建立健全现有医养服务项目和服务范围，适度扩大养老和基本医疗保险范围，保证尽量覆盖到老年人所必需的基本养老和医疗服务需求。

二、明确以社区为平台的医养结合服务的内容

社区服务对象基本涵盖了绝大部分选择社区养老和居家养老的老年人，其提供的服务主要有以下内容：一是为老年人建立健康信息档案，开展健康教育，倡导健康生活方式，开展体格检查和健康状况评估等，建立老年人健康管理服务制度[1]；二是在社区提供老年人的基本医疗、康复、护理等服务，同时鼓励将服务延伸至居民家庭；三是开展多种形式的老年人照料服务，例如日间照料、半托、全托等，逐步丰富和完善服务内容，做好上门巡诊等健康延伸服务；四是为行动不便的老年人开设家庭病床，提供上门服务[2]。同时，社区还可和养老机构合作，将社区医养的服务范围延伸至养老机构的老年人群，确保更多老年人老有颐养、病有良医（见图9-1）。

---

[1] 四川省人民政府办公厅：《关于印发四川省医疗卫生与养老服务相结合发展规划（2018—2025年）的通知》，2018年。

[2] 《推进嘉兴医养融合发展调查与思考》，https://www.baidu.com/link?url=ZADArrHuOHupK2_uAuxD4ZIhEhfjVTDkXaOlhGIiwe2LRgiwYEc0BKP04b8KsTR7se9WZZean-1-GwEZhx6Dx5XlWJfqY0YVVgfoFTLMtMFwRCIFyrmqJVG6vdvZ6nuY&_wd=&_eqid=89ddf92c0006c12f0000000360710345。

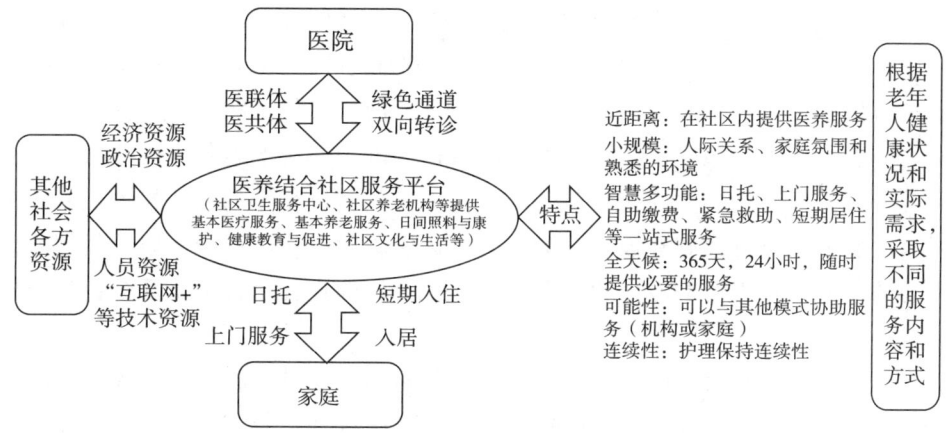

图 9-1 以社区为平台的医养结合服务的内容

三、健全以社区为平台的医养结合模式的运行机制

(一) 社区医养结合的发展内涵

1. 完善以社区为平台的医养结合的供给主体

医养结合服务主体就是"医"和"养"的提供者。社区医养结合模式的服务主体为社区综合服务中心,主要由社区居家养老服务中心和社区卫生服务中心组成。在此基础上,政府应该积极加强社区服务中心的规划,推动社区资源的整合,形成社区综合服务中心平台,推动"医"和"养"融合,提升社区管理服务水平。各社区综合服务中心平台,根据本社区医养结合需求建设相应的医养服务模块,并提供相关的医养服务。其中社区养老服务模块主要提供生活照料、精神慰藉、社会活动等服务。社区卫生服务模块主要提供医疗诊治、康复护理、慢病管理、心理支持、临终关怀等服务项目。还可以建立多种形式的合作机制,比如,社区卫生服务中心在社区养老服务中心设医疗站、医务室等,并且长期安排全科医生轮流值班,及时为社区中老年人提供专业医疗服务。通过融合医疗实现医养资源优化配置,为社区居家养老的全体老年人提供高效便捷的医疗和养老服务。进一步拓展养老服务中心的服务范围和服务项目,专为老年群体服务,也在一定程度上减轻了基层医疗机构的服务压力。与此同时,除了社会服务机构外,还要组织社会多方力量支持医养结合服务,包括政府部门、社会组织和家庭等。

以社区为平台的医养结合养老服务模式创新与对策研究

一是政府主导,明确政府的角色与职能:在社区综合服务中心平台建设与运行中,政府部门要统一规划与协调,根据不同社区的实际情况设置社区医养服务机构,协调并指导有关部门做好社区医养服务工作;积极引进社区医养项目,开展社区医养服务;制定并出台以社区服务为中心的老年人医疗服务体系和养老服务体系的相关配套政策,建立医养工作持续稳定的经费投入机制;加强社区服务的基础设施建设,努力改善社区医养服务设施;建立以全科医生为中心的服务老年人群的专业化医养人员队伍,同时还可引导卫生系统退休老医生进入社区。

二是在公立的基础上鼓励民间资本等社会力量参与:民政部等十部委2015年发布的《关于鼓励民间资本参与养老服务业发展的实施意见》提出,鼓励民间资本在城镇社区举办或运营老年人日间照料中心、老年人活动中心等,为有需求的老年人,特别是高龄、空巢、独居、生活困难的老年人,提供集中就餐、托养、助浴、健康、休闲和上门照护等服务,并协助做好老年人信息登记、身体状况评估等工作。通过政府购买服务、协调指导、评估认证等方式,鼓励民间资本参与社区医养服务,发展社区服务平台,整合社区资源,从而推动社区医养服务。

三是资源整合,试点医养结合社区协作联盟:通过社区卫生服务中心为社区医养机构或老年人家庭提供医护康复服务。一方面,由社区卫生服务中心与老年人家庭自愿签订医疗契约服务协议,结合国家规定的基本公共卫生服务项目,社区卫生服务中心组织选派医生、护理和康复技术人员组成的医疗团队,定期为老年人建立健康档案,开展健康体检、医疗保健、康复、健康教育以及心理疏导等服务。另一方面,社区卫生服务中心在现有房屋设施的基础上增设老年病科,门诊以全科医生诊室增设老年病服务项目,对老年人常见病、多发病及疑难病症进行诊治;并开设"康复养老床"收治老年患者,完善服务设施,配置相应设备和专业技术人员。这种"合作型"医养结合模式,可充分利用医疗卫生机构和养老机构位于同一社区,具有相邻、相近的位置优势,整合养老和医疗两方面的资源,达到双方共赢。

社区内医疗机构根据协议的规定为社区内养老机构或老年人家庭提供预约挂号、远程急诊、会诊指导、转诊绿色通道等医疗卫生服务,养老机构或者老年人家庭则按照协议规定承担一定的医疗费用[①]。两者所在的社区组织机构则

---

① 张瑜:《嘉兴市养老服务医养融合发展研究》,《嘉兴学院学报》,2015年第4期,第102~106页。

做好相关协调和管理工作。

> **专栏二　社区卫生服务中心开展医养结合服务的可行性分析**

社区卫生服务中心作为基层医疗卫生机构,其提供的医疗卫生服务覆盖绝大多数老年人群。无论是国家层面还是地方层面,近年来都非常重视医养工作,出台了一系列的政策文件,以鼓励发展社区养老,发挥社区卫生服务中心在医养工作中的作用,从而促进老年人群整体健康水平的提高。社区卫生服务中心是人们接受健康服务的第一机构,其开展医养结合服务的可行性主要包括以下内容。

一、老年人的健康管理是社区卫生服务中心的重要服务内容

《关于开展建设老年友善医疗机构工作的通知》(国卫老龄函〔2020〕457号)提出基层医疗机构要结合实际,可通过签约、巡诊等多种方式为确有需要的老年人开展上门诊疗、康复、照护等个性服务,社区卫生服务中心、乡镇卫生院能够与上级医疗机构远程会诊,为老年人提供远程医疗服务。《健康中国行动(2019—2030年)》15项专项行动中的老年健康促进行动也强调了基层医疗卫生服务网络功能。2019年印发的《社区卫生服务中心服务能力评价指南》提到社区卫生服务中心具有公益性、综合性,承担着常见病和多发病诊疗、基本公共卫生服务和健康管理等功能任务[①],维护和促进健康,对辖区内常住居民尤其是65岁及以上老年人等重点人群的健康危险因素进行全方位且连续的管理。这些文件为社区卫生服务中心开展医疗诊治、康复护理、慢病管理、心理支持、临终关怀等服务项目提供了政策支持。

二、社区卫生服务中心开展老年人健康管理等服务的资金保障

老年人健康管理服务是国家基本公共卫生服务项目之一,为了保障老年人健康,辖区内65岁及以上居民都能在居住地乡镇卫生院或社区卫生服务中心享受到老年人健康管理服务。国家基本公共卫生服务项目从2009年实施以来,到2020年人均基本公共卫生经费标准已经达到74元/年,为社区卫生服务中心开展老年人健康管理等服务提供了一定的资金保障。当前正在持续推进"公益一类保障、公益二类管理",完善社区卫生服务中心的财政投入机制。

---

① 礼彦侠、张蕊、李爽等:《辽宁省基层医疗机构服务能力评价相关设备配置和使用情况调查》,《中国医疗设备》,2020年第5期,第12~15、24页。

三、社区卫生服务中心开展老年健康管理等服务的人才支撑

截至 2019 年底,全国约有 3.5 万个社区卫生服务中心(站),每个街道约有 1 个社区卫生服务机构。社区卫生服务中心(站)工作人员 61.1 万人,人员结构持续优化,社区卫生服务中心诊疗人次同比提高了 8.2%,服务能力不断提高。

当前开展家庭医生团队上门服务,建立以全科医生为中心的服务老年人群的专业化医护人员队伍,同时还可引导卫生系统退休老医生进入社区等,对于加强社区卫生服务中心人才队伍的建设具有重要意义①。完善社区卫生服务中心信息平台建设,在现有居家养老服务信息平台和社区养老服务信息平台的基础上②构建社区卫生服务中心与居家/社区养老服务中心共享的信息平台,形成"指导医院至社区卫生服务中心(全科医生、护士、养老护理员)至居家养老服务信息平台和社区养老服务信息平台至老年人"的服务模式,多渠道探索构建多元化的医养结合模式,在互联网背景下,强化社区卫生服务中心"健康守门人"的功能,加强社区卫生服务中心医养人才队伍建设,已形成社会共识。

2. 重视社区医养结合服务客体的需求和健康

医养结合服务客体就是"医"和"养"的服务对象,服务的接受者、受益者,通常认为包括社区内生活的 60 岁及以上的全体老年人,其中高龄、失能、失智及长期患病的老年人为重点服务对象。对于健康状况良好,具有自理能力的普通老年人,仅需提供适度的生活照料、健康管理、预防保健等服务即可。对于高龄、失能、半失能、大病恢复期、长期卧床的老年人,除了要提供全方位的生活照料服务,还要提供高级别的定期护理、定期诊疗服务,密切观察其健康状况。

3. 丰富社区医养结合服务的内容

医养结合服务内容就是"医"和"养"具体包含哪些服务项目。虽然学者对医养结合中的"医"和"养"的主次之分尚有争议,但对服务应包含的内容观点较为一致,认为应包含家政服务、日常生活照料、膳食供应、身体锻炼、学习成长、社会活动、精神慰藉和心理支持等养老服务,还应包括医疗诊治、

---

① 何涛:《甘肃合水县:着力养老服务转型》,《社会福利》,2014 年第 9 期,第 58 页。
② 吴晓霞:《老年人-照顾者-护士互动护理模式的行动研究》,《世界最新医学信息文摘》,2018 年第 44 期,第 234~237 页。

预防保健、康复护理、健康管理、紧急救助等医疗项目。医养服务的个性化、多样化和差异化发展，不但在原有的养老服务基础上进一步突出了"医"的重要地位，而且深化和拓展了医养服务的内涵。"医"和"养"的融合，使老年人在自己家里就能享受到便捷高效的医疗和养老服务，可实现老年群体健康养老的愿望。

4. 优化社区医养结合服务的实现方式

医养结合服务方式，即怎样提供社区居家养老服务，主要包括日间集中照料和定期上门服务。前者类似托老机构，主要解决白天子女上班时间老年人无人照顾的问题。后者主要针对高龄、失能、半失能等不便行动的老年人，由社区定期上门为其提供生活照料和医疗护理等。此外，对于医养结合的服务方式，学者提出了很多看法，主要包括养老机构中设立医疗点、医疗机构中提供养老服务、医疗机构和养老机构建立协议合作机制，还有学者提出嵌入性医养结合等模式。

（二）优化社区医养结合服务的保障机制

1. 目标引导机制

作为一个存量资源主要集中在公营部门的跨界新兴产业，兼具公益性和市场化特征，政策的目标导向对于医养结合产业的发展具有非常突出的作用。因此，政府必须充分了解和认识医养结合产业的基本性质和主要特征，厘清自己在医养结合产业发展中理应扮演的角色，在制定政策的时候避免机械地模仿其他行业的做法。

目前老年人口普遍存在收入水平不高、积蓄有限、消费观念保守、健康管理落后等特征，且相当部分生活在农村，主要采取居家养老及社区养老模式，一旦面临养老医疗需求，很难承受社会化医养结合服务机构的市场化收费。为满足社会对医养结合服务的基本需求，政府在各项政策制度中应该首先明确基本医养服务的公益性特征，坚持其公共品和福利事业的定位。医养结合的相关政策目标首先应该是每一个老年人都能够享有基本的医养结合服务。基于这样的基本目标，首先政府在筹资、服务提供、监管等方面都负有不可推卸的责任，随后的各项政策保障机制才有基本理论支撑；其次，相应的政策指导思想以及政策手段的选择才能够避免落入过度市场化的陷阱，政府职能才能得到合理调整和回归；最后，对社会化医养结合机构能够起到很好的引导作用，吸引更多社会资本投资兴建非营利医养结合机构，实现政府和市场的有机结合，使产业发展更健康也更有效率。

2. 机构激励机制

首先，针对目前医养结合机构性质认定困难、管理机制不畅的问题，应该在医疗机构、养老机构之外，单列医养结合机构，并据此对其服务对象、服务内容进行界定及分层，构建服务标准及基本服务流程，改变目前部分机构虽有进入医养结合服务领域的意图，却苦于无门可入，或即使已经进入医养结合服务领域，但对机构性质、法律地位、医保报销等方面存在疑虑从而难以施展的困境，无法更好地满足社会多样化、多层次的医养结合服务需求。

医养结合的优选策略不是大规模新建医养结合的机构，而是强调统筹整合和优化重组现有养老资源和医疗卫生资源。通过优化顶层设计，促进医疗卫生和养老等相关行政管理部门间的政策联动，促进为老年人群提供康养服务的各类资源的有效融合及良性循环[1]。通过养老政策的调整，如提供养老资金及服务支持、养老机构联合挂牌等，鼓励基层医疗机构和居家及社区养老对接，合作开展家庭医生、日间照料中心、家庭病床等医养结合服务，鼓励一些业务不饱和的中小医院转变为医养结合服务机构，合理转化闲置医疗资源。通过完善基本医疗服务补偿政策、技术扶持政策及医保衔接制度，鼓励有条件的养老机构通过内设的医务室、卫生所、保健站、门诊部等开展基本的医疗服务，并与医疗机构展开实质性合作。规模较小、设施及人员不足的养老机构，也应该要求其配备必要的急救设施、药物，执行严格的急救流程。无论是由医疗机构转变而来的医养结合服务机构，还是由养老机构转变而来的医养结合服务机构，都可以在分级诊疗双向转诊中与基层医疗机构拥有同样的地位，畅通医养之间的双向转诊渠道。同时，通过设置性质转变认定、法律地位界定、人事管理制度转变方面的政策通道，鼓励更多的养老机构及医疗机构加入医养结合服务领域；通过消除非公立机构和公立机构在医疗保险定点、重点专科建设、职称评定、学术地位、等级评审、技术准入、运行监管、区域规划等方面的政策屏障，吸引更多机构开展医养结合服务。

3. 资金保障机制

目前出台的医养结合相关政策，强调社会化融资，鼓励利用金融手段支持行业发展的条款较多，由政府直接提供资金保障的措施较少。但基于基本医养

---

[1] 刘华：《"医养融合"重在融合现有资源》，https://www.163.com/money/article/A02DQ3G200253B0H.html。

服务的公益性定位，政府应该提供基本的资金保障，医养结合服务的筹资应该采取"政府+社会+个人"的三方模式，同时优化投入结构。

第一，政府应该为建立健全基本的医养结合服务体系直接配置一定资源，包括财政资金及土地划拨等，改扩建或新建一定数量的医养结合服务机构，使其具备基本的服务提供能力。为弥补财政资金的不足，鼓励各地采取PPP模式吸引社会资本建设医养结合服务机构。第二，政府可以充当购买者，在政府无法或不需要通过公立医养结合机构提供全部的基本医养服务的情况下，严格按照认定标准为部分需资助人群提供财政资助，帮助其购买社会化非公立医养结合机构的相关服务。第三，改革基本医疗保险统筹基金管理机制，将生活不能自理的慢性病患者的医养照护服务纳入基金支付范畴，将基本医疗保险统筹基金的支付范畴从医疗服务系统扩展到医养结合系统。第四，对于有较高医养结合服务需求的居民，建立基于其个人医保账户结余及个人缴费的医养结合补充保险。鼓励商业保险机构开发长期照护保险、医养结合服务责任险等相关险种。通过以上四个方面的策略，建立医养结合的多维度资金保障机制，满足多层次的医养结合服务需求。

4. 税收价格促进机制

医养结合产业整体上仍属于资金回收周期比较长的行业，民间资本对于投资回收期非常看重，为鼓励社会资本加快进入该行业，促进医养结合服务业的快速发展，具有吸引力的税收价格政策是最有效的促进机制之一。为缩短行业投资回收期，适当的税收价格优惠是非常必要的。医养结合服务机构除享受原养老机构及医疗机构的全部税收价格优惠政策外，还应该有针对本行业的特殊优惠政策。但对不同性质的医养结合机构，应该实行差别化的税收价格政策，鼓励社会资本提供非营利性医养结合服务。首先，严格区分医养结合机构的营利性和非营利性。对非营利性医养结合机构建设，免予征收有关行政事业性收费；对营利性医疗和养老机构建设减半征收有关行政事业性收费。非营利性医养结合机构享受免税政策；营利性医养结合机构除免征营业税外，还享受部分税收减征待遇。其次，民办医养结合机构，无论营利性还是非营利性，用电、用水、用气均按居民生活类价格执行。最后，除公立医养结合服务机构的基本医养服务按政府定价外，其他非公立医养结合服务机构无论性质如何，均实行自主定价。

5. 人才培育机制

为打破医养结合人力资源瓶颈，应出台政策加强老年医护队伍建设，实施人才援助和紧缺人才培养行动,完善医养结合人才培养机制。一是鼓励和支持普通高等院校和中等职业技术学院开设老年医疗护理专业,并促进校企合作办学,支持社会资本举办医养结合服务类职业院校。规范老年医疗护理专业的教学方案和课程设计,为老年医养行业培养必要的储备人员,逐步促进老年医养结合行业队伍的专业化、年轻化。二是建立医养结合服务人员职业发展体系。编制老年医护人员队伍发展规划,形成科学合理的医养结合服务人员职业资格认证和培训体系①,加大对非公立医疗机构人才培养、培训和进修的支持力度。研究制定医养结合服务人员的薪酬管理制度,加快探索对医养结合服务人员的鼓励政策。三是尽快建立和完善医养结合服务配套的相关制度和文件政策,构建多元化的健康养老服务体系。四是加强促进老年人心理健康的文体活动和研究教育,提高老年人群心理健康评估和康复治疗的质量水平。五是发展各类医养结合服务的志愿组织,并为志愿者提供医养结合相关的专业技能培训,以提高志愿者的服务能力②。

6. 功能分层机制

针对多样化、多层次的医养结合服务需求,政府主导建立的医养服务保障体系也应该具备层次性特点,针对不同的对象提供不同的服务;同时,服务对象及服务机构的匹配应该是流动的、灵活的,尽量避免资源的低效率占用。

为实现医养服务保障体系的功能分层,首先应建立老年人能力评估体系和医养结合服务机构能力评估体系。为保证评估的公正、公开、公平,首选第三方评估机制。一方面通过构建系统化的评估模型,参考老年人的年龄、生理及精神状况、经济情况及家庭状况等因素,将其医养结合服务的需求类型进行分层;另一方面,根据机构能够提供的医养结合服务类型和能力,将其分成从仅提供基本健康管理服务的一般性社区养老机构到能够提供全面的高水平医疗服务的高等级医疗机构的不同等级。在评估分层完成以后,老年人视能力等级状况分别入住不同层次的医养结合机构。同时,保持对老年人能力的动态评估。一些失能、患病的老年人,经过治疗,身体状况改善以后,应及时转移到其他相适应的机构;同时,一些原来的健康老年人,在患病、失能以后,也能迅速地转移到医护水平更好的机构。

---

① 钟建林:《以"四条路径"推进湖州"医养融合"》,《浙江经济》,2015 年第 5 期,第 46~47 页。

② 车茂娟、王亚敏:《构建四川多元化多层次养老体系建设》,《中国统计》,2019 年第 1 期,第 60~62 页。

其次，依据老年人能力的等级划分及医养结合机构的分层，设定不同的资金支付标准，运用专业的卫生经济工具，对不同能力等级的老年人医养结合服务的成本及不同层次的机构服务成本进行测算，按测算结果确定资助标准，设计"按人计价"的创新性政策，使政策进一步向高龄、失能、经济条件差的老年人倾斜，进一步提高医养服务的公平性及资源利用效率。

7. 行业监管机制

在现有行业发展指导性文件的基础上，逐步制度化、法律化，强化医养结合产业的行政立法工作，将其行业管理规范以法律法规的形式固定下来，提高政策的稳定性，实现行业规范管理。

首先，按照"负面清单"原则，建立公开、透明、平等、规范的医养结合服务业准入制度，依法下放、简化对不同层次医养结合服务机构的立项、开办、执业资格、医保定点等审批手续。

其次，健全行业标准及监管制度。健全医养结合服务的标准体系，支持相关龙头企业以及行业协会参与标准体系的制定，并有效推进实施。强化医养结合相关行业组织自律，完善具体的服务公约、服务承诺和服务规范等制度。优化监督管理机制，创新监管方式，建议推行属地化管理，依法规范医养结合服务机构及人员的从业行为。同时加强工商、食品药品监管、卫生健康等行政主管部门的联合监管和执法，强化对医养结合服务机构服务质量、服务行为、收费标准等方面的约束和监管。

最后，在清晰界定医养结合服务业及服务机构的性质、范围、目标的基础上，参考现有健康服务业监测指标体系，构建切实可行的医养结合服务业统计监测制度及体系，为了解行业状况、促进发展提供依据。

8. 规划协调机制

为提高养老服务资源与医疗卫生资源的衔接效率，整合医养资源，必须强化医养结合发展的顶层设计，在健康养老服务业发展规划的指导之下，拟定医养结合服务业的专项发展规划，完善其规划协调机制。

首先，应充分领会及把握国家有关医养结合发展的指导性意见及具体措施，用好用足相关政策。在制定与完善本地区医养结合服务业的发展规划时，注重与国家相关政策规定的衔接以及对相关政策规定的深化、细化，充分考虑全省各地医养结合发展水平的差异，凝聚地区共识，形成优势互补、梯队发展、共同进步的良好态势，提升本地区医养结合服务业的整体实力。

其次，无论是土地规划还是财政资金规划，将医养结合服务业的建设和发展纳入民生范围，确保医养结合设施建设用地及资金使用落到实处。

再次，尽快建立与完善医养结合机构的专门管理办法，明确管理主体，落实管理责任，协调权力利益，建立由省政府牵头，多部门参与的联席会议制度，及时协调解决医养结合服务业发展中的重大问题，消除多头管理对行业发展的不利影响。

最后，强调规划实施，明确工作责任和进度，各地应将发展医养结合服务业纳入国民经济和社会发展规划，省级有关部门要加强分类指导，将具体任务、目标细化分解，制定完善配套政策措施，定期开展医养结合服务业规划实施情况督促检查和跟踪评估。加大宣传力度，营造医养结合服务业发展的良好氛围。建立健全绩效考核评价体系，将医养结合服务业发展目标任务纳入各地、各有关部门考核体系，促进医养结合服务业加快发展。

四、以社区为平台的医养结合模式的基本系统

构建社区居家医养结合模式，就是要以社区为平台，围绕社区医疗卫生中心和社区养老中心等社区综合服务体系进行建设。政府充分发挥指导作用，整合社会各方力量与资源，建立覆盖整个社区的具有医养结合特色的养老服务网络。

整合资源并充分发挥政府和社会各方力量。首先，政府是医养结合服务的主要提供者，要建立健全养老服务系统的政策法规，充分发挥其政策指导与行业规范作用，为新模式的发展指明正确方向。同时，政府要增加财政投入，充足的财政支持是社区居家医养结合服务模式发展的催化剂。此外，政府要组织建立一套科学完善的管理系统，保障新模式的运行效果。其次，各种社会力量要积极参与到社区居家医养结合养老服务模式的建设中来，引进各方社会力量的资金投入与技术支持，发挥其资源、地域优势。最后，政府通过政策激励的方式来吸引社会力量的参与，比如税收减免、财政补贴等。

社区医养结合养老服务平台是医养服务运行的基础，基本系统包含医养结合服务系统、监督管理系统、评价与反馈系统、老年人信息系统。这四大组成部分构成了整个运行体系（见图9-2），相互支持，统一运作，缺一不可。

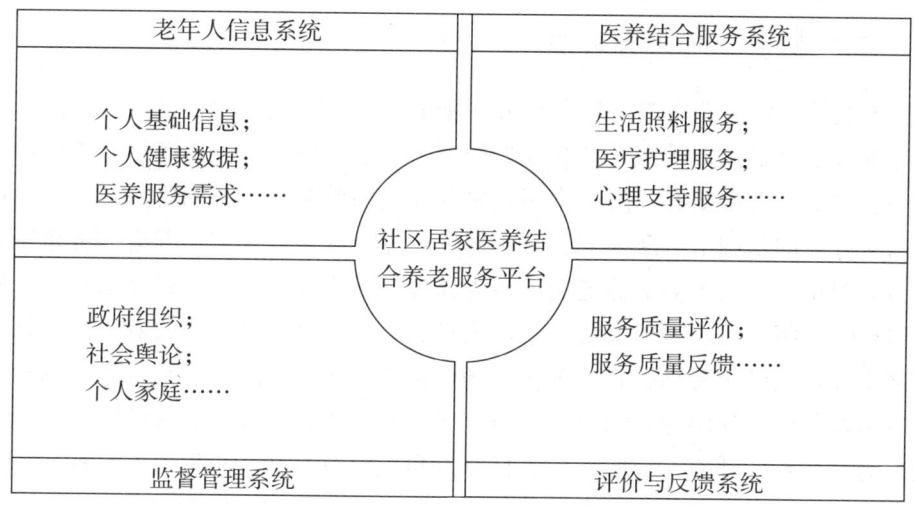

图 9-2　以社区为平台的医养结合养老系统基本框架图

（一）老年人信息系统

老年人信息系统是构建医养结合模式的基础。建立收集老年人相关信息的管理系统，需要整理老年人的健康数据。主要通过整合社区卫生服务中心和社区养老服务中心现有信息，同时跟踪随访、按时监测老年人身体的变化情况，来建立个人健康档案。信息系统中老年人的个人基础信息则通过入户访谈、问卷调查、统一登记等形式收集，主要包括老年人性别、年龄、职业、文化水平、参保情况、收入状况、子女情况等信息。在了解其个人健康状况和基础信息的情况下，再综合老年人本身的养老医院、自理能力、支付能力等情况，为其量身定制个性化的医养结合养老服务，满足不同老年人差异化的医养需求。

利用互联网、物联网、大数据、云计算等信息化技术，搭建老年人信息服务平台，随时掌握老年人的身体健康状况。将智能化、人性化的网络元素添加到现有社区医养结合养老服务体系中。具体举措：可以在开发老年产品时就应用传感器技术、物联网的射频识别（RFID）技术和海量数据处理、网络通信等技术。在老年人的日常穿戴设备中安装微型智能传感器，采集老年人的体温、血氧含量、呼吸、脉搏、血压、血糖、心率等基本生理体征，并实时将数据传到社区卫生服务中心的信息平台上，便于临床医生及时掌握老年人的健康状况。据此可建立远程照料模式，如果老年人遇到突发情况，信息系统收集到相关信息后将及时预警，提示临床医生奔赴现场实施救助。

（二）医养结合服务系统

要将医养结合服务具体覆盖到社区中的每一个家庭，为社区内生活的全体老年人提供全面高效的医养结合养老服务，就必须构建社区医养结合养老服务平台。服务方式主要有日间集中照料服务和上门服务。服务内容是在传统的社区居家养老的基础上，融入"医"的部分，完善和拓展现有的养老服务范围和项目，根据老年人不同的养老需求，为其提供从家政服务、日常生活照料、膳食供应、休闲娱乐、身体锻炼、学习成长、社会活动、精神慰藉和心理支持等养老服务，到健康管理、临终关怀、预防保健、康复护理、医疗诊治、紧急救助等多样化的医疗服务。同时可以建立家庭医生责任制度或者医疗机构签约制度作为该体系的补充。家庭医生责任制度指以充分告知、自愿签约为原则，以全科医生团队为核心，积极推动社区内老年人与社区卫生服务机构的全科医生签约。帮助社区内的老年人进行免费体检、健康咨询、诊疗康复、疾病预防等，对于高龄、失能、半失能、长期卧床、行动不便的老年人实行定期巡诊和上门服务。同时鼓励老年居民自行主动与全科医生直接签约，跳过社区医养结合服务中心，以医生自由职业制度为支撑，老年人根据自身的健康状况、自理能力、经济情况等特点，与家庭医生签订个性化、差异化的量身定制服务，提高医养资源的利用效率，也可在一定程度上提高家庭医生的收入，鼓励其参与社区居家医养结合服务新模式的积极性。

可尝试探索构建社区整合性医养结合服务中心。在整合政府和社会各方力量的基础上，在社区卫生服务中心和社区养老服务中心之间建立合作机制。比如依托社区综合服务系统，建立社区微型医养结合养老院。民政部于2013年颁布了《养老机构设立许可法》，以前要求养老机构床位数不低于50张，准入门槛太高，难以推广，新规定将养老机构床位数降为10张。社区微型医养结合养老院的新理念的提出为引进社会资本和社会各方力量提供了良好的契机。在此基础上，充分发挥社区的资源优势，通过整合社区内或者附近的养老和医疗服务资源，同时对社区内一些空置场地、空房间进行改造，轻易可以创建"社区微型医养机构"，为社区内生活的老年人提供高效便捷的医养服务。"社区微型医养机构"属于社区嵌入式医养结合服务中心，是其整体的必不可少的一部分，与社区融为一体，根植于社区环境中。利用其床位数少、规模较小的优势，只需配备2到3名护理人员和1名全科医生即可正常开展服务。或者社区微型医养结合中心主动与周边医院签约，由医院派遣医生轮流去养老中心值班，或者定期上门巡诊，提供诊疗体检、健康管理等医疗服务。并且为社会内的高龄、失能、半失能的老年人提供绿色通道，必要时及时提供紧急救助服务。

（三）监督管理系统

作为该平台的中枢，监督管理系统的好坏直接关系到医养服务的质量和水准，关系到该模式具体运行的效果。政府需建立监管系统，确保社区医养结合养老服务新模式的高效运行。整合医养资源包含多个服务环节，涉及社会、政府、家庭、媒体等多方组织力量的参与。所以对服务质量的把控就需要更加严格，政府既需要担任服务提供者的角色，也应该担任监督者的角色，确保社区医养结合服务的高效运行；同时从立法的层面建立社区医养结合行业规范、服务标准和准入机制，对该模式的运行效果进行监督，有效地整合各方资源，协调社会各方关系，保障医养结合服务产业保质保量地健康发展，蓬勃向上。

（四）评价与反馈系统

建立信息化、人性化、便捷化的评价与反馈系统，是以社区为平台的医养结合服务效益的重要保障。定期对享受服务的老年人进行满意度测评，提出改进意见。允许老年人以服务过程中的个人体验为现实依据，及时地反馈和评价服务质量和问题，改进意见通过反馈中心整理汇总后，反馈给服务提供者，供应方组织专家组深入研究后，提出解决措施，及时改进，以此督促管理部门不断改进和完善现有的社区居家医养结合养老服务模式。

第十章 发展以社区为平台的医养结合养老服务模式的建议

一、坚持政府主导,加强顶层设计与法制保障

发展以社区为平台的医养结合养老服务模式不是完全新建一种模式,而是在现有卫生资源和养老资源的基础上进行科学合理的整合。其发展理念是以老年人群的康养需求为导向,以社区为平台整合现有养老资源和卫生资源,康养服务范围由特殊失能人群扩展至更多健康老年人群。

社区居家医养结合养老服务运行模式的构建,是解决我国人口老龄化所带来的一系列社会问题,实现老年人口健康养老需求的可行路径之一,是我国多层次健康养老综合服务体系的重要组成部分,也是我国应对人口老龄化的一项长期战略任务。要积极发展以社区为平台的医养结合养老服务模式,就必须要坚持在政府的领导下,鼓励个人、家庭、社会组织等多方力量共同参与,不断完善管理制度,丰富服务内容,健全服务标准,帮助所有老年人实现"老有所养、老有所医、老有所乐、老有所安"的心愿,一起克服老龄化的进程中所遇到的各种社会问题。坚持政府主导就是要强化养老服务体系的顶层设计、强化政府责任、加大财政投入、支持养老服务设施建设、落实相关优惠政策以及加强人才队伍建设,为我国养老服务体系发展构建良好的环境。

作为一项重要的制度创新,建立社区居家医养结合养老服务模式,就是推动"医"和"养"这两个互相独立的领域相互融合、促进,形成协调统一的有机整体。所以要推动该项制度的建立与发展,并且保证制度完善和政策协调是非常困难的。不断规范和完善相关法律制度,需要一个长久的探索过程。要保障社区居家医养结合养老服务模式的正常运行,就必须建立和完善相关法律制度体系。在实际推广和发展社区居家医养结合养老服务模式的过程中,人员、资金、场所、设施等所有实际操作的细节,都需要做到有理有据、有法可依。

医养结合服务模式能够长久且高效发展的重要制度保障就是法律的规范性、统一性、强制性和可持续性。

党的十八届四中全会明确提出要依法加强和规范公共服务，完善老年人合法权益保护等方面的法律法规。当前，我国健康养老领域的法律法规不成体系，存在于《中华人民共和国老年人权益保障法》《中华人民共和国婚姻法》《中华人民共和国继承法》《中华人民共和国保险法》和《民法通则》等相关法律之中，造成养老机构、老年人、老年人亲属、政府部门等适用困难，也在客观上阻碍了健康养老服务业的快速发展，故建议从上层建筑建设上加强顶层设计，整合相关法律法规，并有针对性地开展健康养老领域专门立法。

与国外发达国家相比，中国健康养老服务工作起步较晚，养老服务法治保障存在缺陷。其主要表现为不适合人口老龄化的健康需求，老年社会保障制度覆盖面有限，健康养老立法缺乏科学性、系统性、可操作性，且法律效力位阶较低。构建完善的养老法治保障体系，建议要从中国国情出发，考虑我国文化传统，顺应人口老龄化的严峻形势和经济发展水平，以老年人权益保障为核心，充分发挥政府的主导作用，着眼于老年人法律权益、健康福利权益和社会参与权益等。建议积极应对人口老龄化，制定可持续发展的老龄健康事业规划，进一步完善老年人群监护制度和精神赡养制度等，探索建立长期护理保险制度及国家支持家庭养老制度等，逐步形成与国家战略和老龄健康事业规划相匹配的更为完整的老年人权益保障法律制度体系，用法律制度推进和保障养老服务体系的健康发展。

总体来看，全国各地医养结合服务法治保障体系不健全，且现行法律规定较为分散，缺乏统一规划；相关的政策文件大多仅具有指导性，约束性不强，导致政策落实不到位，养老市场发育不成熟。参考国外养老服务法治保障经验，建议探索制定对应的法律条例，弥补现有法律规定的不足，提高社区医养结合服务的法律地位。国家及各地在制定法律条例的过程中，其指导思想应是政府指导、社会协助、个人参与，鼓励社会组织、个人支持社区医养服务。在具体内容上，应明确健康养老服务设施的供地、建设、机构的相关条件、功能定位，财政补贴，优惠税收，医养结合服务行业从业人员的准入、考核，以及建立健全医养结合服务的保障与激励措施等多个方面，整合医养结合领域相关法律文件，为规范医养结合服务行业的管理和保障医养结合服务市场的健康发展提供法律依据。

二、完善区域规划,优化政府部门协调沟通机制

事业需要做好统筹规划,而不能无序发展。在充分调查的基础上,各地均应根据本地人口数量结构、老年人的需求及其变化趋势,以及区域卫生规划,对社区医养结合服务机构进行区域规划、统筹安排、合理布局,以此作为促进养老服务业健康发展的基本依据并严格执行。制定规划时建议主要考虑以下几个方面:

(1)完善社区照顾制度或者政府集中购买医养结合服务制度,安排社区统一管理医养结合服务,在兼顾社会公平和效率的原则下整合资源。

(2)完善政策支持和发展普惠老年人的社会文化服务事业,在政府承担老年人基本养老费用和最低生活保障的同时,鼓励社会力量积极参与老年健康福利事业。

(3)在前面内容的基础上,建议通过法律规定赡养人(子女)对父母物质赡养和精神赡养的双重义务。

(4)完善省、市、区/县、街道/乡四级健康养老机构体系,同时按照老年人群健康养老的需求分设医疗、保险、娱乐以及教育等分支机构,全方位多层次满足居民的健康养老需求。

建议优化政府层面的协调机制,明确卫生健康、民政、发改、人力资源和社会保障、财政等相关部门工作职责,并落实工作责任,细化工作措施,搞好协调配合,形成工作合力,以确保各项政策措施落到实处。例如,各级卫生行政部门主要对养老机构设立医务室、护理站等医疗机构或提供医疗服务制定相应标准,按规定进行备案和执业登记,并探索医疗机构与养老机构合作新模式,加强在规划和审批等环节的合作等。

三、应界清称谓,明确医养结合服务机构的功能和定位

健康养老服务的提供很难全部依靠政府,需要组织社会各方力量来满足老年人群日渐激增的健康养老需求。如果仅以提供机构养老的"养老机构"一词指代所有的社会健康养老服务机构,可能以偏概全、有失偏颇。建议各地在制定相应条例等文件中使用"医养结合服务机构"一词,并明确相关内容。一是明确医养结合服务的概念。医养结合服务具有公益性与经济性的双重性质,是健康服务与养老服务的有机结合。它以提高老年人群生活质量和生命质量为目

的，包含老年人群的生理、心理、精神等多个维度。二是明确不同类型医养结合服务机构的功能定位、服务范围、服务对象，包括提供医疗服务的养老机构、提供养老服务的医疗机构、社区微型养老中心、日间照料中心等。建议医养结合机构主要参照老年病医院、康复院、护理院的标准和服务范围，主要服务失能、半失能等需要医疗康复、照护的人群，由卫生行政部门监管。针对健康老年人的养老机构，有条件的可根据养老机构规模的大小自设医疗机构，无条件的与有相应资质的医疗机构建立合作关系。

四、完善准入标准，加强医养结合服务机构和人员的监管

建议整合等多种资源，加强顶层设计，联合民政、卫健委、发改、财政、人力资源和社会保障、老龄委等部门形成社区医养结合服务工作组，负责组织制定发展规划，协调各部门关系，出台社区医养结合服务的具体政策并督促落实。根据社区医养结合的服务性质、服务主体、服务对象和服务范围，制定和完善统一具体的机构建设标准、设施标准、从业人员上岗标准、服务标准和管理规范，建立健全星级评定制度和评估制度，并设定准入和退出的机制①。相关部门加强合作，制定相应的配套政策，建立统一完善的养老和医疗服务标准，规范医养结合护理行为，积极应对人口老龄化。

第一，规范医养结合机构设立主体条件。《养老机构设立许可办法》第四条对设立主体有相关规定：依法成立的组织或者具有完全民事行为能力的自然人都可以申请设立养老机构。然而医养结合机构关系到老年人的生存质量，更关系到老年人的生命安全，故建议提高医养结合机构设立主体条件。

第二，应明确分类细化医养结合服务领域不同机构的准入标准。在规范医养结合机构准入门槛的前提下，加强医养结合机构立法，完善医养结合机构准入标准，出台与之相对应的土地划拨政策，确保医养结合服务机构建立合理、合法、合格，并促进其按标准规范运营，完善医养结合机构分类等级服务标准和监督机制。其内容包括对医养结合机构的性质、分类、管理体系、人员要求等方面进行细化。根据不同类型的医养结合机构，设立不同的标准，实施分类管理，使老年人在安度晚年时能留在自己舒适的环境里得到良好的照顾。建议

---

① 黄佳豪、孟昉：《"医养结合"养老模式的必要性、困境与对策》，《中国卫生政策研究》，2014年第6期，第63~68页。

规范对医养结合机构护理人员的准入资格，以需求为导向对医养结合服务人员提出要求，切实保护老年人的健康权益不受损失。与此同时，政府还需加强对医养结合机构的监督管理。政府在医养结合服务中承担着倡导者、监督者和指挥者等角色，相关制度的制定和实施都需要政府强有力的保证。还建议进一步简政放权，针对医养结合机构执业许可证的办理，可探索将养老机构执业许可和医疗机构执业许可"两证合一"，并明确功能定位及准入标准，以及服务对象的准入、机构人员的配置、医养结合服务的提供等内容。建立保险基金与医养结合养老机构衔接机制，逐步解决套取保险基金、康复老年人不愿意出院以及"压床"等问题。

第三，要严格规范医养结合相关人员的准入标准，依据医养结合机构不同岗位制定人员准入标准细则。要制定不同岗位人员的失责奖惩制度，并明确终身禁止上岗的情形。建议将护理员纳入卫生技术人员范围并实施资质认证，并要求持证上岗，在试点的基础上逐渐推广，在一定期限达到全员持证上岗要求。设立相应职业技能等级，打通晋升渠道，对护理员进行分级管理，将职业技能等级与养老服务人员薪酬待遇挂钩。

第四，建立标准化发展规范，完善社区医养结合服务机构准入和质量管理机制。建立以社区为平台的医养结合养老服务模式的标准化发展规范，有助于规范该类型养老机构的发展，便于主管部门进行标准化的统一管理，进而提高养老服务质量。政府主管部门应针对以社区为平台的医养结合养老服务机构出台相应建设规范与标准，具体内容包括该养老服务机构的地理位置、功能定位、建设标准、设备设施、服务范围、服务对象、人员配备要求、服务标准等内容。通过这一系列的标准规范该类型养老服务机构的建设，以达到布局合理、功能定位明确、满足老年人不同利益诉求和不断发展的养老服务需求，并引导老年人到与自身条件相符的以社区为平台的医养结合养老机构获得养老服务，促进养老服务行业的健康发展。政府还应出台相应的补贴、优惠政策，鼓励社会力量参与建设规范化、标准化的养老服务机构，以实现以社区为平台的养老服务机构规范化发展，提高养老服务水平。

为吸引社会资本参与养老服务体系的建设，国家相关政策文件不断提到要规范养老机构的准入门槛、简化审批流程，但养老机构必须具备的设施设备、人员队伍、服务水平、功能定位等硬性条件绝不能降低。因此，为更好地提升养老服务的规范化和标准化水平，更应加强养老机构立法，完善不同类型医养结合机构准入标准，对养老服务机构的性质、分类、管理体系、人员要求等方面不断进行细化和完善，确保其能够保证养老服务机构在合理、合法、合规的基础上建立。

养老服务质量对老年人养老生活质量及状态有很大的影响，完善以社区为平台的医养结合机构服务质量管理机制，要探索符合我国国情的以社区为平台的医养结合养老服务质量评价体系，这是实现持续质量改进的有效途径。要对老年人养老服务质量进行过程质量控制，建立行政监管机制，有计划、有组织地对养老机构实施动态监管。

五、应统筹城乡，建立居家或社区养老的有关激励机制

受传统文化影响，大部分老年人都不愿意离开自己熟悉的环境到机构养老。建议大力发展社区和居家医养结合服务体系，通过建立以社区为平台的医养结合服务综合体系，立足社区、服务居家，解决老年人不愿离家的养老问题。具体来说，建立以社区为平台的医养结合服务综合体系，首先要根据老年人的养老需求，明确以社区为平台的医养结合服务体系的辐射范围和功能定位，合理布局，条件允许的情况下可利用现已建成的但运营困难的社区日间照料中心作为服务点，避免资源浪费。以社区为平台的医养结合服务综合体系是一个连接居家养老和机构养老的重要组成部分，提供的服务包括日常生活需求、医疗服务、贫困救助、娱乐文化、心理慰藉、康复照护、法律援助以及临终关怀等，并调动家庭、邻里、健康老年人、学生等志愿者参与养老服务，形成可持续的志愿者团队。针对居家和社区养老服务方面存在的法律缺失现象，政府应明确定位和职责范围内应承担的职责，避免"缺位"和"越位"现象的发生，并为医养结合服务提供充足的资金保障。建议结合医养结合服务的具体实际情况制定相关的法律法规，整合现有的社区资源，提高社区老年人服务项目数量与质量；通过推进对社区医养结合照管和宣传等相关制度立法，引导老年人群更新医养结合观念；明确法律救济途径相关法律法规，保护老年人合法权益，实现居家和社区医养结合服务产业的持续发展。

（一）重视农村地区人群的医养结合服务，完善保障制度

中国是农业大国，农村是构成中国社会的重要组成部分。改革开放以来，农村青壮年大量涌入城市，进一步加速了农村人口老龄化，使多数老年人处于留守状态，且农村的养老政策保障远不如城市。因此，亟须制定农村医养结合相关政策，加强农村地区健康养老保障，在政策制定过程中要充分考虑城乡二元格局和农村老年人实际需求，符合农村实际情况。在养老服务体系建设方

面，需要统筹城乡养老服务设施规划，实施农村敬老院向区域性养老服务中心转型升级工作，加快建设日间照料中心、老年活动中心等养老服务设施，以完善农村养老保障体系的建设。在养老保障制度方面，应加大对农村地区养老保障的支持力度，加快农村养老保险制度的规范化建设，鼓励农民参加基本养老保险和基本医疗保险，为后续养老和医疗提供保障。在条件允许的情况下，推广长期照护保险制度覆盖农村地区。

（二）大力发展以社区为平台的医养结合养老服务

我国养老模式从传统的家庭养老转向社会，并建立了以居家为基础、社区为依托、机构为支撑的养老服务体系。大力发展以社区为平台的医养结合养老服务，不仅能够实现老年人在离家较近的地方养老，而且以社区为平台的医养结合养老服务与机构养老相比，能够显著降低社会成本，在很大程度上弥补了传统家庭养老和机构养老的不足。在建立以社区为平台的医养结合养老服务体系时，要以立足社区、服务居家为原则，解决社区内老年人养老问题为目的。具体来说，建立以社区为平台的医养结合养老服务体系，最为重要的是要根据老年人的健康养老服务需求，明确以社区为平台的医养结合养老服务体系的功能定位和辐射范围，合理布局，在条件允许的情况下可利用现已建成的但运营困难的社区日间照料中心作为服务点，避免资源浪费。以社区为平台的医养结合养老服务体系是一个连接居家养老和机构养老的重要组成部分，按社区照顾理论，老年人既能在社区内得到照顾，社区内人员也能为老年人提供服务。

一是建立居家和社区医养结合绩效考核评估制度，通过考核调动社区内养老服务提供者的积极性，充分利用和开发社区内现有的资源，以确保老年人在社区内获得充足的养老服务项目，实现居家和社区健康养老服务产业的持续发展。二是建立社区参与制度，营造良好的社区氛围，调动社区居民积极参与社区的医养结合服务活动，并规定社区居民参加医养结合服务的时间和次数，为居家/社区养老服务的有序开展起到重要的支撑作用。

六、重视人才培养，发展社区医养结合服务专业人才队伍

建议完善相应政策，从培养、引进、使用、激励、管理等各环节发展社区医养结合专业人才队伍。相关部门可对社区养老机构内设医疗机构及医护人员在资格认定、职称评定和技术准入等方面与卫生医疗机构及医护人员统一标

准。通过特殊岗位补贴等鼓励大中专毕业生到社区从事医养结合服务工作等。

（一）社区医养结合服务专业人员的培养

加强专业人才队伍的建设，是提高医养结合养老服务水平的前提条件，也是建立健全我国以社区为平台的医养结合养老服务体系的必备条件。社区居家医养结合养老服务同时包含了医疗服务内容和养老服务内容。所以需要培养既懂"医"又懂"养"的跨专业的高素质专业技术人才。首先，国家从学历制度教育的角度积极推动相关专业的发展。比如，鼓励国内的医学和护理高等教育院校积极开设老年护理专业，以学历为保障，形成以老年护理、老年康复、社会工作等课程为核心的专业的培养体系，辅以专业实践教育或者规范化培训，为医养结合服务体系源源不断地输入专业管理人才、技术人才和服务人才。此外，充分利用好职业教育体系，在中专、高职等职业院校中开展老年护理服务型人才培养，真正形成立体化、多层次、高低有序的老年护理专业人才培养结构。其次，医学高等院校可与医养结合服务机构、医院合作，建立人才联合培养基地，院校将学生送往实践基地进行实际操作等规范化培训，而医养机构则按批次定期派遣老年护理人员进入院校，学习新理论、新知识，交流经验，以继续提高自身素质。为医养结合服务行业不断培养出创新型、管理型、技术型和服务型专业人才打下坚实的基础。

（二）建立专业人员标准和管理制度

医养结合服务行业要完成招才引才的工作，前提就要建立和完善行业标准及管理制度。当前国内医养服务行业从业人员尤其是老年护理人员的社会认可度低，表现在工作繁重、待遇低下、获得感低、社会地位低等方面。所以医养结合服务行业要吸引更多人才的加入，就要建立医养行业标准，完善人员管理制度。首先，建立标准化的考核体系。规范老年护理人员的准入资格，将人才培养与职业资格接轨，对不同级别的专业人员进行考核，顺利通过考核的人员，官方给予资格认定，发放从业资格证书。同时为了不断提高其服务质量和专业水准，要定期对老年护理人员进行专业培训。其次，应建立医养服务人才激励制度，加强薪酬体系建设，提高待遇水平。当前，医养结合服务行业筹资渠道单一，融资困难，缺少福利政策的支持，对多元化社会资本的吸引力不够。同时，医养行业工作烦琐、压力大，当前的待遇水平难以留住在职的专业人才，难以吸引更多人才的加入。所以要完善绩效考核机制，规范职称评定体系，加强医养结合服务行业人才薪酬体系的建设，让更多人才看到职业发展的美好前景，吸引和留住更多的专业人才加入医养结合养老服务行业中来。

（三）医养结合服务领域专业人员的资质认证

2017年国家人力资源和社会保障部取消养老护理员职业等级证书后，养老护理人员不再要求持证上岗，一方面缓解了养老护理人员紧缺的问题；另一方面加剧了社会对养老护理这个职业的偏见，降低了护理员的社会地位。没有职业发展空间，也无法体现职业技术人员的专业水平，又制约了年轻人的从业热情，使得很少有年轻人愿意从事养老护理员行业。为应对健康养老服务业发展的新形势，需建立一支数量充足、适应和满足养老服务业发展需求的养老服务人才队伍，要求这支队伍掌握一定的医疗技术和护理技能，以满足健康养老服务行业的发展需求。

在职业资格认定方面，既要包括职业道德水平较高、服务意识较强的专业护理人员，也要包括吸纳农村转移劳动力、城镇就业困难人员的中老年护工群体。在取得证书应具备的条件上，可设置临床护理专业毕业并从事养老服务相关工作可以直接取得护理员资格证书，一般普通人员经专业技术学校培训6个月并通过相关考试可取得资格证书等条件。在职称评审方面，依据提供服务水平、专业技能，合理设置职称评定规则和职称晋升条件，打通职称晋升渠道，将职业技能等级与养老服务人员薪酬待遇挂钩。该政策可先选取部分地区试行，待积累相对成熟的经验后逐步推广，力争到2030年实现全面持证上岗，以达到提高护理人员专业水平的目的。

（四）提高医养结合领域专业人员的福利待遇

现有养老行业从业人员严重不足，首先是因为医养结合从业人员在绝对数量上缺乏，其次是因为福利待遇低、社会地位低，人们不愿意去养老机构工作，导致养老行业从业人员陷入"入职—培养—离职"的怪圈，不利于行业健康发展。解决上述问题最重要的是要提高医养结合从业人员的福利待遇及社会认同感，使他们在工作中有获得感和荣誉感。一方面切实提高护理员工资水平，做好护理员分级工资指导价位工作。成都市出台的《促进养老服务人才就业工作的具体措施》规定，持养老护理职业资格证入职非营利性养老福利机构从事老年服务与管理工作，入职满3年后，给予一次性奖励补助。虽然该政策还未落实，但该政策一旦实施，将对养老年人才队伍的建立起到重要的作用。该政策在实施过程中也可适当扩大受益范围到民营机构，在一定程度上可起到鼓励社会资本进入医养结合行业的作用。同时可将成都市出台的促进养老服务业人才就业工作的举措进行推广，做好相关政策保障工作，例如制定养老服务行业最低工资标准、法定工作时间、强制性带薪休假制度等。另一方面为突破社会地位低对养老服务从业人员的制约。政府部门要认识到"留人要留心"，通过新媒体等途径向公众宣传护理服务行业杰出榜样，或改变称呼等方式提升职业荣誉感。同时应该加强养老护理员的社会认可宣传，让社会大众了解养老行业的社会贡献和从业人员的付出，让从业人员感受到社会的尊重，让全社会认识到尊重医养结合服务业从业人员，"既是对父母尽孝，也是给自己留后路"。

七、鼓励多方参与，完善社会支持社区医养结合服务的保障机制

老年群体的需求是多元的、多层次的，仅靠养老机构或社区的工作人员难以满足，更何况健康养老相关工作人员本就短缺。为此建议建立鼓励社会组织、个人支持医养结合服务业保障机制。

一是完善社会力量及个人参与医养结合服务相关政策。政府在建设社区居家医养结合养老服务模式中的主导地位是毋庸置疑的，政府的制度保障和公共产品的投入是非常关键的。但是长远来看，要保证社区居家医养结合服务行业的健康发展，仅仅依靠政府的力量是远远不够的，还需要聚集社会各界的力量，提供多方监督管理和源源不断的资金支持。从宏观层面来看，政府在社区居家医养结合养老服务模式的运行过程中，占据着重要地位，比如顶层设计、政策法规、监督管理、资金投入等方面。但是从微观层面来看，社会力量在养老服务和设施设备的提供方式上有着天然的优势。所以应该鼓励社会力量参与到医养结合服务行业中来。在确保社区居家医养服务公益性的前提下，积极寻求产业化发展道路，尤其是医养结合服务供给方面，有利于养老服务市场的活跃。多元化的服务供给方式会进一步促进医养结合服务行业的健康有序发展。

第一，要形成多元化的社区居家医养结合养老服务格局，不断创新医养结合服务运行模式。在社区居家医养结合养老服务模式建设方面，要坚持政府指导，以公办养老机构和医疗机构为核心，鼓励社会资本以多种投资形式参与，如慈善机构、投资公司、民营企业、保险公司等，形成多元化的社区居家医养结合养老服务供应格局。第二，要不断完善该模式的规范化、标准化建设。引入多方社会力量虽然有助于促进社区居家医养结合养老服务的发展，但是对服务质量的把控需要更加严格，所以需要制定更加严格的准入机制，对整个医养

行业起到规范作用。同时根据不同老年人的养老需求和意愿，为其提供差异化的定制服务，并建立标准化的护理等级评定体系。第三，根据产业聚集效应，应该积极培育相关产业，形成完整的医养结合服务产业链。积极鼓励医养产品、智能系统、医疗器械与设备的开发利用，同时扶持第三方服务行业发展，比如健康管理服务、医疗咨询服务、医疗服务评价等。第四，鼓励非政府组织积极参与。当前各种非营利性组织、社会义工、志愿组织等，在社会养老服务行业中发挥着重要作用。非政府组织的力量是不容小觑的，政府应该进行合理的统筹管理，组织协作，在制定各种社区医养结合养老政策与规范的过程中，考虑到这一点，在建设医养结合养老服务产业过程中吸引更多非政府组织的参与。

二是完善社会养老事业的志愿者服务体系制度和机制建设。充分发挥志愿者作用有利于解决健康养老工作人员短缺的问题。为此，可开展有针对性的符合老年人需求的志愿者活动，确保志愿者服务取得良好成效。加强社会养老事业志愿服务体系的制度设计和机制建设，丰富养老服务主体。一是建立义工服务时间储备制等互助服务机制，动员广大的社会成员参与养老公益性组织，开展志愿者服务。二是建立社区义工的激励机制，引导社区的义工参与社区内帮扶活动，形成专职社工与志愿者相结合的社区养老服务力量[①]。三是完善志愿者培训、考核机制，在志愿者提供服务前要进行相关培训，服务后要进行考核评估并及时反馈，物质上或精神上给予志愿者激励，充分调动和发挥志愿者服务的作用。同时在服务过程中也要结合老年人的养老服务需求，根据志愿者擅长的领域进行有效匹配，开展有针对性的符合老年人需求的志愿者服务活动，确保志愿者服务取得良好成效。

八、强化主动预防意识，建立医养结合安全和纠纷解决保障机制

一是建议明确医养结合机构纠纷解决机制，填补法律空白，以期更好地保障机构和老年人双方的合法权益。二是可通过格式化医养结合服务的合同内容来避免一些不必要的纠纷。三是引入商业保险，建立养老风险分担机制。可建立医养结合服务伤害意外保险制度，机构与保险公司签订合同，一旦发生医养

---

① 车茂娟、王亚敏：《构建四川多元化多层次养老体系建设》，《中国统计》，2019 年第 1 期，第 60~62 页。

结合服务纠纷，由保险公司承担赔偿责任。四是可参考《广东省老年人权益保障条例》第二十九条，逐步建立和完善政府支持、社会捐助、个人自费投保相结合的老年人人身意外伤害保险制度。五是建立医养结合服务伤害事故保险基金会，通过政府投资、社会募资、个人捐赠等途径筹集善款，保证基金会的正常运营，为医养结合服务机构及老年人设立一道保护屏障，分担机构的风险责任。

九、利用"互联网＋"技术，强化社区卫生服务中心"健康守门人"功能

多方参与建立"互联网＋"社区医养结合服务发展模式。使用远程实时医疗服务平台，使签约老年人更加便捷地享受个性化专属健康的管理、远程查房、用药指导、健康咨询、特色健康课堂等多种服务，实现"互联网＋医疗＋养老"的社区医养结合服务发展新模式。分类试点医养结合社区协作联盟，通过社区卫生服务中心为社区医养结合机构或老年人家庭提供医护康复服务，为社区内养老机构或老年人家庭提供医疗保障，如预约挂号、远程急诊、会诊指导、转诊绿色通道等服务，发挥社区卫生机构"健康守门人"功能和健康维护功能。

十、完善保险制度，明确医养结合服务的其他相关配套支持

一是将符合条件的医养结合服务机构纳入基本医疗保障范畴。建议将参加城镇职工基本医疗保险和城乡居民基本医疗保险的老年人入住护理型养老服务机构时发生的符合政策规定的医药费用纳入医保支付范围，并推进医保异地就医的即时结算。

二是推广长期照护险相关保障制度。按照人力资源和社会保障部长期护理保险试点工作要求，试点城市成都围绕长期照护保险制度定位、保障重点、保障方式和经办管理等方面，建立长期照护保险制度，出台了《成都市长期照护保险试点方案》和《成都市长期照护保险实施细则》。为有效应对人口老龄化，妥善解决长期失能人员尤其是失能老年人的生活照料，建议明确长期照护险的法律地位并在试点过程中总结和推广。

附 录

案例实践一 以社区网络医院为基础的医养结合服务模式实践

一、以社区卫生服务中心为平台开展医养结合工作

随着人口老龄化、工业化和城镇化进程的不断加快,居民生活方式、生态环境和食品安全状况等对健康的影响逐步显现,慢性病的发病、患病和死亡人数不断增多,人民群众慢性病疾病负担日益加重。慢性病死因占总死亡构成比例从1990年的76.5%上升到2005年的82.5%。慢性病经济负担占疾病总经济负担比例由1993年的54%上升至2017年的77%。年龄是慢性病患病率主要影响因素之一,各种慢性病患病率随着年龄增长均呈上升趋势[①]。中国现在正加速进入老龄化社会阶段,人口老龄化进程日益加剧,具体表现在期望寿命延长、老年人口增长速度快及老龄化进程超前于社会发展的态势。2016年,中国65岁及以上人口已达10.8%,超过1.5亿。

党和国家高度重视维护人民健康和发展养老服务业。2013年1月,《国务院关于加快发展养老服务业的若干意见》(国发〔2013〕35号)明确提出"积极推进医疗卫生与养老服务相结合,推动医养结合发展"。同年9月,《国务院关于促进健康服务业发展的若干意见》(国发〔2013〕40号)提出"推进医疗机构与养老机构等加强合作。在养老服务中充分融入健康理念,加强医疗卫生

---

① 潘洁:《缓解心理压力是慢性病防治的重要措施》,中国铁道学会、中华预防医学会:《2018年铁路卫生防疫学术年会论文集》,2018年,第82~83页。

服务支撑"。2014年2月,《四川省人民政府关于加快发展养老服务业的实施意见》(川府发〔2014〕8号)提出"推进医疗卫生与养老服务相结合。推动医疗卫生资源进入养老机构、社区和居民家庭"。2017年11月,《四川省医养结合机构服务规范(试行)》(川卫发〔2017〕158号)对医养结合机构、养老机构设医疗机构、医疗机构设养老机构、医联体-社区养老联合体、社区居家养老服务机构的基本要求、服务模式、机构设置要求、服务保障等进行规范。

党的十八大以来,以习近平同志为核心的党中央把全民健康作为全面小康的重要基础,强调把人民健康放在优先发展的战略位置,推进"健康中国"建设。党的十九大做出"实施健康中国战略"重大决策,将维护人民健康提升到国家战略高度。保障老年人医疗健康服务急需且迫切,老年人对医护型养老服务需求强烈,医养结合养老服务是建设"健康中国"的创新性实践和创新养老方式。当前存在的问题主要包括:①因"老年病"的普发性、家庭结构的单一性,难以妥善解决慢性病、失能和半失能老年人的治疗和护理问题;②目前多数医疗机构和养老机构互相独立并自成系统,老年人的医疗康复出现了服务空白。医养分离导致许多患病的老年人不愿出院,出现了"压床"现象。发展"社区医养结合",有助于解决养老机构缺乏医疗支持的根本问题。"社区医养结合"把传统养老与医疗保健有机地结合起来,除了为老年人提供生活护理、精神慰藉和老年文化服务以外,还构建了多学科的医疗团队,为老年人提供个性化和专业化的健康咨询、健康检查、疾病诊治、健康护理、康复治疗及临终关怀等服务。

"医养结合社区协作联盟"是较好的一种"医养结合"发展模式,即通过社区卫生服务中心为社区养老机构或老年人家庭提供医疗健康服务。一方面,由社区卫生服务中心与老年人家庭自愿签订医疗契约服务协议,社区卫生服务中心参照国家规定的基本公共卫生服务项目,选派医务人员团队,定期为老年人建立健康档案,开展健康体检、医疗保健、康复、健康教育以及心理疏导等服务。另一方面,社区卫生服务中心在现有房屋设施的基础上增设老年病科,全科医生诊室增设老年病服务项目,诊治老年人的常见病、多发病和慢性病等,开设养老康复床收治老年患者,完善服务设施,配置设备和专业技术人员。这种"合作型"医养结合模式,充分利用了两个机构相邻或相近的区位优势,有机整合养老资源和医疗资源。按照服务协议,医疗机构为社区内养老机构或老年人家庭提供预约挂号、远程会诊及转诊绿色通道等,养老机构或老年人家庭承担相应成本。两者所在的社区组织机构做好协调和管理工作。

"医养结合社区协作联盟"模式显著提高老年人特别是高疾病负担老年患

者的生活质量，减轻疾病负担，从而减轻社会养老压力。同时，本研究将社区卫生服务中心纳入大型医院网络医院联盟体系，充分发挥大型医院的辐射、引领作用，为社区卫生服务中心医疗卫生服务提供强大技术支撑，早期发现和及时救治老年患者，满足社区卫生服务中心老年患者的医学专家指导和双向转诊等需求，从而推动社区卫生服务中心开展医养结合延续性医疗服务，构建广覆盖、可持续的基层医疗养老服务新体系。

二、慢性心力衰竭与心脏康复

慢性心力衰竭是一种复杂的临床症候群，是各种心脏结构性或功能性疾病导致的心室充盈或射血能力受损的结果，是各种心脏病发展的严重阶段。慢性心力衰竭已经成为严重危害人类生命健康的重大医疗和公共卫生问题之一。心脏康复是心血管病非药物治疗和二级预防的一项重要措施。加拿大心脏康复学会将心脏康复定义为"通过个体化康复程序，包括确定和处理心脏危险因素，促进和实施二级预防，以提高和维持心血管健康，以达到理想的生理、心理、社会、职业和情绪状态"。现代心脏康复包括药物管理、运动管理、营养管理、戒烟管理及心理、睡眠管理等内容。其中有监测的运动训练是心脏康复的重要组成部分。美国心脏病学会（ACC）/美国心脏协会（AHA）将慢性心力衰竭患者运动治疗作为Ⅰ级推荐，认为慢性心力衰竭患者能从运动中获益。《中国心力衰竭防治指南》强调患者教育、随访和康复治疗的必要性和重要性，在心力衰竭患者病情稳定时尽早开始规范的康复治疗和训练，将有助于提高患者生命质量，降低其再住院率[①]。

西方大多数发达国家建立了慢性心力衰竭康复治疗的专业团队，制定操作指南，把心脏康复纳入医疗保险。有些国家甚至规定减少未接受康复治疗的心脏病患者再住院费用保险的支付比例。慢性心力衰竭心脏康复治疗分为院内康复期、院外早期康复期和院外长期康复期，每个时期对每个患者都有个体化康复方案。康复内容包括教育咨询、运动处方、生活方式干预、病情与危险因素评估和社会支持等方面。在我国，心脏康复在大部分地区未开展，远远落后于西方发达国家，只有少数医院在开展心脏康复。此时，心血管疾病康复治疗的专业人员严重缺乏，接受正规心脏康复尤其是坚持长期康复的患者较少。当前

---

① 苏勇林、卢景康、郭华等：《慢性心力衰竭远程监测运动训练研究进展》，《第二军医大学学报》，2018年第4期，第438~442页。

心脏康复缺乏政策支持，心脏康复项目没有纳入医保体系。心脏病患者患病后因缺乏心脏康复而不断返诊，医疗负担沉重。而且，我国医疗资源紧缺且分布不均，社区健康服务网络尚不健全，目前仅有高血压、糖尿病等有限病种纳入社区慢性病管理，包括慢性心力衰竭在内的很多慢性病患者，尤其是重疾病负担患者只能进行居家康复。因此，借鉴国外心脏康复的成熟经验，普及、推广心脏康复理念，开展适宜国情的心脏康复研究势在必行。

三、慢性心力衰竭过渡期管理

美国老年协会定义过渡期管理为患者在不同的健康照护机构或同一机构的不同健康照护部门之间流动的时候，为确保健康管理协调和延续而采取的一系列行为。

过渡期管理干预可分为以医院为基础的干预、以社区为基础的干预、医院与社区相结合的干预等类型，涵盖改善医院现有的出院流程、实施院内和院外相结合的过渡期管理服务、鼓励患者与家属积极参与健康管理。慢性心力衰竭患者是过渡期再入院风险的高发人群之一，探讨慢性心力衰竭患者的过渡期管理干预显得尤为重要。Grace等研究显示，影响急性心肌梗死患者过渡期管理质量的因素包括缺乏标准化出院流程、医院和社区卫生服务中心缺乏有效沟通与服务衔接、没有统一的服务标准、缺乏安全有效的过渡期管理模型等，以上因素均可导致患者出院后近期再入院风险的增加。美国内科协会倡导开展"经安全过渡改善老年人健康结局"项目，即以患者为中心，充分识别患者和家属过渡期健康管理需求，充分考虑患者和家属的语言和健康文化后制定干预方法；以多学科小组协作为导向；识别再入院风险；建立与社区医护人员沟通桥梁；加强患者疾病自我管理等。此外，国内外大量研究指出，实施延续性医疗服务是改善慢性病患者健康状况和预后的有效手段，并缓解医疗资源紧张，为实现分级医疗、急慢分治创造条件，同时，降低医疗成本，减轻疾病负担。发展延续性医疗服务具有非常重要的意义。在我国，特别是在经济欠发达的西部，医疗资源总量不足，分布不均，质量不高；医疗康复与护理服务从业人员匮乏，规范的培训、认证和管理体系还不健全；医疗服务能力还不能满足人民群众需要；支持过渡期管理干预（延续性医疗服务）发展的外部政策环境还未形成等。因此，加强对慢性病延续性医疗服务的研究对中国西部极为重要，这不仅是国家卫生政策未来优先考虑的问题，也是促进中国社会公平与和谐的重要内容。

当前，在我国医疗资源分配不均及优质资源有限的情况下，"医院—社区—家庭"的联动探索是未来延续医疗服务模式的试金石。虽然政府提出"三位一体"的社区慢性病综合防治工作模式，但相关研究表明，单纯由行政命令建立起来的三级医院与社区医疗机构的联动关系，在管理、信息和技术等方面缺乏协作性与协调性，患者的健康照护存在很大问题，同时也造成了卫生资源的浪费。延续性医疗服务的信息、管理和关系3个核心元素的连续，可以通过网络联盟医院模式来实现：以合同为约束，以结盟为基础，以信息技术为手段，明确三级医院与网络联盟医院（社区卫生服务中心）之间的利益关系，平衡两者之间医疗卫生资源配置效率。三级医院建立危重症患者救治绿色通道，接受网络联盟医院疑难重症病患者转诊；经过三级医院诊治后，病情稳定的患者可转回网络联盟医院继续医治。

四、构建以社区网络医院为基础的医养服务模式

研究选取慢性病中具有代表意义的高发病率、高死亡率的慢性心力衰竭为研究对象，采用文献检索、半结构访谈、德尔菲法进行描述性研究，确立了慢性心力衰竭延续性医疗服务的实施路径，明确了大型医院、社区卫生服务中心在慢性心力衰竭延续性医疗服务中的角色、作用和服务内容，并制定慢性心力衰竭患者干预方案。纳入四川某三级医院及其分布在社区的1个网络联盟医院（社区网络医院），完善延续性医疗服务中"医院—社区（医院）—家庭"的3个关键环节。基于前期研究结果，利用相关组织理论，建立基于结构、功能的区域内网络联盟医院的规范化、程序化的医养结合延续性医疗服务模式，包括信息协同、技术协同、管理协同、品牌效应等方面的要素，发挥其作用。

（一）四川某三级医院远程医学中心概况

西部地区医疗卫生资源总量不足，城乡差异巨大，优势资源较多地集中于城市医院。基层医学人才缺乏，是制约基层医疗机构提升医疗卫生服务能力的瓶颈。为充分发挥国家大型公立医院的优势资源辐射作用，构建优质高效的医疗卫生服务体系，提高优质医疗资源的可及性和医疗服务的整体效率，四川某三级医院从2001年起，开始筹备建立以资源共享、分级协作服务为目标的区域性健康维持网络，通过远程会诊、远程教育、服务预约与转诊、进修学习、现场指导等多种形式，与各级医院开展区域协同医疗服务。以信息化建设为抓手，以远程医学网络为纽带，构建统筹城乡的一体化协同医疗服务体系，在区

域内形成大型公立医院—地市级医院—县区级医院—基层医疗机构上下联动的远程分级协同医疗体系，实现了四川地区183个区市县全覆盖。

（二）社区网络医院概况

该医院有一个四层楼建筑，建筑面积6568平方米，注册病床70张，实际病床90张，并有增加20张的空间。设有综合住院部、门诊部和体检中心。门诊部设有急诊科、内科、外科、中医科、妇科、口腔科、五官科及针灸理疗科等，另有预防保健科、B超室、心电图室、胃镜室、手术室、化验室、放射科、中药房及西药房等辅助科室。服务社区人口20余万。2018年门诊量14万余人次，住院治疗2000余人次，体检5万余人次。

（三）四川某三级医院与其社区网络医院的交互关系

（1）信息协同：发挥信息传递共享平台作用，做好患者信息（健康档案、电子病历、电子医嘱）的传递和沟通。

（2）技术协同：发挥购买服务的作用，给患者及照顾者提供多学科团队的专业指导和支持，同时培训社区医疗骨干和接收社区医疗骨干进修（远程会诊、远程教育等）。具体做法：四川某三级医院提供每周7天、每天24小时的实时互动远程会诊咨询服务。社区网络医院根据实际需要通过远程医学中心网上申请并预约远程会诊时间，同时将详细病历资料网络传输提交到远程医学中心；四川某三级医院确定接收后通知社区网络医院会诊时间，由后者组织病员或家属、主管医生到社区网络医院的网上会诊现场参加远程会诊。四川某三级医院接收社区网络医院派遣的业务骨干学习进修。同时，四川某三级医院提供每周一至周五下午3：00—4：30实时互动远程教学。

（3）管理协同：发挥合同契约的作用，做好老年患者双向转诊。当老年患者病情严重，通过远程会诊不能解决其问题时，四川某三级医院协调接收转诊患者或派医生现场会诊。当老年患者症状缓解时，则回到社区网络医院。

（4）品牌效应：社区网络医院以"四川某三级医院区域联盟网络医院"名义挂牌。通过网络联盟医院建设，增强了社区医院的医疗服务能力和信誉度，促进老年患者进入社区。

（四）以社区网络医院为基础的医养服务干预方案

（1）总体目标：确保患者获得及时、安全、有效的延续性健康管理服务，促进患者安全顺利的过渡，减少患者过渡期再入院风险和改善其健康结局。

(2)基本原则。

①组织支持：大型医院和社区网络医院改革健康管理模式，促进患者安全出院返回家庭。大型医院和社区网络医院紧密合作，共同管理患者的健康。

②多学科团队的协作：明确慢性心力衰竭患者在过渡期管理干预的多学科团队成员（心脏内科、康复医学科、精神科等）组成、角色和任务，考虑患者和家属的文化程度与健康需求。

③自我管理的支持：大型医院和社区网络医院的多学科团队成员为患者和家属提供连续的自我管理和支持教育，授权患者和家属参与健康管理。

④信息数据库的建立：监测指标，及时反馈，分享信息。

(3)干预内容包括康复训练、药物协调和教育指导、疾病自我管理教育和出院后的医院延伸服务等。

（五）修订以社区网络医院为基础的医养结合服务干预方案

(1)目的：为保证方案的完整性和可行性，通过专家咨询进一步修订和完善干预的方案。

(2)方法：初步将拟定的慢性心力衰竭患者过渡期管理干预方案制成专家咨询表，并请咨询专家进行评定和提出修改意见。组成专家小组：邀请与本研究领域相关的5名专家，包括大型医院心脏内科医生、康复医学科治疗师各1名，卫生政策研究者1名和社区网络医院医护人员2名。专家组成员评价慢性心力衰竭患者过渡期管理干预方案的科学性和可行性，并提出修改意见。

(3)结果：专家应答率为100%。专家建议包括"增加社区网络医院医护人员的专业培训"等。本研究实施的干预方案根据专家意见进行完善。

五、以社区网络医院为基础的医养服务模式的随机对照临床试验

(一) 总体技术路线 (图 1)

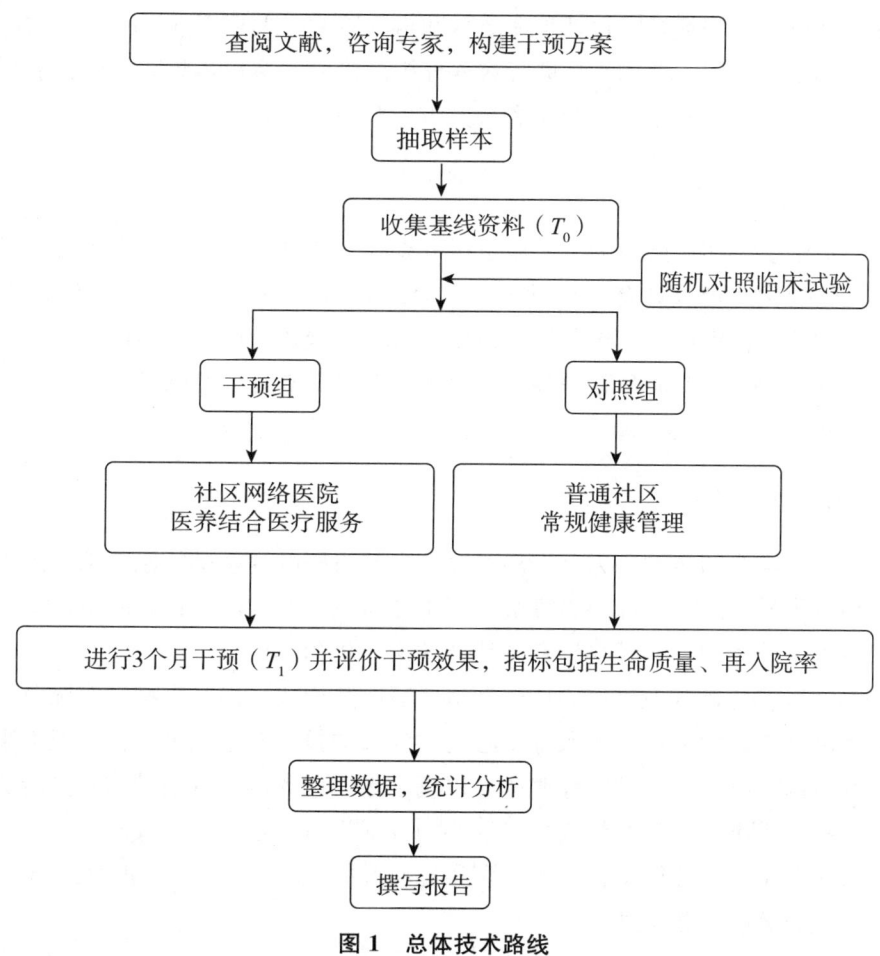

图 1　总体技术路线

(二) 研究目的

评价以社区网络医院为基础的医养结合医疗服务干预方案对慢性心力衰竭患者的生命质量、再入院率等的影响，探索构建慢性心力衰竭患者以社区网络医院为基础的医养结合医疗服务模式。

（三）研究方法

研究设计：随机对照临床试验（RCT）。在基线调查的基础上，将研究对象随机分为干预组和对照组。干预组实施为期 3 个月的以社区网络医院为基础的医养结合医疗服务干预。对照组患者进行常规健康管理。两组慢性心力衰竭患者在实验期间保持正常的服药和饮食习惯。干预组和对照组在基线、干预后接受调查随访。评价指标包括生命质量和再入院率。使用 EpiData3.02 软件录入调查数据，采用 SPSS17.0 进行数据分析。检验方法包括频数分析、卡方检验、T 检验、重复测量方差分析和多元方差分析等。

（四）研究结果

（1）干预组和对照组的生命质量得分差异有统计学意义，患者生命质量得分随时间变化的趋势具有统计学意义。分组和时间的交互效应具有统计学意义。均数的变化中可见，干预组生命质量呈增高趋势，而对照组该变化趋势不明显。且干预组生命质量显著高于对照组，差异具有统计学意义。

（2）干预组再入院率低于对照组，差异具有统计学意义。

（五）研究结论

本研究构建的慢性心力衰竭患者以社区网络医院为基础的医养结合医疗服务干预方案显著改善慢性心力衰竭患者生命质量，有效降低再入院率，提高医疗卫生资源的利用率，减轻患者和社会的疾病负担。

大型医院与社区卫生中心构建网络联盟医院模式，能让大型医院优质医疗资源下沉基层，为社区卫生服务中心提供强大的技术支撑，推动社区卫生服务中心开展医养结合延续性医疗服务，以满足老年患者的专家指导和双向转诊等进一步医疗需求。项目结果改善慢性心力衰竭患者的预后，为我国高疾病负担慢性病医养结合医疗服务模式推广积累经验并提供实践依据，为国家制定医养结合相关政策提供科学建议。

案例实践二　社区医养结合服务供应链体系及应用

缓解医疗和养老机构之间"养老的不治病、治病的不养老"的割裂现状，一方面需要引入先进的管理理念；另一方面需要依靠先进技术，如 5G、物联网技术、云计算和大数据处理等，解决医疗、养老服务供应者多元主体间信息共享和服务的传递问题。

一、社区医养结合服务供应链研究的背景与意义

"社区医养结合发展"的关键是医疗服务机构和养老服务机构资源要素的有机整合和发展，本质上是对养老和医疗服务供应者的信息流、物资流、资金流进行整合和管理，其核心是信息流的共享和集成。因此，可以以服务供应链理论为基础分析并构建医养结合的知识流共享模型。

信息共享和通信技术能够显著改善医疗健康服务的供应链绩效已经得到学界的广泛认同。快速发展的物联网技术及相关的传感技术，方便了健康档案数据和电子病历数据的采集、传输、共享、存储和处理，为医养结合服务供应链的管理提供了技术支持。目前，物联网技术在医疗健康领域应用较为普遍，并且这些技术同样有利于医养结合服务供应链信息的共享和传输[①]。

国内研究者认为可以利用物联网技术构建智能医药箱、远程看护系统、智能护理系统、智能食物采购系统和防走失系统解决空巢老年人生活与健康服务中的问题。李文源、孙瑶等构建了基于物联网的老年慢性病自我健康管理模式，该模式是由感应层（生理指标检测仪）、传输层（蓝牙无线技术或人工输入）和应用层（医生健康管理工作站）构成的物联网体系。我国学者还提出了"无边界"感知的医院模型和数字化智能医院的模型，利用物联网和通信技术提供完整准确的电子病历数据、存储传输医疗影像记录等并对居家老年健康管理系统的可行性进行了探讨。

本项目以资源观、核心能力、交易费用、社会网络理论、服务供应链理论和知识管理理论为基础，应用物联网技术构建医养结合供应链模型和养老－医疗资源的整合平台，旨在实现医养结合服务供应链上有效的信息共享和服务传递，指导养老和医疗服务资源的科学匹配。

---

① 吕晓荣、王福胜：《基于物联网技术的电子病历系统研究进展》，《传感器与微系统》，2013年第1期，第1～4页，第12页。

二、社区医养结合服务供应链体系

(一) 医养结合服务供应链体系的主要结构

链式结构是服务供应链最基本的结构模型,包括一般服务供应链链状结构模型和依斯莫经济大学服务供应链模型(IUE-SSC)。一般服务供应链式结构模型在传统制造供应链模型和全球供应链模型(Global Supply Chain Forum)的基础上将供应商和客户贯穿于服务传递始终。

依斯莫经济大学服务供应链模型在一般服务供应链链式结构模型的基础上,增加了服务提供商。供应商在该链式结构中承担多种角色:一是提供服务给服务提供商,作为服务提供商的子模块服务提供者;二是直接面对客户提供服务项目。供应商与服务提供商之间存在两种关系,即功能组合式和流程嵌入式。在功能组合式中,服务提供商承担服务集成者的角色,将供应商提供的服务模块或子服务进行组合或集成,按需提供给最终客户。而在流程嵌入式中,服务集成商在组合或集成供应商提供的服务模块或子服务的基础上,还提供增值集成的服务。

服务供应链结构打破了传统链式结构的上下游关系,供应链中供应商的横向联系增加,创新了供应商之间的服务模块的整合方式,服务提供商演化为真正的服务集成商,供应链中的参与者通过服务集成商提供的中间平台,或直接为客户服务,或为其下游企业提供服务模块,或与同类企业开展横向合作,以此构成复杂的服务供应链结构。在该供应链结构中,医疗机构、养老机构以及养老相关产业供应商以客户需求为中心,或通过同类机构横向整合,或纵向集成,或交叉集成各服务提供者的服务模块为客户提供个性化的增值服务;而客户也可根据自己的需求有针对性地选择服务模块或服务供应商,实现"随需而变"。

(二) 影响医养结合服务供应链效能的主要因素

服务集成商的资源整合和资源配置能力是影响供应链效能的关键因素。医养结合服务供应链是养老服务供应商、医院、其他养老相关产业供应商和养老者相连的供应链结构,服务集成商处于供应链的中心,从养老者的服务需求出发,整合养老机构、医疗机构以及其他相关机构的资源及服务项目,提供综合的、个性化的养老和医疗服务,并对该过程的信息流、物流和资金流加以优化和控制，根据养老者生命体征数据、生理数据和疾病进展，选择对养老者最优的服务组合，由不同的医养服务供应者彼此合作提供健康保健服务、治疗服务和康复医疗服务。服务集成商承担各种服务要素的整合、服务流程的优化和全过程管理，这要求服务集成商具有较强的资源配置能力。在组建医养结合服务集成商时，政府应起到主导作用。

服务集成商预测市场需求、快速响应市场需求的能力是影响供应链效能的因素之一。服务集成商需要面对养老服务供应商、医务人员和养老者之间不同甚至矛盾的需求，从中进行资源配置和协调，并根据养老者的差异化需求提供个性化的养老服务和医疗服务，要求服务集成商应具备较强的信息处理能力。服务集成商首先应构建综合性的电子服务平台，方便将养老者的需求和医养结合相关机构的服务联系起来，为养老者提供更多的养老服务、医疗服务选择。电子服务平台具备 WEB 端和手机客户端，方便机构展示和用户选择。其次，电子服务平台需提供新型健康管理服务，推送慢性病和常见病的预防和保健的饮食、运动处方，并提高服务响应的时间。最后，电子服务平台需提供健康档案管理和电子病历管理的服务，建立分布式的数据中心和云平台，并提供相关的应用服务。总之，通过加强服务集成商的信息处理和信息化建设，并通过数据库的建立，可以较好地预测客户的需求，缩短响应时间，增强其适应市场的动态能力，获得竞争优势。

供应链内的服务机构和企业的战略匹配能力也影响其效能。交易成本经济学（Transaction Cost Economics）的观点认为，企业间的协同匹配能力差，则交易成本就会高，从而致使良好的供应链关系难以形成与保持。服务供应链内的服务供应商和养老相关产业供应商的战略匹配会促使供应商与集成商签署长期合同，降低谈判等费用，进而降低交易费用；还会规避集成商与服务机构的机会主义行为，激励服务供应链中的服务供应商遵守合作协议，降低合作的监督控制成本，进而降低交易成本，提高效率。这要求服务集成商需注重调研，明确养老者的需求，明确供应链内的机构和企业的需求和战略规划，充分理解战略需求，使服务供应链的战略协同匹配程度最高，从而降低供应链内的交易成本，缩短响应时间，提供满意的服务及舒适的体验等。

（三）社区医养结合服务集成商的核心能力

在供应链环境下，为确保社区医养结合服务供应链的协调运营，需要加强服务集成商核心能力建设。有学者提出加强核心能力建设，需要特别注意服务供应能力管理、医养服务的需求管理、医养服务的质量管理、医养服务的信息管理和医养服务的流程管理等管理因素,并就相关内容进行了分析。[①]

1. 服务供应能力管理

服务供应能力管理包括提供服务类型管理和服务人员管理。服务种类涉及养老者日常生活的各个方面,包括健康管理、医疗、卫生、日常照护、饮食、文化娱乐等,根据需求进行需求分类管理,将有助于资源整合。服务与产品的重要区别在于服务具有高接触度,提供服务者的服务质量代表着服务供应链质量的好坏,是社区医养结合服务供应链中质量控制的核心环节,要求服务提供者具备良好的职业技能和个人素养,而相关企业应具备员工的培训、评估和激励奖惩机制。服务集成商作为供应链核心,承担着对服务提供商的管理监督以及筛选重组的职能,可以通过模块化的服务定制进一步完善社区医养结合服务供应链的发展和运营。

2. 医养服务的需求管理

首先,由于老年人群体的特殊性,对饮食、日常照护和医疗保健的服务需求会更加细致和个性化,要求服务集成商对服务进行模块化处理,对不同模块的服务资源进行有效重组,提供给老年人群。其次,由于需求的多样性,社区医养结合服务供应链更多是市场拉动式的,具有完全反应型的特征,同时客户需求的不确定性造成服务供应链系统稳定度相对较低,异质化的顾客需求会产生比较大的变化。因而只有采用柔性、快速反应的供应链,才能有效满足顾客的需求。这要求服务集成商在服务提供商的数量上做出有效的权衡,以确保老年人的不同需求能得到有效、及时、高质量的满足[②]。

3. 医养服务的质量管理

服务集成商在质量管理中扮演着重要的角色,必须重视且控制整条供应链的改善,并采取全面质量管理的方法进行质量监管,这有助于提高服务水平,同时还将减少运营成本。服务质量与服务流程直接相关,首先需要关注服务定位和内容、服务响应速度、服务与需求的匹配度、服务人员的态度和沟通技巧等。其次,需建立完善质量监督管理手段,完善反馈渠道等监督手段,促进社

---

① 王一帆:《基于服务供应链的创新养老服务模式运营探究》,《生产力研究》,2012 年第 10 期,第 109~110 页。

② 王一帆:《基于服务供应链的创新养老服务模式运营探究》,《生产力研究》,2012 年第 10 期,第 109~110 页。

区医养结合服务供应链的良性发展①。

4. 医养服务的信息管理

信息贯穿于社区医养结合服务供应链的运营全程,从服务需求获取到服务提供商的服务定位和内容,以及服务质量的评估等都与信息的处理息息相关,是其正常运行的前提条件和有力保证,能够有效衔接内部各服务节点,确保整个服务流程的完整通畅,满足个性化医养服需求。传递信息包括服务需求信息、服务内容信息、养老者基本信息、个性化需求信息与服务内容和服务集成项目的匹配以及满意度评估等,而满意度评估等反馈信息为提高运营能力提供数据支持,同时也是服务集成商筛选服务提供商的重要依据,对社区医养结合服务供应链的运营起着重要作用。

5. 医养服务的流程管理

基于服务架构（SOA）理论表明,在服务供应链流程管理中,应当以服务为核心并遵循"获得服务请求—服务发现—服务组合"的流程。首先,需要通过广泛的市场调研以获得并正确理解医养需求,了解各项服务的需求程度以及具体诉求。其次,对服务提供商提供的服务进行子模块分解,从服务模块的角度对流程进行优化,依据服务提供商的服务内容、项目和资源,综合考虑服务选址和覆盖区域,对服务项目进行分类并进行产品结构化设计,最大限度地将服务提供能力与服务需求相匹配。最后,当获得相关服务请求后,尽快匹配服务要求,筛选并提供服务的组合,以确定质量最优和反应最快的服务产品。结构化的服务产品分为一般性独立服务、定制化模块服务和一体化服务等,以满足养老者医养方面的共性化需求②。

综上所述,整个社区的医养结合服务供应链涉及需求因素、服务提供、质量管理、信息管理和流程管理,各因素之间需要协调配合,才能保证供应链的高效运营。

（四）基于信息化技术的医养结合服务供应链体系

医养结合服务供应链以服务集成商为核心由多个单元构成,各个单元之间信息共享、风险共担、利益共享,需要建立完善的信息网络和服务体系,充分

---

① 王一烜：《基于服务供应链的创新养老服务模式运营探究》,《生产力研究》,2012年第10期,第109~110页。

② 王一烜：《基于服务供应链的创新养老服务模式运营探究》,《生产力研究》,2012年第10期,第109~110页。

满足各机构、利益相关者和养老者的需求,才能高效协调运作,实现其目标。综合考虑各方需求,借助计算机技术和5G技术,整合卫生行政主管部门、民政部门、社会保障机构、区域协同医疗网络、养老机构和养老相关产业供应商等构建医养结合服务供应链服务体系。

服务集成商构建的医养结合服务电子平台应具备资源管理系统、信息共享系统、医养服务协作系统、数据采集系统和远端服务集群(见图1)。资源管理系统包括需求管理、服务传递和质量管理等内容。可采用服务供应链计划(SSCRP)进行需求管理,解决客户需求多样性和复杂性所导致的多重任务问题,以实现服务模块或资源的动态自由集成。SSCRP需与资源管理系统的各项任务相匹配,服务需求及其服务模块整合的需求经由SSCRP送达资源管理系统;系统根据需求对应的指令集搜索标准化的服务资源和服务模块,形成可供组合或选择的待选服务集;待选服务资源信息和服务需求信息经由匹配算法进行匹配度计算,然后获得符合要求的合格服务集,根据相应的映射关系产生匹配规则库,以快速响应需求、匹配服务。

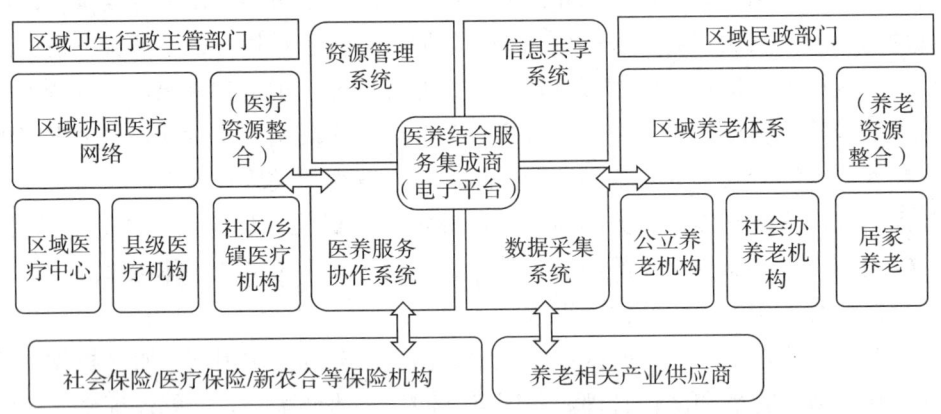

图1 医养结合供应链体系

信息共享系统由标准化知识库和知识匹配规则库构成,信息共享系统的构建包括流程分析、标准化知识库、知识匹配三个阶段。首先需要对医养结合服务供应链的流程及其网络连接进行全面的分析,评估各参与主体的知识存量以及知识要素定义和结构上的差异,全面了解各参与主体服务资源或模块的匹配状况;其次采用自然语言处理技术构建语义解析系统,将各服务主体的知识要素和资源要素转化为可共享的标准化的语义描述集,进而构成标准化服务知识库;最后建立服务知识匹配规则库,在标准化的服务需求信息和标准化知识库之间通过相似度和匹配度运算,建立匹配规则以形成服务匹配知识库。知识共享的效率会随着知识库的更新和积累而提高，并且更趋于智能化，最终可实现基于服务需求的知识或服务项目的自动匹配和自动推送。信息共享系统可以采用去中心化分布式构架进行组建，包括基础配置层、知识管理层和知识门户层。基础配置层由计算机软件、计算机系统、网络传输系统和分布式数据库组成的协同化的软硬件环境；知识管理层主要实现知识的更新、维护和匹配运算，可采用关系型数据库技术和 Domino 等技术手段实现；知识门户层主要通过平台上提供的各种应用以实现各主体服务资源或模块的协同和集成以提供增值服务，如用户注册、服务项目展示、流程管理、任务管理和数据管理等。

医养服务协作系统由资源集成、知识集成以及知识与资源之间匹配规则库三部分构成（见图 2）。医养服务协作系统中各机构的资源属性知识、技术属性知识等存在较大的差异，需要针对医疗资源、养老资源及其知识进行标准化和情景化处理，并建立关联规则，以信息平台为基础形成医疗机构与养老机构之间可共享、可传递的协作系统。

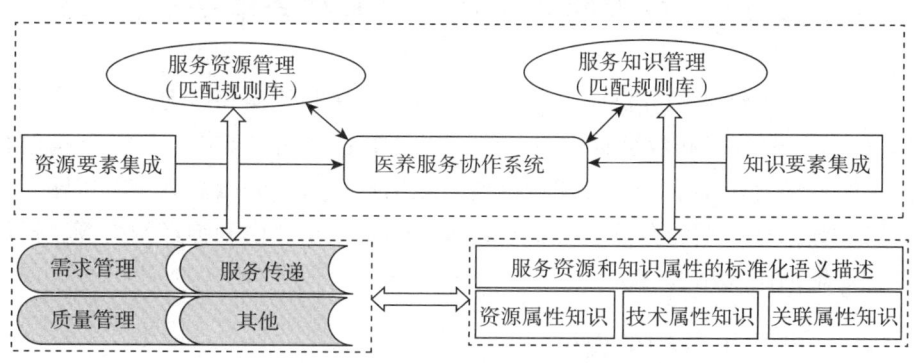

图 2　医养服务协作系统

数据采集系统由线下数据采集点、数据传输网络和交互系统构成，实现信息和数据的收集、网络远端数据分析处理集群和用户交互等三大功能。数据采集网络利用布置于养老机构、医疗机构和社区健康屋的设备终端，采集养老者的基本信息、生理数据和临床数据，然后通过 5G 技术等将相关信息上传到数据中心或云端，以实现数据的快速和高效共享。为方便需要医疗照护的养老者的数据采集，社区医院/乡镇卫生院可以在社区、养老机构中布设健康屋或医务室，承担培训和医疗照护工作。

远端服务集群对收集到的生理数据和临床数据进行处理，数据在集群上处理后回传给数据库以便于呈现给用户。用户交互功能通过用户交互平台来实现，分为养老者客户端、养老机构客户端、医疗机构客户端和社保/医疗保险机构客户端。养老者客户端为养老客户服务，养老者通过养老者客户端，就可以查询自己的生理数据和临床数据、身体状况的评估、智能病因分析和临床医嘱等信息。养老机构客户端为养老机构服务，养老机构医务室的医护人员通过该客户端，可以查询本机构养老者的健康状况，并根据相关临床监测数据对养老者进行分类管理，根据生理指标和临床指标制定健康促进和健康干预的措施。在出现疾病症状时，及时上传相关临床监测数据给社区医院医生，并联系进院事宜；在患者疾病好转时，安排接收事宜，如需院外继续服药，则获取相关医嘱。医疗机构客户端为医疗机构服务，方便医护人员获取养老者的各项临床数据，与养老机构医务室人员进行交流，与上级医院专科医生和专家进行沟通，制定医嘱等。社保/医疗保险机构客户端为社保/医疗保险机构服务，跟踪养老者的治疗和康复计划，对医疗费用进行实时监控，以合理引导医疗和养老机构的经营行为。

三、基于 5G 技术的智能社区医养结合电子平台实现

为实现医养结合服务供应链中的各主体信息实时传输和多向共享，本项目提出以 5G 传输技术和数字有机体（分布式去中心化底层架构）为基础构建智能社区医养结合电子平台，实现跨机构、多用户接入，海量数据实时传输、共享，以及数据分布式的存储、灾备与处理，结合数学建模和神经网络算法提供人工智能辅助医养结合服务。

（一）电子平台构架设计

本项目以物联网相关理论为基础，采用 4 层平台架构设计，即对象感知层、数据传输层、服务支持层和应用服务层（见图 3）。

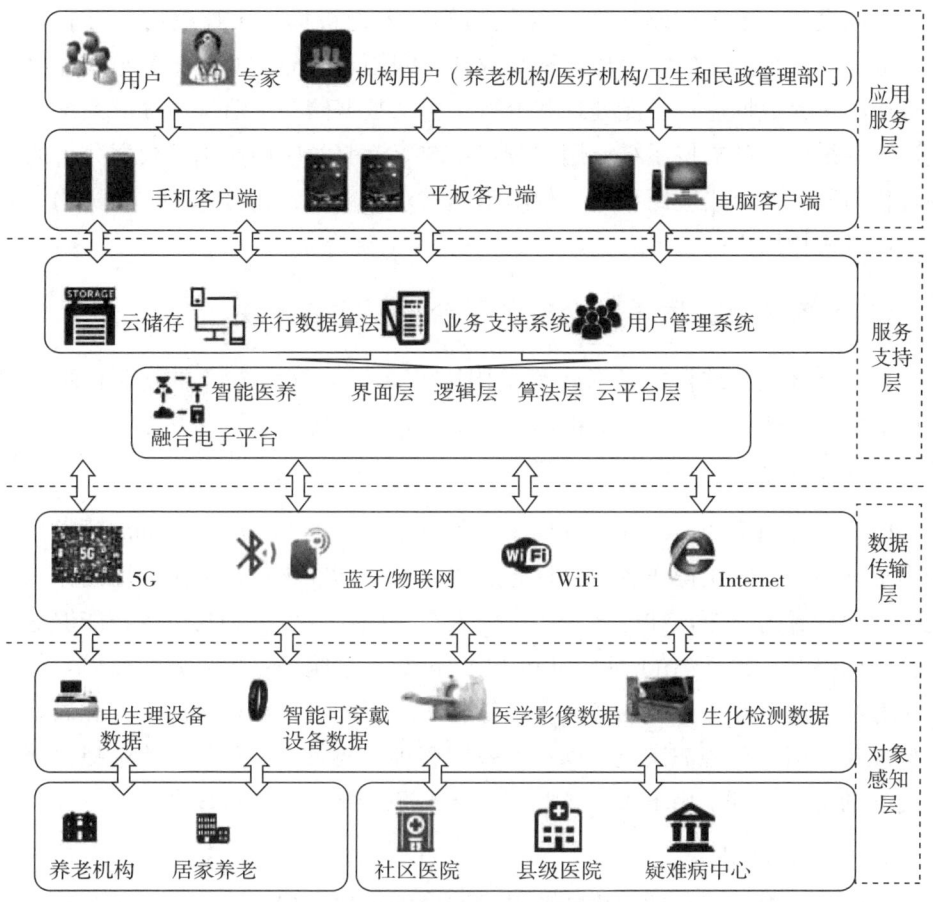

图 3 智慧医养结合电子平台架构

其中，对象感知层以数字有机体为基础搭建分布式去中心化的系统，核心功能是获取对象的信息和数据。数字有机体是一种自适应、自传播和具有自组织、自学习能力的先进信息处理底层架构，可实现计算机系统从"信息处理平台"向"知识处理平台"的跃升。本项目以数字有机体为底层架构，一方面解决数据分布式存储、容灾等问题，另一方面解决跨机构、跨平台异质性数据的共享问题，部署到养老机构、社区养老数据采集点，以及社区医疗机构中，组成广泛部署的数据采集网络，使其能够覆盖以县级医疗机构为中心的三级医疗网络（在纵向，向上与区域医疗中心联网，向下与社区卫生服务中心和乡镇卫生院联网）和养老机构（横向与各类养老机构或社区养老的医疗数据采集点联网），采集数据包括养老者各种健康档案数据、诊疗数据等。数据传输层以 5G 技术为基础，解决养老者在不同设备（包括智能可穿戴设备、生化检测设备、医学影像设备、电生理设备等)、不同机构（养老机构、医疗机构、行业管理机构等）间多维数据的实时传输和高效共享问题。服务支撑层将分布式存储于各机构的多元数据进行智能处理和分析，包括数据储存、清洗与提取系统，智能运算系统，商务支持系统，用户管理系统等。服务应用层则将数据分析的结果转化为服务项目或应用程序呈现给不同需求的用户，如养老者、各机构中的专家或者机构用户。

(二) 智能社区医养结合电子平台主要功能模块

智能社区医养结合电子平台可采用JAVA语言开发，可在数字有机体的基础上采用SSH（Struts2＋Hibernate＋Spring）框架。

1. 门户系统

门户系统用于身份认证和管理、服务应用的呈现等。门户系统的建设需遵循需求导向、多阶层操作者、多样化底层平台和标准化数据来源的原则，以满足不同使用者的需要，如养老者、医务人员、医疗卫生管理人员等；能够适应多样化的终端，包括Android、iOS和Windows系统等；提供开放接口，能承载医养结合所有业务系统的接入；能够将源自不同设备和机构的多元和高维数据标准化。门户系统需满足不同用户权限管理的要求，并且为多终端提供跨平台交互的可能，可采用HTML5＋CSS＋JavaScript架构进行设计。

2. 云数据中心

医养结合电子平台数据中心是其核心功能模块，建设目标是实现跨机构跨平台信息数据交换、存储、标准化与检索。底层架构在本项目中采用数字有机体来实现系统的组网，数据的交换则基于医养结合服务的ESB数据交换服务总线和SOA架构。面向服务的架构（Service Oriented Architecture，SOA）是一个接口独立的组件模型，它通过定义接口和协议将应用程序的不同功能单元服务联系起来，使系统中的服务交互遵从通用、统一的模式进行。企业服务总线（ESB）是网络中最基本的连接中枢，是构成整个医养结合服务供应链的神经系统的核心要件，以SOA为基础将传统中间件技术与XML、Web服务等技术结合起来，实现服务的元数据管理、传输服务、中介、多服务智能化集成与服务和事件的管理支持。基于SOA架构和ESB数据交换服务总线通过Web Service和XML等技术解决医疗机构多个信息子系统关联以及其与养老机构信息系统联系的问题，以电子病历（EMR）为核心集成移动照护、PACS、LIS、体检、用药、手机APP、预约、双向转诊等子系统，以电子健康档案（EHR）

为核心集成可穿戴设备、养老机构生命体征监测等子系统,构成纵横交错的医养结合信息交换平台,实现跨机构、跨平台互联互通的建设目标。跨机构、跨平台的数据交换,还应尽量减少信息系统的接口改造,可使用开源的Kettle工具中的Spoon产品来实现医疗数据在MySQL、Oracle关系型数据库和分布式数据库之间相互传输,及时更新。

跨机构、跨平台的数据交换,首先需要克服不同的软件商和平台服务商应用软件上的差异,形成数据标准化方案。数据标准化需遵循国家卫生信息互联互通标准体系,如《电子病历基本数据集》《国家人口健康信息互联互通标准化成熟度测评工作管理办法》等指导性文件,解决数据类型、数据格式和数据库类型的差异问题,形成标准化的术语和字典库以实现丰富的跨机构、跨平台的医养协同,如对疾病诊断信息按照ICD-10进行编码,非结构化数据采用非结构化文本的"后结构"处理技术统一非结构化数据的标准。其次,需基于5G标准解决数据交换标准化问题。在现有的Health Level 7(HL7,HL7标准是一个文本结构的文档,HL7标准化技术在国际上比较成熟)标准的基础上,开发适用于5G时代的统一的标准化的医疗数据交换系统。

3. 跨机构分布式信息存储和检索系统

本项目采用数字有机体进行医养结合服务供应链的组网,数字有机体就近部署于数据采集点,很好地解决了数据分布式存储的问题。但仍需解决数据清洗、数据汇聚、数据备份和数据导出等问题以方便信息检索。如采用Hive工具对不完整的、错误的和重复的数据进行清洗,达到提高数据质量的目的。同时,Hive工具还可以将结构化的数据文件转化为数据库表实现数据查询、汇总、分析等。数据备份包括清洗之前的源数据与汇聚之后的新表数据,存储于分布式集群外的服务器。数据导出可使用Kettle工具中的Spoon产品,该产品是开源的ETL工具,还可以通过图形界面设计ETL转换过程。通过主索引库将散在各医疗机构和养老机构中各子系统的数据和信息与患者唯一的ID(身份证号)进行关联,起到数据汇聚、检索的作用。

4. 并行数据分析及人工智能辅助系统

并行数据分析系统由云平台层、算法层、逻辑层和界面层构成。云平台层的主要功能为数据采集监控、数据组织、云存储和云计算。数据采集监控主要是采集各机构设置端口的相关信息和数据,并对数据的存储、计算以及任务执行情况进行监控。数据组织主要实现数据的查询和不同格式数据的加载,并且保障数据在不同的数据库之间传递和转换。云存储便于实现数据的分布式存取，由分布式的文件系统、数据库和数据仓库工具等构成。云计算提供并行计算、数据发送和错误控制等功能，对各机构产生的大量医养结合数据进行并行运算、预处理、数据挖掘，产生匹配规则等。逻辑层主要对医养结合网络的流程进行分析和诊断，实现对资源计算、储存方面的管理和调控。界面层方便用户的使用，提供数据处理流程和服务体验。

智能社区医养结合电子平台在未来是在现有大数据的基础上产生人工智能的辅助应用。在精准医学和大数据的背景下，如果将深度学习框架整合到医养结合电子平台上，随着养老者数量的不断增加，会形成包括 EHR 和 EMR（本案例以 HER 集成健康数据，以 EMR 集成诊疗数据）的医养大数据，使得深度学习模型因为数据的不断累积而升级迭代，当这些数据增至千万级、上亿级时，意味着精准医养的时代到来，能够根据养老者的特征配置合理的养老服务项目，制订养老照护方案，并能根据其医疗需求选择个性化的医疗照护方案，给出个性化的饮食、运动和治疗处方。

人工智能辅助系统通过与医养结合服务供应链的各子系统深度融合，成为工作流程的一部分，为养老照护人员或医护人员的决策随时随地提供包括干预、诊断和治疗措施的建议；通过 5G 技术将实验室检测数据、医学影像数据等结构化数据和医嘱录入系统等非结构化数据整合为一体，并实时传输，尽量减少额外的手工录入；对于健康数据的跟踪和诊疗数据的处理，在通过循证医学方法获得特定诊断表征的基础上，还能自动编码与深度学习，发现疾病诊断的相关特定的深度表征。

5. 医养结合服务应用池

对智能社区医养结合电子服务平台的开发和应用，尤其是随着数据的累积会产生大量的应用，即医养结合服务应用池。应用池包括养老者健康生活方式的提醒服务、电子健康档案系统、健康管理系统、慢性病管理系统、临床决策支持系统、公共健康卫生系统和网上智能医疗设备商城等。

四、小结

本项目在服务供应链的基础上提出社区医养结合服务供应链体系的构成和服务集成商核心能力，并且利用计算机技术、物联网技术和 Hadoop 云计算技术构建了由电子健康系统、电子病历系统、健康管理系统、慢性病管理系统、临床决策支持系统、临床应用系统、公共健康卫生系统和网上智能医疗设备商城等构成的智能社区医养结合电子平台，为社区医养结合服务积累了具有实际操作价值的方法和经验。

发展以社区为平台的医养结合养老服务模式的调查工具

附件1 样本地区以社区为平台医养结合服务研究问卷调查表

区/县_____社区(街道)或乡镇全称:_____问卷编号_____联系人:_____联系电话:_____

本调查旨在了解样本地区以社区为平台的医养结合服务现状,为完善社区医养结合服务政策提供理论依据。请以社区(街道)或乡镇为单位按要求填写完整。

一、社区(街道)或乡镇基本情况

1. 在本辖区内医养结合相关机构有哪些类别?请填写各类别机构数量(　　)

　　A. 社区卫生服务中心_____家

　　B. 医养结合机构_____家

　　C. 社区老年人日间照料中心_____家

　　D. 社区微型养老中心_____家

　　E. 老年活动中心_____家

　　F. 农村区域性养老服务中心_____家

　　G. 农村幸福院_____家

　　H. 其他(　　　)_____家。

2. 本辖区服务面积_____平方公里,常住人口_____人,其中,60岁及以上_____人,65岁及以上_____人,80岁及以上_____人。

二、调查机构的人力及服务开展情况(注:请根据问题1中选择的机构进行填写,每个机构填写一列)

项目	机构1	机构2	机构3	机构4	机构5
机构名称(请在右边空格填写)					

续表

项目			机构1	机构2	机构3	机构4	机构5
专业技术人员情况	该机构目前工作人员总数（含兼职）（人）						
	其中：具有资格证书人数（人）						
	具有资格证书的人员数（人数）	临床医师（人）					
		公卫医师（人）					
		护士（人）					
		养老护理员（人）					
		营养师（人）					
		心理咨询师（人）					
		社会工作者（人）					
专业技术人员情况	学历（人数）	本科及以上（人）					
		专科（人）					
		高中/中专（人）					
		初中及以下（人）					
	年龄（人数）	20岁以下（人）					
		20~29（人）					
		30~39（人）					
		40~49（人）					
		50~59（人）					
		60岁及以上（人）					
床位及业务情况	2017年机构床位数（张）						
	2017年全年服务人次数（人次）						
	2017年床位入住率（%）						
	2017年床位周转率（%）						
	年龄（人数）	60~64岁（人）					
		65~79岁（人）					
		80岁及以上（人）					
	健康状况（人数）	自理（人）					
		部分自理（人）					
		完全不能自理（人）					

续表

项目		机构1	机构2	机构3	机构4	机构5
目前该机构能提供的服务项目(请打钩)	生活照料（如果开展，请在对应表格中打钩）					
	家政服务（如果开展，请在对应表格中打钩）					
	室外活动陪护（如果开展，请在对应表格中打钩）					
	娱乐活动（如果开展，请在对应表格中打钩）					
	医疗保健服务（如果开展，请在对应表格中打钩）					
	护理服务（如果开展，请在对应表格中打钩）					
	精神慰藉服务（如果开展，请在对应表格中打钩）					
	临终服务（如果开展，请在对应表格中打钩）					
	信息服务（如果开展，请在对应表格中打钩）					

居民编码：☐☐☐☐☐

附件2 社区居民健康养老情况问卷调查表

本调查旨在了解样本地区社区居民健康养老的基本情况，请在_____填写具体内容，括号中填写右边的数字编码。

第一部分 社会人口学信息

A1. 您的年龄：_____岁

A2. 您的性别：（ ）1＝男 2＝女

A3. 您的民族：（ ）1＝汉 2＝其他

A4. 身高：_____厘米；体重：_____公斤

A5. 文化程度：（ ）

1＝小学及以下 2＝初中 3＝高中或中专或技校

4＝大专或本科 5＝研究生及以上

A6. 您现在或以前的职业：（ ）

1＝国家机关、党群组织、企业、事业单位管理者 2＝公务员或国家机关、党群组织、企业、事业单位职工（请具体）：_____ 3＝个体商户 4＝农民 5＝学生 6＝无业 7＝离退休人员 8＝其他（请补充）：_____

A7. 婚姻状况：（ ）

1＝在婚 2＝离异或分居 3＝丧偶 4＝未婚

A8. 您每月的收入：（ ）

1＝1000元以下 2＝1000～3999元 3＝4000～6999元 4＝7000～9999元 5＝10000元及以上

A9. 您每月的支出：（ ）

1＝1000元以下 2＝1000～3999元 3＝4000～6999元 4＝7000～9999元 5＝10000元及以上

第二部分 身体健康状况

B1. 高血压患病情况（当前状况）

B1.1 高血压：（ ）

1＝有 2＝无（转至第B2题）

B1.2 分期：（ ）

1＝Ⅰ期 2＝Ⅱ期 3＝Ⅲ期 4＝其他或未分期

B1.3 家族史情况（可多选，并请注明具体情况）：（　　）

1＝父/母：_____　　2＝祖父/母：_____

3＝父/母的兄弟姐妹　4＝自己的兄弟姐妹　0＝无或其他情况：_____

B2. 糖尿病患病情况（当前状况）

B2.1 糖尿病：（　　）

1＝有　　2＝无（转至第3题题）

B2.2 分型：（　　）

1＝Ⅰ型　2＝Ⅱ型　0＝未分型或不清楚

B2.3 家族史情况（可多选，并请注明具体情况）：（　　）

1＝父/母：_____　　2＝祖父/母：_____

3＝父/母的兄弟姐妹　4＝自己的兄弟姐妹

0＝无或其他情况：_____

B3. 其他慢性病患病情况（当前状况）

B3.1 冠心病：（　　）

1＝有　　2＝无

B3.2 脑卒中：（　　）

1＝有　　2＝无

B3.3 原发性恶性肿瘤：（　　）

1＝有　　2＝无

B3.4 慢性呼吸系统疾病：（　　）

1＝有　　2＝无

B4. 其他身体情况（当前状况）

• 口腔健康

B4.1 确诊患口腔疾病或当前感觉牙齿（牙龈、口周壁等）疼痛：（　　）

1＝是　　2＝否

B4.2 口腔功能健全（咀嚼、感觉、吞咽、语言等功能正常）：（　　）

1＝是　　2＝否

• 骨骼健康

B4.3 骨质疏松症：（　　）

1＝有　　2＝无

B4.4 颈椎病：（　　）

1＝有　　2＝无

B4.5 椎间盘突出：（　　）

1＝有　　2＝无

B4.6 确诊患其他骨病或当前感颈、肩、腰、四肢等疼痛：（　　）

1＝有　　2＝无

第三部分　健康养老相关

（一）养老意愿及需求（60岁以下回答，否则跳转下一部分！）

C1. 您父亲年龄：_____岁，您母亲年龄：_____岁。（注：只填写健在的）

C2. 您父母目前的居住情况：（　　）

1＝独居　2＝和老伴同住　3＝和子女同住　4＝和老伴及子女同住

5＝医养机构　6＝居家但在社区养老

C3. 您父母最主要的收入来源是：（　　）

1＝退休金（或养老金）　2＝子女提供　3＝政府或社会资助

4＝养老保险　5＝金融理财　6＝务农

7＝个体私营　8＝打零工　9＝其他

C4. 您对您父母健康状况的总体评价：（　　）

1＝非常健康　2＝较好　3＝一般　4＝不太健康　5＝非常不健康

C5. 请根据您父母身体的目前实际情况，在每个项目对应的选项上划钩"√"

序号	项目	完全独立	部分需他人帮助	极大需他人帮助	完全依赖他人
1	进食				
2	洗澡				
3	洗脸、刷牙或剃须				
4	穿衣				
5	控制大便				
6	控制小便				
7	上厕所				
8	能从床上起来/坐下				
9	平地行走				
10	上下楼梯				

C6. 请仔细阅读养老方式类型表,并根据实际情况在下表直接勾选"√"

说明:专业养老机构:医养结合型医疗机构、医养结合型养老机构、医疗机构和养老机构合作型等。居家隔代照料:子女供养老年人,老年人照料孙辈。社区居家养老:居住在家里,社区可以上门服务。社区日托养老:类似托儿所,白天去社区养老,晚上回家住。

根据实际情况在表格空格直接勾选"√"	专业机构养老	家庭成员照料居家养老	雇佣保姆照料居家养老	居家隔代照料	社区居家养老	社区日托养老	居家自理养老
本次调查前,您所了解的养老方式有(本项可多选)							
您希望自己将来选择哪种养老方式(单选)							
您希望您的父母选择哪种养老方式(单选)							
您的父母目前属于哪种养老方式(单选)							
您认为对于失能、失智的老年人最适合哪种养老方式(单选)							

注:失能指丧失生活自理能力;失智指认知功能障碍,俗称老年痴呆

C7. 您是否听说过"医养结合"(　　)

1=从未听说　2=有所耳闻　3=基本了解　4=十分清楚

C8. 您认为您的父母目前最急需下列哪项养老服务项目(在选项上划钩"√")

C8.1 生活照料方面:家政服务(　) 陪同外出(　) 日间照料(　) 身体锻炼(　) 家庭无障碍设施改造(　)

C8.2 医疗康复方面:医疗诊治(　) 康复护理(　) 疾病预防(　) 慢病管理(　) 紧急救助(　)

C8.3 精神慰藉方面:休闲娱乐活动(　) 社会活动(　) 心理支持(　) 临终关怀(　)

C8.4 其他(　)

(二)养老意愿及需求(60岁及以上回答本部分!)

D1. 您的最主要的收入来源是:(　　)

1＝退休金（或养老金）　2＝子女提供　3＝政府或社会资助

4＝养老保险　5＝金融理财　6＝务农　7＝个体私营

8＝打零工　9＝其他

D2．您平均每月在医疗方面的支出费用是：（　　）

1＝500 元以下　2＝500~1000 元　3＝1001~2000 元　4＝2000 元以上

D3．您平均每月的总开销是：（　　）

1＝1000 元以下　2＝1000~2000 元　3＝2001~3000 元　4＝3000 元以上

D4．您觉得家庭的经济状况如何？（　　）

1＝很好　2＝好　3＝一般　4＝不好　5＝很不好

D5．您目前的居住情况：（　　）

1＝独居　2＝和老伴同住　3＝和子女同住　4＝和老伴及子女同住

5＝医养机构　6＝居家但在社区养老

D6．您对您父母健康状况的总体评价：（　　）

1＝非常健康　2＝较好　3＝一般　4＝不太健康　5＝非常不健康

D7．请根据您目前的身体实际情况，在每个项目对应的选项上划钩"√"

序号	项目	完全独立	部分需他人帮助	极大需他人帮助	完全依赖他人
1	进食				
2	洗澡				
3	洗脸、刷牙或剃须				
4	穿衣				
5	控制大便				
6	控制小便				
7	上厕所				
8	能从床上起来/坐下				
9	平地行走				
10	上下楼梯				

D8．请仔细阅读养老方式类型表，并根据实际情况在下表直接勾选"√"。

说明：专业养老机构：医养结合型医疗机构、医养结合型养老机构、医疗机构和养老机构合作型等。社区居家养老：居住在家里，社区可以提供生活照料、家政服务、医疗保健等服务。社区日托养老：类似托儿所，白天去社区养老，晚上回家住。

根据实际情况在表格空格直接勾选"√"	专业机构养老	家庭成员照料居家养老	雇佣保姆照料居家养老	居家隔代照料	社区居家养老	社区日托养老	居家自理养老
本次调查前，您所了解的养老方式有（本项可多选）							
您自己目前属于哪种养老方式（单选）							
您自己最喜欢哪种养老方式（单选）							
您认为对于失能、失智的老年人最适合哪种养老方式（单选）							

注：失能指丧失生活自理能力；失智指认知功能障碍，俗称老年痴呆

D9. 您是否听说过"医养结合"（   ）

1＝从未听说　2＝有所耳闻　3＝基本了解　4＝十分清楚

D10. 您认为您目前最急需下列哪项养老服务项目（在选项上划钩"√"）

D10.1 生活照料方面：家政服务（   ）陪同外出（   ）日间照料（   ）身体锻炼（   ）家庭无障碍设施改造（   ）

D10.2 医疗康复方面：医疗诊治（   ）康复护理（   ）疾病预防（   ）慢病管理（   ）紧急救助（   ）

D10.3 精神慰藉方面：休闲娱乐活动（   ）社会活动（   ）心理支持（   ）临终关怀（   ）

D10.4 其他（   ）

※ 所有调查问题已经结束，请您检查一下是否存在漏缺项，如确认每一题都进行了回答，请您填写好调查日期，谢谢！

附件 3 以社区为平台的医养结合养老服务模式创新与对策研究访谈提纲

1. 访谈目的：围绕以社区为平台的医养结合养老服务模式创新与对策研究开展实证访谈。

2. 访谈对象：卫生、民政、医保等行政部门相关管理者，医养结合机构工作人员，随机抽取的部分老年人。

3. 访谈方法：在征得被访谈人员同意后，按照访谈提纲进行逐项提问，再整理成文字。

4. 访谈提纲：

（1）对所在地区医养结合服务现状及法治保障等情况的总体评价。

（2）对所在地区医养结合服务（尤其是社区医养结合服务等）不同模式的质量等情况进行评价。

（3）所在地区老年人的医养结合服务项目参与情况。

（4）所在地区医养结合机构和工作人员的基本情况。

（5）所在地区医养结合服务方面存在的问题。

（6）完善所在地区医养结合服务的意见和建议。

参考文献

[1] 曹丽,李雪莲. 新形势下社区养老服务模式研究[J]. 领导科学论坛,2019(9):24—27.

[2] 曹鑫. 青年人与老年人养老观念的共识、差异与融合[J]. 四川理工学院学报(社会科学版),2018,33(3):21—41.

[3] 柴化敏. 英国养老服务体系:经验和发展[J]. 社会政策研究,2018,12(3):79—96.

[4] 车茂娟,王亚敏. 构建四川多元化多层次养老体系建设[J]. 中国统计,2019(1):60—62.

[5] 陈雷. 德国养老长期照护政策:目标、资金及给付服务内涵[J]. 中国民政,2016(17):36—37.

[6] 陈柳柳,邓仁丽,陈苏红,等. 养老机构失能老人护理服务需求调查研究[J]. 护理与康复,2016,15(6):531—535.

[7] 陈露明. 漳州市城市居家养老服务研究——基于多中心治理理论视角[D]. 泉州:华侨大学,2014.

[8] 陈敏辉. 社交活动对老年人健康的影响——基于城乡差异的视角[J]. 科技视界,2019(29):109—111.

[9] 陈天红. 新加坡养老服务标准化及其启示[J]. 中国质量万里行,2016(7):56—57.

[10] 陈旸,康健,连菲. 英国养老设施医养结合模式分析及经验借鉴[J]. 建筑学报,2016(11):84—88.

[11] 陈颖,马丽霞,裴慧丽,等. 不同失能程度老年人居家养老照护服务项目需求调查[J]. 中国实用神经疾病杂志,2016,19(1):38—40.

[12] 陈永生. 对我国社区养老的可行性分析[J]. 北京城市学院学报,2008(6):45—49.

[13] 陈振明. 评西方的"新公共管理"范式[J]. 中国社会科学,2000(6):

73-82, 207.

[14] 丁静. 福利多元主义理论视角下的农村养老服务供给研究 [D]. 沈阳: 辽宁大学, 2014.

[15] 丁文. 新公共管理理论与新公共服务理论之比较 [J]. 商, 2014 (6): 24.

[16] 董洪杰, 刘视湘. 基于社区内隐结构的社区心理研究新视野 [J]. 社区心理学研究, 2018 (1): 37-50.

[17] 窦泽秀. 社区行政: 社区发展的公共行政学视点 [M]. 济南: 山东人民出版社, 2003.

[18] 杜鹏. 中国老年人居住方式变化的队列分析 [J]. 中国人口科学, 1999 (3): 53-58.

[19] 范书南, 郭海岚, 董雪. 中国老年人养老模式的研究进展 [J]. 中国老年学杂志, 2019, 39 (4): 996-999.

[20] 方芳. 老龄化社会背景下的养老需求与养老模式探讨——基于对江西省N市35岁以上人群的抽样调查 [J]. 社会工作, 2014 (6): 116-124.

[21] 方菲, 郭倩, 余晓玲. 养老文化: 从传统到现代 [J]. 中共青岛市委党校·青岛行政学院学报, 2009 (3): 52-55.

[22] 冯欣伟. 基础养老保险制度改革研究 [D]. 重庆: 重庆师范大学, 2014.

[23] 管向梅. 失独家庭养老问题探讨——基于家庭生命周期视角 [J]. 社会福利 (理论版), 2014 (8): 24-30.

[24] 郭丽君, 鲍勇, 黄春玉, 等. "医养结合"养老模式的国际成功制度与政策分析 [J]. 中国老年学杂志, 2019, 39 (4): 975-981.

[25] 郭晓君, 赵建强, 刘爱军. 公共管理若干问题研究 [M]. 石家庄: 河北科学技术出版社, 2005.

[26] 郭延通, 郝勇. 失能与非失能老人社区养老服务需求比较研究——以上海市为例 [J]. 社会保障研究, 2016 (4): 25-33.

[27] 郭玉娟, 马静洁. 药事管理与法规 [M]. 北京: 人民军医出版社, 2012.

[28] 郭志刚. 中国高龄老人的居住方式及其影响因素 [J]. 人口研究, 2002, 26 (1): 37-42.

[29] 韩振秋. 三种养老模式对比与选择探讨 [J]. 老龄科学研究, 2016, 4 (3): 55-62.

[30] 何兰萍, 杨林青, 陈社英. 养老责任观念的影响因素研究——基于

CGSS2010 数据库的分析［J］. 云南农业大学学报（社会科学版），2017，11（4）：38−44.

［31］何涛. 甘肃合水县着力养老服务转型［J］，社会福利，2014（9）：58.

［32］侯杰，王汝志，孙晓岭，等. 老龄人口养老意愿分析：以深圳为例［J］. 重庆与世界（学术版），2016（8）：20−23.

［33］胡祖铨. 养老服务业领域政府投资规模研究［J］. 宏观经济管理，2015（3）：46−48.

［34］黄佳豪，孟昉."医养结合"养老模式的必要性、困境与对策［J］. 中国卫生政策研究，2014，7（6）：63−68.

［35］黄佳豪. 城区空巢老人的养老需求调查与思考——以合肥市为例［J］. 理论探索，2013（3）：101−104.

［36］黄婧，纪志耿. 新中国成立以来党领导农村社会事业发展的历史进程与基本经验［J］. 理论导刊，2019（10）：4−10，51.

［37］黄淑娴，杨芷玥，黄翰，等. 美国社区居家养老典型模式对我国医养结合养老服务发展的启示［J］. 劳动保障世界，2017（17）：13−14.

［38］黄晓玲，陈炜，翁陈子恒，等. 厦门市城乡老年人养老意愿及其影响因素分析［J］. 中国卫生统计，2017，34（5）：729−735.

［39］姜振华，胡鸿保. 社区概念发展的历程［J］. 中国青年政治学院学报，2002（4）：121−124.

［40］蒋秋燕，李争，李红梅，等. 徐州市老年人养老意愿及护理需求的调查研究［J］. 劳动保障世界，2017（23）：18−19.

［41］金英爱，徐从德，刘琰. 传统养老观念背景下的养老压力影响因素分析［J］. 社会福利（理论版），2013（12）：7−10，6.

［42］礼彦侠，张蕊，李爽，等. 辽宁省基层医疗机构服务能力评价相关设备配置和使用情况调查［J］. 中国医疗设备，2020，35（5）：12−15，24.

［43］李昂，张婧懿，郭倩，等. 美国PACE模式及其对我国医养结合的启示［J］. 中国医院管理，2017（10）：78−80.

［44］李洪心，李巍. 国内外养老模式研究［J］. 经济与管理，2012，26（12）：18−22.

［45］李华，李志鹏. 社会资本对家庭"因病致贫"有显著减缓作用吗？——基于大病冲击下的微观经验证据［J］. 财经研究，2018，44（6）：77−93.

［46］李敏. 社区居家养老意愿的影响因素研究——以北京市为例［J］. 北京社会科学，2014，20（1）：102−106.

[47] 李伟,李志宏. 社区老龄工作手册[M]. 北京:中国社会出版社,2010.

[48] 李亚青,申曙光. 我国三大医保制度整合的现实基础分析[J]. 中国医疗保险,2010(1):23-26.

[49] 李耘涛,梁镇,侯春来,等. 京津冀鲁豫陕老年健康产业问题初探[J]. 中国管理信息化,2019,22(11):133-139.

[50] 李振纲,吕红平. 中国的尊老敬老文化与养老[J]. 人口学刊,2009(5):27-31.

[51] 连佳睿,李伊. 老年人经济资本对其社会活动参与的提升效应研究[J]. 中原工学院学报,2020,31(3):77-84.

[52] 刘飞燕. 积极推广"居家养老"新型社会养老模式[J]. 现代经济探讨,2007(8):48-51.

[53] 刘红,熊伟,杨玲. 成都市城区老年人健康状况及养老需求调查分析[J]. 实用医院临床杂志,2017,14(5):229-232.

[54] 刘金华,谭静. 养老需求中精神慰藉类型的分析——基于四川省彭州市宝山村的调查[J]. 农村经济,2016(10):81-87.

[55] 刘娜,董莉娟,孙鹏鹏,等. 农村老年人日常生活照料需求及影响因素研究[J]. 中国卫生事业管理,2016,33(7):535-537.

[56] 刘亚娜,谭晓婷,陈望宇. 嵌入—融合—互嵌:我国社区居家养老发展路径——"机构养老社区化"+"社区养老机构化"[J]. 理论界,2019(10):74-79.

[57] 刘远宗. 我国城镇社会阶层分化与多层次社会医疗保障体系构建[D]. 济南:山东师范大学,2008.

[58] 刘祯祯,常峰. 城镇基本医疗保险筹资分析[J]. 卫生软科学,2011,25(2):95-97.

[59] 龙梅. 贵阳城市老年人精神需求问题与对策研究[D]. 贵阳:贵州财经大学,2017.

[60] 龙兴霞,李鑫,宋芳玲,等. 四川北部地区老年人群的养老方式需求及其影响因素[J]. 解放军护理杂志,2018,35(13):41-45.

[61] 卢德平. 略论中国的养老模式[J]. 中国农业大学学报(社会科学版),2014,31(4):56-63.

[62] 卢求. 德国养老体系与设施建设研究[J]. 住区,2016(1):18-27.

[63] 卢祖洵,姚岚,金建强,等. 各国社区卫生服务简介及特点分析[J].

中国全科医学，2002（1）：38-39.

[64] 吕晓荣，王福胜. 基于物联网技术的电子病历系统研究进展[J]. 传感器与微系统，2013，32（1）：1-4，12.

[65] 罗晓媛，刘君. 农村失独老人养老状况的调查研究——基于黑龙江省一个贫困县[J]. 黑河学院学报，2018（9）：112-113.

[66] 麻忱琛. 铜仁市农村居民基本养老保险参保率影响因素研究[D]. 广州：仲恺农业工程学院，2018.

[67] 马颖，陶芳标，李开春. 社区老年人养老意愿及影响因素研究[J]. 中国农村卫生事业管理，2017，37（10）：1164-1167.

[68] 马瑜，胡媛. 城市独生子女父母养老观念及其影响因素分析[J]. 石家庄铁道大学学报（社会科学版），2018，12（1）：81-87.

[69] 穆光宗. 美国社区养老模式借鉴[J]. 人民论坛，2012（22）：52-53.

[70] 穆光宗. 中国传统养老方式的变革和展望[J]. 中国人民大学学报，2000（5）：39-44.

[71] 聂建亮，钟涨宝. 养老观念与新农保养老保障能力认可度关系的再探讨[J]. 学习与实践，2014（9）：112-121.

[72] 青连斌. 求解中国养老难题[M]. 北京：中共中央党校出版社，2017.

[73] 曲绍旭. 养老观念的影响因素分析——基于CGSS2010的实证研究[J]. 老龄科学研究，2015（12）：33-41.

[74] 任佳焌，许倩，金王靓，等. 农村失独老人养老状况研究——基于浙江三个地级市的调查[J]. 云南农业大学学报（社会科学），2015，9（6）：25-30.

[75] 任世红. 西部地区养老观念影响因素研究[D]. 兰州：兰州大学，2014.

[76] 荣超，许才明，郑丽杰，等. 生物-心理-社会医学模式下失独老人医养结合型养老模式构建[J]. 中国老年学杂志，2018，38（20）：5070-5072.

[77] 史娜，徐海峰. 日本社区养老服务模式的经验与启示[J]. 兰州教育学院学报，2018，34（10）：87-88，91.

[78] 宋宝安. 农村失能老人生活样态与养老服务选择意愿研究——基于东北农村的调查[J]. 兰州学刊，2016（2）：137-143.

[79] 宋红玲，陈志菊，顾桐语，等. 南通市老年人养老意愿影响因素分析[J]. 医学理论与实践，2013，26（16）：2224-2227.

[80] 宋晓宇, 范迪. 社区居家医养结合发展: 美国经验及上海借鉴 [J]. 科学发展, 2018 (8): 108-113.

[81] 苏勇林, 卢景康, 郭华. 慢性心力衰竭远程监测运动训练研究进展 [J]. 第二军医大学学报, 2018, 39 (4): 438-442.

[82] 孙金明, 李肖亚. 河北省城市老年人精神需求 [J]. 中国老年学杂志, 2018, 38 (21): 5320-5322.

[83] 孙鹏鹏, 王越, 张剑妹, 等. 农村老年人养老需求及其影响因素的研究 [J]. 解放军护理杂志, 2017, 34 (3): 13-18.

[84] 汤兆云. 新中国成立以来我国养老保险制度的改革探索与发展方向 [J]. 科学社会主义, 2014 (6): 109-112.

[85] 唐丽娜. 我国农村养老资源配置研究 [D]. 西安: 西北大学, 2012.

[86] 田多英范, 郭晓宏. 从生活保障制度到社会保障制度 [J]. 社会保障研究 (北京), 2006 (1): 1-14.

[87] 田奇恒, 孟传慧. 城镇空巢老人社区居家养老服务需求探析——以重庆市某新区为例 [J]. 人口与社会, 2012, 28 (1): 30-33.

[88] 田清涞. 北京大学空巢老人居家养老问题调查 [J]. 中国老年学杂志, 2014, 34 (14): 3996-4003.

[89] 汪凤兰, 张丽娜, 张盼, 等. 不同日常生活活动能力老年人的养老意愿及养老服务需求分析 [J]. 现代预防医学, 2017, 44 (6): 1044-1046.

[90] 王彩娜, 程小旭. 互助合作: 甘肃电投新型养老社区的精髓 [N]. 中国经济时报, 2016-08-11 (4).

[91] 王承慧. 美国社区养老模式的探索与启示 [J]. 现代城市研究, 2012 (8): 35-44.

[92] 王宁. 城市社区养老需求与社区养老服务体系建设 [J]. 重庆科技学院学报 (社会科学版), 2011 (11): 77-79.

[93] 王晓亮, 徐聪艺, 李桂文. "持续照护"老人社区的适宜性设计 [J]. 华中建筑, 2011, 29 (8): 179-182.

[94] 王秀贵, 马开剑. 我国城市社区养老对策 [J]. 人民论坛, 2012 (2): 124-125.

[95] 王雪娇, 付雪琳, 尹镱洁, 等. 辽宁省农村空巢老人养老服务需求调查分析 [J]. 农业科技与装备, 2018 (2): 82-86.

[96] 王一烜. 基于服务供应链的创新养老服务模式运营探究 [J]. 生产力研究, 2012 (10): 109-110.

[97] 王莹莹，董梦雅，骆晓霞，等. 浙江省农村老年人养老意愿调查 [J]. 社区医学杂志，2016，14（23）：19-22.

[98] 王元元. 论日本介护理念对我国医养结合型养老服务模式建设的启示 [J]. 锦州医科大学学报（社会科学版），2018，16（1）：38-40.

[99] 王元元. 日本"介护"模式对医养结合养老服务的启示 [N]. 中国人口报，2018-04-23（3）.

[100] 吴平，杨春白雪，王馨竹. 国外社区养老模式的启示——基于老年人的行为活动特征 [J]. 城市住宅，2019（1）：153-154.

[101] 吴晓霞. 老年人-照顾者-护士互动护理模式的行动研究 [J]. 世界最新医学信息文摘，2018（44）：234-237.

[102] 吴玉韶，王莉莉. 中国养老机构发展研究报告 [M]. 北京：华龄出版社，2015.

[103] 吴增基，吴鹏森，孙振芳. 现代社会学 [M]. 上海：上海人民出版社，2018.

[104] 肖庆业. 农村老年人养老需求意愿实证研究 [J]. 内蒙古师范大学学报（哲学社会科学版），2016，45（6）：56-59.

[105] 谢芳. 美国的退休社区与"居家援助式"养老模式 [J]. 社会，2004（12）：35-38.

[106] 徐玲. 从文化角度解读德国的创新养老模式 [J]. 安徽文学：下半月，2018（4）：87-88.

[107] 徐琦. 社区的概念与理论起源 [J]. 运城学院学报，2005（1）：32-36.

[108] 徐月宾，郭名倞. 老年社会工作实务 [M]. 北京：中国社会出版社，2015.

[109] 许燕，杨再贵. 基于GM（1，1）模型的城乡居民基本养老保险参保率测算 [J]. 保险研究，2019（4）：116-127.

[110] 阎志强. 城市老年人的机构养老意愿及其影响因素——基于2017年广州老年人调查数据的分析 [J]. 南方人口，2018，33（6）：59-67.

[111] 杨晓龙，李彦. 城市老年人的养老意愿及影响因素——以烟台市的1273位老年人为例 [J]. 科学经济社会，2013，31（2）：160-165.

[112] 姚迈新. 中国城市扶贫：经验分析与发展路向 [J]. 广东行政学院学报，2017，29（5）：57-62.

[113] 姚远. 从宏观角度认识我国政府对居家养老方式的选择 [J]. 人口研究，2008（2）：16-24.

[114] 姚兆余, 王诗露. 失独老人的生活困境与社会福利政策的应对 [J]. 重庆工商大学学报 (社会科学版), 2014, 31 (4): 86-92.

[115] 于长永. 农民对"养儿防老"观念的态度的影响因素分析——基于全国10个省份1000余位农民的调查数据 [J]. 中国农村观察, 2011 (3): 69-79.

[116] 于凌云, 廖楚晖. 养老金待遇差别与机构养老意愿研究——基于城乡调查样本的实证分析 [J]. 财贸经济, 2015 (6): 151-161.

[117] 于璞, 王莘. 我国目前几种养老模式优劣之比较 [J]. 现代企业文化, 2012 (3): 159-159.

[118] 于潇, 赵毅博. 日本介护保险制度下的老年护理服务介绍 [J]. 人口学刊, 2014, 36 (3): 25-32.

[119] 余甜, 薛群慧. 国内养老模式现状及对策研究 [J]. 云南农业大学学报 (社会科学版), 2015, 9 (2): 31-37.

[120] 喻华锋. 我国医疗保障制度引入市场机制改革研究 [M]. 北京: 人民军医出版社, 2012.

[121] 张栋. 北京市老年人机构养老意愿及影响因素研究 [J]. 调研世界, 2017 (10): 23-30.

[122] 张航空. 流动人口养老观念与养老意愿影响因素分析 [J]. 调研世界, 2013 (1): 18-21.

[123] 张惠兰. 新公共管理视野中的法国行政制度改革 [J]. 武汉工程职业技术学院学报, 2003 (4): 58-62.

[124] 张苗苗. 城市"四二一"家庭老年人养老观念探析 [J]. 改革与开放, 2014 (5): 71-72.

[125] 张洋. 我国社会养老服务体系完善研究 [D]. 长春: 东北师范大学, 2016.

[126] 张瑜. 嘉兴市养老服务医养融合发展研究 [J]. 嘉兴学院学报, 2015, 27 (4): 102-106.

[127] 张灼芊. 基于"居家养老"背景下的"老年单元"模式探索 [J]. 华中建筑, 2015 (8): 56-58.

[128] 张仲芳, 万谊娜, 郑春荣. 国际社会保障动态应对人口老龄化的长期护理保障体系 [M]. 上海: 上海人民出版社, 2018.

[129] 章萍. 基于新公共管理理论分析的居家养老服务PPP模式——以安徽省合肥市金玫瑰居家养老示范项目为例 [J]. 广西社会科学, 2018

(9)：153-157.

[130] 赵定东，林敏. 身份"差异化"下城市养老保险演变时间轴及其问题 [J]. 杭州师范大学学报（社会科学版），2019，41（2）：129-136.

[131] 赵敏，郑云慧，蔡双霞，等. 养老机构失能老人照护需求及影响因素分析 [J]. 嘉兴学院学报，2016，28（3）：112-116.

[132] 赵琪，徐祥，严璐璐. 滁州市空巢和非空巢老人社区居家养老需求调查 [J]. 赤峰学院学报（汉文哲学社会科学版），2019，40（2）：30-34.

[133] 郑少卿. 英国社区养老模式对我国的启示 [J]. 商场现代化，2012（20）：394-395.

[134] 郑伟厚，刘晓桐. 我国保险公司布局养老产业的现状分析及优化建议 [J]. 南方金融，2019（3）：72-79.

[135] 钟建林. 以"四条路径"推进湖州"医养融合" [J]. 浙江经济，2015（5）：46-47.

[136] 周花，张利，朋文佳，等. 城市社区老年人养老意愿的调查及影响因素分析 [J]. 医学理论与实践，2016，29（18）：3268-3270.

[137] 周璟挚，王俐文，唐元桢，等. 养老产业PPP创新融资模式研究——以四川省为例 [J]. 中国经贸导刊（中），2019（6）：107-109.

[138] 周淋. 老年人养老观念的分析——以宜昌市为例 [D]. 武汉：华中师范大学，2011.

[139] 周胜芳. 城乡居民养老需求状况调查分析——以温州为例 [J]. 经济论坛，2014（10）：72-76.

[140] 周薇，黄道光. 解读新加坡老年社会福利：基于中央公积金制度之外的思考 [J]. 东南亚研究，2015（5）：10-15.

[141] 周心忠. 养老机构代养行为的法律属性 [J]. 中国民政，2003（8）：38-39.

[142] 周亚东，郭明贤. 西安市城乡老年人养老意愿对比 [J]. 中国老年学，2016，36（7）：1732-1734.

[143] 周云，陈明灼. 我国养老机构的现状研究 [J]. 人口学刊，2007（4）：19-24.

[144] 朱凤梅. 新加坡养老保障体系：制度安排、政府角色及启示 [J]. 社会政策研究，2018（1）：26-46.

[145] 朱海龙，欧阳盼. 中国人养老观念的转变与思考 [J]. 湖南师范大学社会科学学报，2015（1）：88-97.

[146] 朱良博. 基于医养结合的社区居家养老服务模式研究 [D]. 上海：上海工程技术大学，2016.

[147] PEGGY T. Health Care for Older Persons in Singapore [J]. Journal of Aging & Social Policy，2004，16（1）：43-67.

[148] TONG R. Long-term care for the elderly worldwide：Whose responsibility is it? [J]. International Journal of Feminist Approaches to Bioethics，2009，2（2）：5-30.

后 记

本书为国家社科基金项目"以社区为平台的医养结合养老服务模式创新与对策研究"(项目批准号：17BRK009)的研究成果。研究按照计划如期完成，课题组成员共同努力完成了本书。本书内容主要包括概论、以社区为平台的医养结合服务相关概念及理论、我国老龄化与养老现状分析、我国医养结合服务资源现状分析、我国医养结合服务供需现状调查分析、以社区为平台的医养结合服务发展的现实情况、以社区为平台的医养结合服务相关制度与政策、国外社区养老服务相关经验及启示、以社区为平台的医养结合养老服务模式的构建、发展以社区为平台的医养结合养老服务模式的建议、案例实践（以社区网络医院为基础的医养结合服务模式实践、社区医养结合服务供应链体系及应用）等。第一主研人员屈伟老师全程参与了本书的框架设计和组织撰写等工作。苏勇林老师、杜陵江老师及研究生喻雪双、王橙、许沛尧、黎隐豪、刘诗逸、赵凯佳、董潇杨、顾冬红和张琳洁参与了本书的编写工作。黎隐豪主要参与了第二章和第三章的撰写，刘诗逸主要参与了第四章和第七章的撰写，顾冬红和张琳洁主要参与了第五章的撰写，董潇杨主要参与了第六章的撰写，喻雪双、许沛尧和赵凯佳主要参与了第八章和第十章的撰写，王橙主要参与了第九章的撰写。苏勇林老师负责案例实践第一部分以社区网络医院为基础的医养结合服务模式的撰写。杜陵江老师负责案例实践第二部分社区医养结合服务供应链的撰写。

在研究过程中，项目组得到了四川大学社科处以及华西公共卫生学院各部门的大力支持。在现场调查中，得到被调查单位的鼎力协助。本书在撰写过程中也参考了大量相关文献和资料，在此一并表达诚挚的谢意。

刘　毅

2022 年 1 月